我们和你们

中国和白俄罗斯的故事

王宪举 / 主编

五洲传播出版社

图书在版编目（CIP）数据

中国和白俄罗斯的故事 / 王宪举主编 . —北京：五洲传播出版社，2018.5
（我们和你们）

ISBN 978-7-5085-3925-6

Ⅰ . ①中… Ⅱ . ①王… Ⅲ . ①中外关系 – 友好往来 – 白俄罗斯
Ⅳ . ① D822.251.14

中国版本图书馆 CIP 数据核字（2018）第 105702 号

中国和白俄罗斯的故事

主　　编：王宪举
出 版 人：荆孝敏
责任编辑：高　磊
装帧设计：北京翰墨坊广告有限公司
出版发行：五洲传播出版社
地　　址：北京市海淀区北三环中路 31 号生产力大楼 B 座 6 层
邮　　编：100088
发行电话：010-82005927，010-82007837
网　　址：www.cicc.org.cn　www.thatsbooks.com
承　　印：北京圣彩虹科技有限公司
版　　次：2018 年 5 月第 1 版第 1 次印刷
开　　本：787 × 1092mm 1/16
印　　张：20
字　　数：220 千字
定　　价：59.00 元

序一

　　欣闻外交部老干部笔会和五洲传播出版社联合组织编写的"我们和你们"丛书之《中国和白俄罗斯的故事》中、俄文版即将出版，特此表示祝贺。

　　中白是肝胆相照的好朋友和真诚互助的好伙伴，两国人民友谊源远流长。今年是中白建交 25 周年，建交以来，两国关系一直保持健康稳定发展。双方政治互信不断加深，各领域务实合作成果显著，人文交流亮点纷呈。中国始终坚定支持白俄罗斯走符合本国国情的发展道路，支持白为维护国家独立、主权、安全和发展经济所作的努力。白俄罗斯充分尊重中国在国家发展和国际事务中的自主选择。两国关系堪称国与国之间关系的典范。2013 年 7 月，应习近平主席邀请，白俄罗斯总统卢卡申科对中国进行国事访问，两国元首共同决定将双边关系提升至全面战略伙伴关系。2015 年 5 月，应卢卡申科总统邀请，习近平主席对白俄罗斯进行了历史性的国事访问，两国元首签署《中白友好合作条约》，为两国关系发展奠定了坚实的法律基础。2016 年 9 月，应习近平主席邀请，卢卡申科总统对中国进行国事访问，两国元首共同决定将双边关系提升为相互信任、合作共赢的全面战略伙伴关系，发展双方全天候友谊，携手打造牢不可破的利益共同体和命运共同体，开启了中白关系发展的新阶段。

　　当前，中白关系发展处于历史最好时期，在习近平主席和卢卡申科总统的亲自关心和推动下，中白关系正处在加速发展的快车道，两国交流合作的紧密程度超过历史任何时期，双边关系发展正在迈向更高层次。中白两国各领域的广泛交流与深入合作，有力地促进了两国人民的相互了解，增进了两国人民的传统友谊，夯实了中白全方位务实合作的民意和社会基础。《中国和白俄罗斯的故事》汇集了中白两国各界对两国友好的所见所闻、所感所思，其中包括大使、一线外交官、媒体记者、学者和普通民众，从他们的文字中我们可以深切感受到中白友谊深入人心，两国关系的社会和民意基础十分厚实，中白关系前景广阔。

祝中白友谊万古长青。

中国驻白俄罗斯大使　崔启明

2017 年 10 月 11 日于明斯克

序二

亲爱的朋友们！

白俄罗斯与中国相距遥远。我们两国没有共同的边界，而且文化、经济、政治结构、历史和地理条件也不尽相同。但奇怪的是，我们两国竟能抛开这些差异而走到一起，共同构筑未来——"命运共同体"。白中两国建立正式外交关系仅仅25年，而我们用25年就共同走过了这条道路，今天，白中合作关系已经达到历史最高水平。这是如何做到的呢？秘诀在哪里？

读者从本书中就可以找到这些问题的答案。白中关系的秘诀既复杂，又简单。其秘诀就在于人，在于两国人民之间的友好关系。本书汇集了很多人的故事，他们不仅为白中关系发展作出了贡献，而且在对方国家构建了自己的私人关系。通过这本书，您可以了解那些成为白中友谊纽带的人们，会懂得为什么中国人和白俄罗斯人如此相像，是什么使他们联系在一起，他们之间的友谊是如何开始并加深的。

我一直相信，这本书在"我们和你们"丛书中一定会拥有一席之地。该书的出版，一定会加深两国人民之间的相互理解，并促进两国人民的世代友好。

祝愿读者拥有浓厚的阅读兴趣，祝愿作者拥有更多的灵感来讲述更多的白中友谊故事。

白俄罗斯驻华大使　基里尔·鲁德

2017年9月于北京

目录

记忆篇

交流篇

我们和你们

中国和白俄罗斯的故事

记忆篇

我生活和记忆中的中国

阿纳托利·阿法纳西耶维奇·托济克

（白俄罗斯前副总理、前驻华大使，现任白俄罗斯国立大学

孔子学院白方院长）

王宗琥 译

　　2011 年 1 月 4 日清晨，我从北京飞回了祖国，完成了自己作为白俄罗斯驻华特命全权大使的使命。随着那段时光的渐行渐远，我愈发觉得应该感谢命运和我们的总统，赐予我将近五年的时间在这个神奇的国家里生活和工作。也许，这是我生命中最有意思、最为充实而且是职业生涯中最富成果的一段时期。

　　让我自豪的是，这段时期，白俄罗斯与中国的贸易额从 8 亿美元增长到 25.2 亿美元，中国为白俄罗斯开放总额 150 亿美元的贷款，成立了五个大型合资企业，其中三个在中国，两个在白俄罗斯。人民币成为白俄罗斯的储备外汇（我们是欧洲和独联体中第一个作出这项决定的国家）。双方举行了几次成功的高层互访，其中有白俄罗斯总统卢卡申科两次访问中国，时任中国国务院总理温家宝和国家副主席习近平分别访问白俄罗斯。2009 年上合组织峰会通过了接纳白俄罗斯为上合组织对话伙伴国的决议。从此，白俄罗斯和中国之间的双边和区域合作前景变得更加广阔。

　　我了解中国吗？不了解，可以说了解得非常少。我从上世纪 60 年代在白俄罗斯国立大学历史系学习时就莫名地迷恋上了中国，努力去阅读一切关于这个国家的各类图书。2003 年 12 月和 2005 年 5 月，我有幸作为白俄罗斯国家监察委员会

代表团团长两度访问中国。2005 年 12 月，我作为白俄罗斯与中国政府间经贸合作委员会共同主席，陪同总统卢卡申科又一次到访中国。

担任驻华大使期间，我尽量抽空到中国各地去实地考察。我去了 23 个省中的 19 个，以及四个直辖市（上海、天津、重庆、北京）、五个自治区中的三个（内蒙古自治区、新疆维吾尔自治区、广西壮族自治区）和两个特别行政区（香港和澳门）。每年休假的时候，我和妻子都要抽出一部分时间在中国游玩，利用这一机会获得正式出行不能得到的见闻。我在中国这五年中，这个国家几乎每年（除了 2006 年）都会发生一件全国乃至全世界瞩目的大事。

2007 年，中国共产党第十七次全国代表大会召开（那时中共已经有 7500 万党员）。大会对中国社会的现状进行了深入而全面的分析（的确如此，我研究了大会所有译成俄文的重要文件），确立了"十二五"期间以及到 2020 年之前国家发展的主要方向、速度和阶段。时任中共中央总书记胡锦涛表示，中国计划到 2020 年实现人均国民生产总值比 2000 年翻四番，"沿着共同富裕的道路向前推进，鼓励人的个性全面发展，从而保证中国的发展依靠人民并为人民服务，让全国人民都能享受这种发展的成果"。

十七大选出了新一届中央委员会，更新了政治局常委班子（九个人中更换了四个），其中新当选的四人中有两位年轻的领导人——54 岁的习近平和 52 岁的李克强，他们二人于 2008 年 3 月分别当选为国家副主席和国务院副总理。

2008 年是中国的奥运年，中国领导人以及全中国人民为准备并保证奥运会顺利举办所付出的巨大努力，给我留下了极其深刻的印象。我还记得在一次面向外交使团的新闻发布会上，好像是在 2007 年，中国奥组委的一位领导说过这么一句话："这样的奥运会全世界还没见过。"停了几秒后，他又补充了一句："也不会再见到。"当然，那个时候我们这些外国大使们都觉得这话说得有点自负，但时至今日，我们对此已深信不疑。此前的任何一届奥运会都没有如此巨大的投入，也没有任何一届组织得像北京奥运会那么出色。近 20 年内恐怕未必有国家能举办一届可与之媲美的奥运会。

对白俄罗斯运动员来说，北京奥运会也是白俄罗斯组团参加过的奥运会中最成功的一届。我们共获得 19 枚奖牌，其中 4 枚金牌、5 枚银牌，在所有获得奖牌的 71 个国家中排名第 13 位。

2009 年，中国隆重庆祝中华人民共和国成立 60 周年。国家在进行总结，领导人和研究中心分析了积累的经验，寻找适应国内外形势的新型经济政治体系。

当然，中华人民共和国成立 60 周年庆典活动的高潮要数 2009 年 10 月 1 日举行的阅兵式和群众游行。一句"这些事件让人印象深刻"太平淡无力。我想，大多数亲历这一庆典的人对所见所闻都会终生难忘。阅兵和游行的组织者非常出色地向全国和全世界展示了当代中国的形象，展现了她的军事、经济、科技和文化实力。而且，阅兵式上出现的所有陆空武器装备都是中国自己制造的。

阅兵式上有两处令我印象特别深刻。第一处是：阅兵方阵以及武器装备在行进过程中不可思议的、超出人类极限的步调一致；第二处是：民兵方队受阅，准确地说，是女民兵方队。我至今仍能感受到观众在看到女民兵方队经过天安门广场时的赞叹和钦佩之情：一群体形高挑匀称的美女们穿着熨帖的军服，整齐划一地迈着正步前进。

　　最后是 2010 年，这一年上海举办了世界博览会。选择上海作为举办地并非偶然：北京和上海长期以来就存在一种竞争关系（就像美国的华盛顿和纽约、俄罗斯的莫斯科和圣彼得堡），所以，奥运会在北京办，世博会在上海办。当然，和办奥运会一样，办世博会也是举全国之力，但具体工作由上海市政府和上海市财政来承担。世博会的成功举办，证明了上海举办世界性大型活动的能力丝毫不比北京逊色。而且，一系列数据表明，世博会的规模超过了奥运。比如，世博会持续了 6 个月，而奥运会只持续了两周；世博会参观人数达 7300 万，奥运会只有 650 万。

　　2010 年世博会的口号是"城市，让生活更美好"，参展的国家超过 190 个。世博会的印象很难用几段话描述清楚，最好是亲自去观看。的确，哪怕是只选择最精华的部分看，也至少需要一周多的时间。每个国家都希望展示自己最优秀的成果，而且不是简单地展示，而是利用最先进、最独特的现代化

手段和形式来表现。数十个国家建了自己的展馆，在其中展示
了本国最优秀建筑师和设计师的创作才华。中国馆以其宏大的
建筑规模和设计构想最为引人注目，它的名字也透着简洁和自
信——"东方之冠"。

　　诚然，世博会高水平的组织接待能力也值得大书特书：住
宿、交通、信息及日常服务、安保、饮食等方面都做得非常出色。

　　白俄罗斯在世博会上的表现也可圈可点。我们的展馆占
地 1000 平方米，展馆的墙壁上是我们的艺术家们画的充满
白俄罗斯风情的彩绘（中国人特别喜欢以它为背景照相）。
白俄罗斯展馆位于世博园中最核心的地带——欧洲区。在此，
不能不提世博会组委会对我们准备和参展给予的巨大帮助。
世博会期间，白俄罗斯国家馆共接待了 554.6 万人，主要是

中国人，其中很多人都是第一次了解我们国家，了解我们的自然、人文概况。

考虑到我们的书主要面向白俄罗斯读者，我想阐述一下我对当代中国生活某些方面的理解，这些方面在我看来可能对白俄罗斯人最实际也最有意义。

首先，我想说，中华人民共和国是我们的战略伙伴和盟友。2005 年 12 月，白俄罗斯总统卢卡申科和中国国家主席胡锦涛在北京签署联合宣言，其中明确提出，白俄罗斯和中国的关系已经上升到战略合作的水平。也许有些读者会对此感到奇怪，因为两个国家差距悬殊（无论是领土面积、人口数量、国民生产总值还是其他方面），但是白俄罗斯和中国均致力于开展相互合作，且客观上两国在一些重要国际和国内问题上常常立场相同或相近。这就是为什么两国建交 25 年来中国对白俄罗斯从来不以老大自居，而白俄罗斯也从来不充当附属的角色。

其次，两国合作的潜力双方都还没有充分发掘。为了有效地发挥这些潜力，需要首先认识它们，很好地了解它们并对其进行客观的评价。事实上，最近几十年中国发展非常迅速，以至于我们很多人对中国的实力及其经济发展的认识与现实至少相差 10—15 年。

的确，20 世纪 70 年代后半期，中国曾一度到了崩溃的边缘，但幸好这种现象没有发生。党和国家的领导集体于危急之中力挽狂澜，将国家从崩溃的边缘拉了回来，并走上了改革开放的正确道路。在这些事件中起主要作用的是邓小平，一个伟大的人，中国人称之为"在全人类面前成就经济奇迹"的奠基人。

从那时起，中国发生了天翻地覆的变化，其发展速度和取得的成果都是史无前例的。今天，中国已经是世界第二大经济体。改革开放的头30年，中国国内生产总值年均增长速度为9.8%，其中有许多年都超过了10%。2011年，中国人均国内生产总值已达5400美元，外汇储备超过3万亿美元，解决了粮食危机。最重要的是，国家在工业、科技的许多方面都跃居世界前列。

中国为许多国家制造并发射了通信卫星和地球远程探测卫星（我有幸参观过一次发射）。在发展铁路运输方面，中国远远走在了其他国家前面，包括日本和德国。在北京至上海的高铁试运行期间（2010年末），列车的速度达到了486.1公里/小时，创下了新的高铁世界纪录，这一速度堪比喷气式飞机的起飞速度。核能（国内同时建了18—20个百万千瓦级的核电站）和水能发展迅速，另外投入了大量资金发展非传统能源（风能、太阳能、地热能、潮汐能）。在家用电器生产方面，许多外国公司因无法与中国公司竞争而被迫停产。

中国企业在发展生物技术、电信设备、汽车制造等方面正迅速迈入世界先进企业的行列。我想，对怀疑者可以提供下面的事实：中国向欧盟出口产品的85%都是机械技术和化工产品。据中国分析人士预测，不久之后，中国在通讯领域的技术不仅能赶上，甚至要超过美国。

中国经济成功的主要因素有哪些？通过自己在中国工作的所见、所闻和所读，我认为有以下几点：

第一，依靠劳动集体、专家、领导、地方政府机关的首创精神。中央政府创造一切条件让大家积极发挥这种首创精神，而它本身的作用是全面分析并选出最符合国家利益的创举，将其放到一些省份进行试点，然后把被证明是有效的做法推向全国。

第二，向国有企业放权，给它们最大限度的自主性。它们的工作根据年度结果来评价，而整个年度中所有决定实际上都由企业自己做。同时，根据领导和专家年度工作的绩效来对他们进行奖惩（详见经济学博士鲁多伊的文章）。

第三，为吸引外资和先进技术提供最大限度的优惠条件，大量派出年轻人到国外大学学习，并到最著名的公司和银行实习。高薪聘请国外著名管理人员到中国公司工作。

第四，尽量减少对大中小型企业经营活动的硬性规定，执法和监督部门无权干涉企业的财务和政务，对企业及其领导没有行政处罚和制裁制度。企业的财务只有税务部门有权检查，一旦查出漏税情况，企业必须补缴欠款，但如果查出蓄意偷税，那么企业将要被追究刑事责任。

第五，依靠科技和创新（尤其是近十年）。国家加大对科研中心和科研应用中心的投入，为大学科研创造条件并提供财政支持，鼓励企业成立科研部门和研发设计部门（详见白俄罗斯国立技术大学副校长阿列克谢耶夫的文章）。

托济克大使（左4）考察中国北方一露天煤矿，该矿使用了白俄罗斯"别拉斯"重型自卸卡车。

当然，中国经济的成功还有一部分原因是原材料和能源的成本低，劳动力便宜，对劳动保护和环境保护投入不多。但我认为，这些不能作为中国经济成功的主要因素，因为它们在中国推行改革开放政策之前就存在了，而且有过之而无不及。

我不想让大家形成一种印象，仿佛我在把中国的社会经济状况理想化。我希望我们对这个国家的认知尽可能地符合实情。不可否认，中国在取得巨大成就的同时，也存在许多没有解决的问题。这也很好理解：在这样短的时间内不可能同时和同等地发展经济和社会生活的所有领域。在生活水平和生活质量方面，农村要远远地落后于城市，而中西部省份和东部省份相比也存在同样的问题。大部分居民，首先是农村居民，没有退休制度的保障。在医疗、教育、住房建设等方面，还有许多亟待解决的问题。中国领导人也常常谈及这些问题，认为中国目前还处于发展中国家的水平。同时，对这些问题的关注日益增加，投入解决问题的经费也在逐年加大。毋庸置疑，这些问题都会得到解决。

中国早已不再争论姓社还是姓资的问题。官方的表达是，中国正在建设有中国特色的社会主义（近来称为"中国特色社会主义"）。而这种社会主义建设的主要推进力量来源于邓小平正确思想的指导："不管黑猫白猫，捉到老鼠就是好猫。"也就是说，怎么称呼和来自哪里并不重要，重要的是能够加强国家的政治、军事和经济实力，提高人民的生活水平。

这就是为什么在对中国实行的方针进行理论论证时会有多种因素的考量：既有几千年来积累的治理国家和组织经济生活的经验，又要顾及民族性格，还有佛教和儒家思想，以及马列主义和现代西方理论。这一切都被深入思考并有机地融汇到一个完整而高效的理论体系中，这个体系并非一成不变，而是随着国家发展环境的变化（包括可预测的变化）而不断调整。

作为历史学家，我不能不提及中国人的史学观。人们常说，历史是反观过去的政治。的确如此，历史在中国不仅是一门科学，更是民族意识、民族自尊、爱国主义和道德规范的重要组成部分。

我们都知道，中国有 5000 年的历史。但专业的历史学家们知道，能用考古和其他研究证明的历史是从公元前 1500 年开始的。其余的 1500 年，则是由历史学家根据皇帝的旨意写成的神话传说的历史。不过，今天我们已经很难搞清哪些是真实的历史，哪些是神话传说。整个 5000 年的文明对中国的影响是积极的。

我清楚地记得，中国人（至少那些我交往过的人，包括官员、大企业的管理者、学者）都非常了解本国的历史，讲起两三千年前的事情滔滔不绝，如数家珍。在这样的交谈中，我常常觉得，中国人生活在时间之外：和他们一起生活的有载入史册的中国历代皇帝、唐朝的诗人们、三国时期的将领们，以及成千上万的其他著名人物。

我还有一个发现：通过电视、收音机、大众媒体和中学、大学课本进入中国人意识的历史都是正面的。我对此的解读是，这是乐观主义的历史。它仅由那些在几千年间保留和创造了中国的事件和人物构成，尽管中国的历史与其他国家的历史一样，都有好有坏：不仅有杰出的成就，还有悲剧性的错误；不仅有辉煌的胜利，还有灾难性的失败。

所以，在中国，公开污辱和抹黑自己的历史是不可思议的事情。不记得是谁先说过这句话："应该永远牢记，吐向历史后背的痰，同时也会飞向未来的脸。"在当代中国，这种原则大家都懂。

所有这些因素形成了中国人又一个令人尊敬的性格特点：爱国主义，毫无矫饰的、扎根于意识深处甚至无意识领域的爱国主义。数千名来自各地的中国人满含着热泪，在北京天安门广场上屏住呼吸观看国旗升降仪式，这种情况在每天太阳升起和落下的时候都会发生。一个中国人，不论在哪里出生长大，在中国本土也好，在欧洲、美洲、东南亚国家也好，他都是华人。改革开放之初，最早向中国经济投资成百上千亿美元的，正是华侨群体。

　　说到爱国主义，我想起了一件感人的事情。一天晚上，在一个非正式场合，一位中国朋友把自己十一二岁的女儿介绍给我们这些独联体国家的大使："这位伯伯是阿塞拜疆大使，这位是白俄罗斯大使，这位是哈萨克斯坦大使。"小姑娘看了看我们，然后非常自豪地自我介绍道："我是中国人。"我们几个不由地相互看了看。

　　我一直想弄清楚中国人的思维方式、行为规范和人际关系之道，最后得出结论：这些东西外国人根本做不到，只有中国人有能力做到。中国社会是一个自足的文明体，在生活价值观、行为规范、人际关系、家庭内部关系及其他许多方面与欧洲完全不同。

　　当然，全球化进程也把中国卷入其中。一些新兴的、迅速发展的城市（如深圳），甚至包括北京和上海的一些街区，在建筑风格上已经和布鲁塞尔、柏林或者纽约等国际大都市毫无二致。一些城市青年的生活方式和行为越来越接近他们的西方同龄人，金钱越来越成为衡量成功与财富的标准。但我认为，所有这些都不足以（至少目前如此）撼动中国社会的内在基础——正是依靠这些基础，中国社会才能在几千年的历史中保留自己的独特性。

很多中国人对生活的态度非常有趣，他们重视生活的内容而不讲究生活的形式。这和欧洲人对待生活的态度完全不同。我认为，正是这种态度会让人感觉更加幸福，生活也更加充实。因此，我和妻子在中国的街道上很少看见愁眉苦脸的人。

中国人对生活的态度与我们还有一点不同：他们相信生命有轮回。如果今生不成功或是不幸福，那意味着对前世作孽的惩罚。如果今生的不幸他能够理解并无怨无悔地承受，那么来世他将得到奖赏。

我认为，这两个源自佛教的因素能够帮助我们理解中国人和中国社会的许多问题。

对理解中国人的思维方式、人际关系和行为规范更有帮助的是儒家思想。孔子的学说对中国人而言类似于《圣经》对基督徒的意义。关于孔子学说的内容及其在中国社会的影响，已经出版了数以千计的学术和科普图书。

孔子用自己的观点、评价和建议穷尽了中国社会生活的方方面面，但一位俄罗斯学者在自己的论著中将其高度浓缩，归

托济克大使深爱的城市——深圳一景

结为"长幼有序"和"忧患意识"。起初，我认为这种简化难以接受，但是经过思考后，我同意这位俄罗斯学者的观点。

对于这两条，如果你深入思考，就会发现其中蕴含着非常深刻的含义。第一条决定着所有主要社会制度的组织和运作机制：家庭、劳动集体、国家机构。当然，这句话可以用上百个句子来解读，而正是遵守其中蕴含的规则，使中国政府得以有效地治理一个近14亿人口的大国。

我想提请大家注意一个非常重要的方面。这些规则不仅规定年少者要服从、尊敬和关心年长者，而且还规定年长者也要关心年少者。举个两种情况都包括的例子。中国一家大公司（在白俄罗斯也有项目）在国外有几十个投资项目，所有的工程都有公司自己的员工参与。那么，在北京的公司总部就会有一个

2014 年 9 月 4 日，中国国务院总理李克强在北京中南海紫光阁会见来华举行中白政府间合作委员会会议的白俄罗斯副总理托济克。（供图：中新社）

专门的部门来负责照顾这些员工的父母和家庭。公司在海南有一个疗养院，专门接待这些员工的父母到海南度假疗养。也就是说，年长者（公司领导）关心年少者（公司员工），而年少者在公司的帮助下履行自己为父母尽孝的义务。

这一规则在家庭内部也是被严格遵守的。汉语中不会笼统地称呼"兄弟""姐妹""姨姨""叔叔"，而是细化为"哥哥""妹妹""大姨""小叔"等，通过这样的长幼等级在人们的潜意识中形成行为准则：谁应该听谁的，谁应该关心谁。永远应该听年长者的话，但是关心则是双向的——开始是长辈关心孩子，竭尽全力帮他们成家立业，等孩子成人以后，就该他们来关心父母了。白俄罗斯驻华使馆附近有一个非常好的散步之处——日坛公园。在公园里，经常可以看到一个大家庭一起散步的感人场景：6—8个人，3—4代，中间是坐在轮椅上的家庭最长者，家庭的其他成员有的帮他盖好毛毯，有的帮他把背后的靠垫扶正，有人关切地问他需不需要喝点水。

类似的情况在飞机上也可以看到，有出息的孩子带着年迈的父母坐头等舱或商务舱去度假。从老人们的表情可以看出，他们过惯了苦日子，有点接受不了这种奢侈。

儒家思想的第二个浓缩思想（忧患意识）也具有非常深刻的意义。这一意识在数千年间形成了我们今天看到的中国人的特质：目标明确，喜欢争先（从幼儿园开始），富有进取精神，善于从看似不可能的事情中获利。此外，还有节俭，好储藏，理性镇定。

举一个与此相关的例子。刚来北京的时候，我无法理解中国人为什么在公共场所（商店、餐厅、公共汽车）的入口处不让路、在公交车上不让座？后来我明白了，如果你给别人让了，那么你可能永远也进不去（当然，熟人之间不存在这种情况）。

托济克大使在北京附近一家仿古建筑的酒店前留影。

在中国，还有一个现象给我留下了深刻印象，那就是对知识的崇拜。父母总是尽一切可能为孩子创造最好的教育条件。在中国农村，常常是几个家庭由于资金不足而选出最优秀的孩子供他上学（以前中国所有的教育都是收费的，只是近十年国家财政才开始逐步负担农村和城市的中小学）。

有钱人家的孩子从一出生就开始接受教育。有一次，我问一个中国朋友："薛，你的小孙女多大了？"他回答："刚满两岁半，我们已经送她去学英语了。"

在尽力让孩子们接受更多知识的同时，父母也不忘发展他们的体力和精神。在寒暑假期间，只要孩子有意愿和能力，就给他们报大量的各种补习班。

作为例子，我讲一下一位姓郑的二年级学生的生活经历。他是一个8岁的小男孩，他的父母是我在北京时的朋友。

小男孩6岁的时候被送入北京一家非常好的学校，班里有34名学生（高年级可能有50—60人，甚至多达70—100人）。

在中国的学校，学生们在课堂上除了学习，基本不会违反纪律。每天 8 点开始上课，16 点结束。周一必须早到，因为全校要举行升旗仪式。一天七节课，上午四节，下午三节。

第二节课后有 20 分钟的课间操，第四节课后有半个小时的吃饭时间（一般都是在教室吃午饭）。午饭后基本上都是体育课、音乐课、绘画课。

在一、二年级，郑同学每年要进行三门课（数学、语文和英语）的四次综合考试，每学期分期中考试和期末考试。除了综合考试外，还有体育考试。

从学校回家后，郑同学吃晚饭，然后用一个小时完成家庭作业。剩下的时间一部分用于学习音乐（家里有钢琴），一部分用于和同龄人在外面玩耍。

周六和周日学校不上课，但这并不意味着郑同学可以放松。周六上午，妈妈陪他学习语文和音乐，下午，郑同学去练习击剑。周日，父亲陪孩子学习英语，然后是音乐和击剑。

学校的评分体系是百分制。每年，班里都要按成绩公布排名，每一个人都可以看到他在排行榜中的位置——从第 1 名到第 34 名。每当郑同学取得好成绩，母亲或父亲就会在休息日抽一天时间陪他去儿童职业体验馆。在那里，父母把他交给工作人员，他就会在 3—5 个小时内体验到好几种职业。如果想当厨师，他会领到厨师的服装，在真正厨师的指导下做出一两个菜。如果想当宇航员，那就穿上宇航服，在模拟宇宙飞船中"完成登月航行"。在这个儿童职业体验馆，总共可以体验60 种职业，6—14 岁的儿童都可以来玩。这个体验馆属于私营企业，利润相当不错。

我还有两个与学校和孩子有关的发现。第一，在孩子的意识中有一个根深蒂固的真理，那就是学习不好是件糟糕的事情，如果一个孩子学习变差了，他就会被同学们疏远。第二，学生在上高中以前是不允许使用手机的，因为手机会让他们分心。这种教育孩子的方式，是不是也可以算作中国经济奇迹的一个重要因素？

在当代中国，有许多东西值得我们在现代化和进一步完善社会经济发展模式方面去借鉴。中国愿意与我们分享这些经验，而我国也有让中国感兴趣和对中国有益之处。重要的是，我们两国尽管有许多不同，但我们相互关切、相互信任，在互利互惠的基础上进行合作，没有任何附加条件。

（本文原载《白俄罗斯人看中国》，世界知识出版社 2014 年 1 月版）

难忘的白俄罗斯友谊

吴筱秋

（中国前驻白俄罗斯大使，曾任驻俄罗斯使馆公使衔参赞）

我外交生涯的最后四年是在地处欧洲中心的美丽国度白俄罗斯度过的。这四年既是我事业的高峰，也是我职业生涯中最难忘的日子。如今，我离开白俄罗斯已整整 15 年了，但在那里经历的一些事、结识的一些人，依然历历在目。在我记忆的宝库里，收藏了许许多多包含中白两国人民深情厚谊的珍品，不可能一一列举，这里就挑几件印象最深的事与读者分享。

热情迎接中国代表团

我在白俄罗斯任大使期间，两国关系起步不久，并且受当时两国经济实力的制约，经贸合作的规模还有限。但两国政治关系的发展却突飞猛进，特别是两国最高领导人的互访日趋频繁。1998 年之前，白方几任最高领导人虽都先后访华，但我方只有李鹏总理于 1995 年 6 月对白进行了回访。然而，我 1998—2002 年在白任职期间，双方的高级互访十分活跃，特别是我方领导人访白的次数明显增多。2000 年，我方有两位高级领导人访白。2001 年则出现了两国最高领导人三个月内实现互访的盛况。1999 年虽然没有最高领导人访白，但中国国务委员吴仪和全国政协副主席陈俊生也先后到访。

在筹备这些高访的过程中，我深切地体会到了白俄罗斯政府对发展中白关系的高度重视，处处体现出对中国的尊重、理解和支持的友好之情。

2000 年 7 月，胡锦涛副主席访白。当时世界各国都已认定他将是未来的中国国家元首，白方对此访也完全是按国家元首级接待的。可能因人手不够，国内当时未派先遣组来白作准备。全部筹备工作，包括政治文件，均由使馆承担。使馆由李惠来参赞（现任外交部部长助理）出面与白方商谈。有关此访的日程、礼宾、安全、新闻、交通、住宿等一切事务，白方均按中方要求办理，一次商谈就全部解决了。

同年 9 月，接待李鹏委员长访白的经历更令我终生难忘。当时，李鹏委员长率团去联合国参加千禧年议长大会后，已安排好去欧洲几国访问，其中包括白俄罗斯的邻国——波罗的海国家立陶宛。但就在访问前夕我们得知，在李鹏委员长访问期间，立陶宛要召开世界反共大会，于是我方决定取消对立的访问。但是按照日程，访立是此行的中间一站，无法中途先回国，于是临时决定改道访问白俄罗斯。自 1998 年白议长访华后，我人大代表团对白回访的事虽然一直也在议事日程之上，但考虑到胡锦涛副主席两个月前刚刚访问过白俄罗斯，所以委员长此行原本未将白列入其中。

我记得，那是 2000 年 9 月 1 日周五晚 11 时，我突然接到全国人大常委会副秘书长吕聪敏从纽约打来的电话，告知李鹏委员长一行约 130 人拟于下周二（即 9 月 5 日）访问白俄罗斯，要大使立即与白方协商，争取正式访问。如若确实不行，则作为路过在白安排休息。按外交惯例，安排这种大型的访问，通常都需双方提前几个月协商决定。现在的情况是，只有三天准备时间，而且仅有周一一个工作日。更重要的是，白方上下两院议长都还在纽约，我无法同他们取得联系。而且，议长大会后还要召开联合国千禧年元首大会，白总统周六上午 10 点就将乘专机先去古巴访问，然后直飞纽约。我必须在总统出发前得到白方首肯。

　　我建议吕聪敏副秘书长在纽约设法联系上白议长，先打个招呼，征求对此访的意见。同时，在明斯克，我连夜起草照会，周六一早约见了主管副外长通报此事。他告诉我，议长从纽约也发来信息，现在有了使馆正式照会，外交部有关接待此访的报批文件已全部备齐。他当即派人将文件呈报总统，在专机起飞前由总统签了字，访问就正式定了下来。白方外交、安全、公安、新闻等各部门人士一律放弃休息，投入工作。使馆更是全力以赴。当时馆内连同家属才20来个人，只好从邻近兄弟使馆借了三个懂外文的年轻人充任联络员。经过三天不分昼夜的忙碌，在代表团抵达前，接待此访的一切事项都安排到位。白俄罗斯议会上下两院议长在大会结束后，放弃原定在纽约逗留参观的计划，赶回国内接待李鹏委员长。卢卡申科总统在千禧年元首大会结束后立即赶回明斯克，在李鹏委员长离白前一小时与他进行了会晤。访问非常成功。李鹏委员长在接见使馆人员时，称赞使馆队伍高效、精干，在这么短的时间内安排好这样一次大型访问，是建国以来没有过的。

　　从使馆接到电话开始，到代表团访问结束的六天六夜，全馆人员几乎都没有休息。每个人都身兼数职，既当翻译联络，又搜集打印新闻信息；既当司机陪同，又帮厨打杂（白俄罗斯是切尔诺贝利核事故受害国，为避免食用受污染食品，但凡有代表团来访，使馆均要派车去立陶宛采购食材，在使馆做好菜肴送往代表团住处）。领导人对我们的工作给予了肯定，大家都倍感欣慰。

　　2001年是白俄罗斯总统大选年，那年4月，卢卡申科总统对中国进行了第二次国事访问。时隔三个月，同年7月，江泽民主席就回访白俄罗斯。这两次访问双方事先都作了充分准备，所以使馆的工作虽然也繁忙，但相对而言不那么紧张。只是在准备江主席访问的过程中，有两个小插曲让我至今难忘。有一天，国内给我指示，说江主席代表团为了便于联系，希望住得集中一些，最好都能住在白国宾馆。我知道白国宾馆已比较老旧，正准备全面翻修，有的楼脚手架都搭好了。接到通知后，我就给当时的总统办公厅主任米亚斯尼科维奇先生（后任总理）打电话通报了中方的愿望。他当即表示："既然中国大使提出了请求，立即照办。"两天后，我去检查代表团住处时，发现脚手架都已拆除，国宾馆的房间均已打扫干净并办好接待事宜。还有一件有趣的事，俄罗斯帕列亚出版社的"20世纪人民领袖"项目在上世纪90年代连续出版了毛泽东、邓小平、江泽民的俄文版文集，这个项目的负责人米申先生的夫人是白俄罗斯人并在白工作。有一天，米申先生带着几本《江泽民文集》由他夫人引来见我，说他知道江主席很快要访白，他有几位地位颇高的朋友很想得到由江主席亲笔签名的《江泽民文集》。但在俄罗斯他根本办不到，问我能否帮他这个忙。我答应试试。同时他说，他可以帮忙把三位领导人文集中最精华的文章汇编后出版一本小文集，由我写一个序言，配合江主席访白，使馆出点成本费就行。我觉得这个主意不错，就同意了。后来，江主席给他送来的几本书签了字。配合访问出版的小文集在使馆为访问举办的几次活动中被一抢而空，连我都没能留下一本作纪念。

　　白俄罗斯政府和议会对中国、对使馆工作的支持与友情真是无可比拟。为了申办北京奥运会、上海世博会，我在任时国内就要求各使馆征得驻在国支持。在向白方要求支持时，都不用我多说一句话，白方就表示将无条件支持中国主办。使馆每一次重要活动，白方都会派政府或议会高层领导人出席。我记得在使馆为庆祝中华人民共和国成立50周年举行的国庆招待

2001 年 4 月 23 日，中国国家主席江泽民与白俄罗斯总统卢卡申科在北京人民大会堂签署"中华人民共和国与白俄罗斯共和国政府联合声明"。（供图：中新社）

会上，除了总统按惯例不出席任何此类活动外，白总理、两院议长、总统办公厅主任、各部部长悉数光临，场面十分热烈。由于工作上接触较多，我同这些领导的关系都很好，尤其是同下院议长莫洛费耶夫、历任外长、历任总统办公厅主任几乎都是好朋友。我在辞行拜会时，白总理诺维茨基新上任不久，我还来不及与他有进一步交往，可他仍视我为老朋友。记得在谈话中他提到："西方国家总是批评白投资环境差，您是我们的好朋友，您认为如何？"我问："我能说实话吗？"他说："当然。"（我国企业家也经常抱怨白方吸引投资的政策、法律往往难以落实，基础设施不好等）我回答说："投资环境确实不怎么样。不少人还不大能分清人道主义援助和投资的区别。不过没关系，我国改革开放初期也有类似情况，慢慢会好的。"至于基础设施不好，我举例说，我去戈梅利出差，住国际旅行社一个很简朴的小套间，付了五星级饭店套房的价格，得到的却是无星级的服务。总理和陪同人员都笑了。中白之间的真诚相待，从这个小小的插曲也可见一斑。

开展文化艺术交流

　　我上任之初就深切感到，白俄罗斯人民对中国现实状况的了解十分有限，许多人保留的还是上世纪 50 年代中苏友好时期对中国的印象。他们都希望更多地了解中国的最新情况。我常常应白方学术、教育、科研等单位的邀请去作报告、开座谈会，介绍中国的内外政策、改革开放成果。但毕竟这些活动的受众面很有限，普通老百姓一般接触不到。要让更多的人了解中国，媒体的作用不可替代。我刚上任时，明斯克还有一位中国《光明日报》的常驻记者，后来连这个记者站也撤销了。使馆只能"借鸡生蛋"，充分利用白方的电视、广播、报刊来帮助我们做这件事。使馆同白新闻界人士建立了十分友好的关系。他们对中国的关心和报道热情非同寻常。但凡中白之间有重要事情、使馆有重大活动，或是白方举办的有中国大使参加的活动，白电视台、报刊都会进行报道或对大使作现场采访。有时，我会连续几天在电视里露面。我在使团的同事们曾开玩笑说："您上电视的频率仅次于总统了！"我还记得，有几次我应广播电台邀请，去现场直播介绍中国并当场回答听众提出的各种问题。白人民对中国的所有事情都感兴趣，非常友好，从未提出任何挑衅性的问题。就连亲西方的反对派主办的报纸也基本上没刊登过反华的东西。只有一次，有一份反对派报纸登了一篇歪曲我西藏历史和政策的文章。我找报纸的主编交涉，他表示道歉并解释说，他们对西藏问题并不了解，只是转发了西方报刊的文章，并答应刊登使馆提供的西藏问题材料来消除不良影响，后来也确实照办了。使馆还积极争取国内媒体邀请白资深记者到中国访问，实地了解中国政经形势、人文历史、民风民俗等情况。他们回来以后写了很多文章，并同使馆合作出版了几本书，起到了良好的作用。

对于增进两国人民之间的相互了解，文化艺术的交流是必不可少的。但我在白期间，国内只有一个省京剧团到白作过短暂演出；只举办过一个小型工艺品展览和一个小型民族服饰展览，远远满足不了需要。使馆就自力更生，从礼品库里挑选了一批有代表性的景泰蓝、玉雕、漆雕、刺绣等工艺品，组成一个小型展览，通过白地方政府或友协渠道到各地去展出，每年约三四个地方。在展出的同时举办介绍中国的座谈会、报告会，很受欢迎。

与普通百姓交往

最让我难以忘怀的是白俄罗斯人民。也许是因为在历史上饱尝战乱之苦，他们自称是温顺的民族。我在他们身上发现了许多我们中国人历来推崇的品质：吃苦耐劳、朴实真诚、忍耐宽容等。由于工作关系，我接触最多的自然是官方人士。他们的友好和大力支持帮助我顺利完成各项使命。但要真正了解一个国家的人民，只有通过同普通百姓的交往才有可能。

我的白俄罗斯司机在建馆之初就来使馆了，他恪守职业行规并颇具绅士风度。每次活动，我一出门，他便鞠躬致意去开车门。如遇雨天，他必打伞接送，雪天则扶我上下台阶。他不仅驾车技术一流，而且是个多面手。使馆凡遇到水管堵塞、电路故障、供暖不畅等麻烦，他便带领其他雇员动手修理，从不另要报酬。使馆所在地原是个幼儿园，建馆后，原幼儿园的正、副园长在使馆当了清洁工。她们工作尽心尽力。有一次，其中一位的手被严重烫伤溃烂，但她默不作声继续上班。我发现后劝她休息，她却不肯放下工作。

作为一位女大使，我在白俄罗斯妇女界有不少朋友，其中

吴筱秋大使与维罗妮卡一家在北京相聚。

几个渐渐把我当成了知己，向我倾诉自己个人或家庭的不幸。我被她们的信赖和真诚深深打动，为自己无力给她们什么帮助感到遗憾。内心的痛苦并未妨碍她们在社会上顽强拼搏，她们的工作都相当出色。这种坚韧的性格，同我们中国妇女的传统美德何等相似！有些只有一面之交，甚至从未谋面的普通百姓也视我为朋友，遇事直接找我帮忙。一次，一位母亲给我打电话，说她女儿去中国办事，未按约定时间报平安，她很着急，无奈之下冒昧向大使求助。我请使馆同志通过有关部门找到了她女儿。她回电话致谢时，说自己"真发疯了，为这点小事打扰了大使本人"。我当时不在馆里，使馆接电话的同志回答说："您没疯，您是个好母亲。"

有一年，我去外地给残疾儿童送新年礼物，跟家长们拉家常。后来，其中一位脑瘫孩子的母亲给我来电话，问我能不能给她的孩子买一辆残疾人轮椅，她一个单亲母亲实在无力办这件事。使馆便给她从德国订购了一辆。

在白中友协参加活动时，我认识了一位曾在东北帮助中国抗日的老战士。有一次在闲聊时，他谈到自己一家三代住在一个小屋里，政府虽早已答应给他换房，但久久不能落实。我理解他是想请我帮忙。我在一次活动时顺便向外长提了这件事。过了一段时间，他见面时告诉我，房子的事已经解决了。

我去戈梅利出差时，结识了该市经济学院两位学者全家，并推荐两家各一个孩子来北京大学学习中文。其中一个女孩叫维罗妮卡，学得非常好，北大又提供了一年的奖学金。学成之后，她进了白外交部工作，在白驻华使馆工作多年并曾担任大使翻译。十多年过去了，她已经结婚生子，有一个幸福美满的家庭。我们至今逢年过节还有联系。她的父母和她本人都把我认作她的"中国妈妈"。

白俄罗斯深受切尔诺贝利核事故之害，近四分之一国土被污染，居民健康水平下降，人口逐年减少。我在白期间，政府每年的财政支出 20% 用于消除核事故的后果，但仍严重不足。使馆每年都要去明斯克郊区的一个儿童康复幼儿园给孩子们送新年礼物，同他们联欢。孩子们虽然因受污染伤害而身患疾病，但仍然是那么活泼可爱。我去过污染严重的无人区，在它附近有个小镇，里面的医院极度缺医少药，连包扎伤口的用品都要病人自带。尽管如此，候诊的病人都很平静，听不到怨言，更没有吵闹。这些平民百姓的修养和忍耐力令我肃然起敬。国家层面的人道主义援助很难顾及这个小地方的医院。从那以后，使馆每年都会从德国订购一批药品和器材送给这个医院。

白俄罗斯的许多教堂里，既有东正教特有的圣幛，又有天主教固有的座椅和管风琴。不同教派的人可以去同一个教堂做礼拜。历史上，多少国家曾因教派不同打得血流成河，而白俄罗斯人民却有能力和胸怀找到和谐相处的办法。在当今这个提倡和谐社会的时代，白俄罗斯人民的这些美好品性更显得难能可贵。

中国—白俄罗斯：在历史的洪流中

瓦列里·米哈依洛维奇·马采利

（白俄罗斯驻上海总领事）

王宗琥 译

时光飞逝，岁月如梭。1992 年 1 月 20 日，新成立的白俄罗斯共和国和世界上人口最多的国家——中国建交。这仿佛还是昨天发生的事。而如今已是 2017 年，我们共同庆祝两国建交 25 周年。

按历史的标准，25 年是很短的时间。但在这期间，我们两国成功地建立了战略伙伴关系，成为国家之间相处的典范。

两国维持高水平的政治交往、高层定期会晤和两国领导人之间的互信，为两国经贸发展创造了良好的条件。

建交 25 年来，两国商品服务贸易总量（包括港澳台）增长了 100 多倍：建交的第一年只有 3000 万美元，到 2015 年达到了 31.8 亿美元。

现在，我们合作的领域越来越多：从能源开发、汽车制造、农业，到信息技术、电子和卫星制造。两国文化、科学和教育的交流也逐年扩大。

用这样一篇文章讲清楚中国的事，对笔者而言既简单，又复杂。简单是因为我非常了解中国，了解她的历史、语言和文化。我很幸运曾三次前往中国，而且是在不同的时期。

复杂是因为，不仅中国和欧洲有很大的不同，而且后者无法追上中国发展的速度，无法复制近十年她的发展成果。每一次返回中国，你都会发现她又变了样子，好像每次见到的都是

全新的中国。

历史深处的白中关系

如果说中国和白俄罗斯的交往只发生在最近 20 多年，这样的说法是不准确的。这个观点仅对于新时期两国交往而言是公平的。

历史研究证明，中国和白俄罗斯两国人民的友谊源远流长。中国最早的关于白俄罗斯的记载是在 16—17 世纪，白俄罗斯作为俄罗斯的分支，后者当时的领土包括乌拉尔山、西伯利亚，并与中国毗邻。

19 世纪，著名的白俄罗斯东方学家奥斯普·科瓦列夫斯基和伊奥斯夫·高什科维奇为白俄罗斯的中国研究作出了巨大的贡献。

第一个到达中国的白俄罗斯东方学者是奥西普·米哈伊洛维奇·科瓦列夫斯基（1800—1878），他是著名的蒙古学和西藏学学者。奥·科瓦列夫斯基1800年12月28日出生于格拉德涅省别列斯托维茨村的一个神父家庭。1808年他进入格拉德涅中学，毕业后考入维列斯基大学。1824年，奥·科瓦列夫斯基来到俄罗斯，进入喀山大学学习东方语言。正是在那里，他完全展现了学者和大学教育组织者的非凡才能。1833—1860年，他领导了欧洲第一个蒙古语教研室，并先后担任东方系系主任和喀山大学的校长。

1830年，奥·科瓦列夫斯基加入俄罗斯东正教驻北京传教士团，成为第一个访问中国的俄罗斯大学的学者。1830年8月到1831年9月，他游历了中国各地，包括外蒙古。在北京期间，他学习了汉语、蒙语、满语和藏语，了解了中国人的风俗和文化。回国之际，这位白俄罗斯的东方学者把189部、共1433卷著作以及字典，用中文和其他东方语言写成的关于中国历史、地理、哲学、法律和宗教的书籍带回了喀山。除此之外，他还从北京带回了大量的绘画作品、中国服饰，许多宗教物品和生活用品，以及他收集的大量中国纺织品、纸币和铜币。奥·科瓦列夫斯基中国之行的成果集中体现在他后来出版的著作《佛教宇宙观》中。

伊奥斯夫·高什科维奇（1814—1875），原籍白俄罗斯，卓越的俄罗斯外交官和语言学家，通晓13种外语，为中国研究作出了重大贡献。伊·高什科维奇1814年10月5日出生在明斯克省一个不富裕的神父家庭。他出色地完成了明斯克神学院的课程，后进入彼得堡神学院就读。在神学院学习期间，他表现出学习外语的天赋。这种天赋在很大程度上决定了他的命运。根据神圣主教会议的决定，1839 年 8 月 29 日，他加入俄罗斯东正教驻北京传教士团，在那里工作了十年。

伊·高什科维奇成为第一位在中国收集大量植物和昆虫、蝴蝶标本的俄国自然科学家，他将收集的标本寄回俄罗斯首都。1850 年返回圣彼得堡后，伊·高什科维奇在俄罗斯东正教驻北京传教士团成员的著作集中发表了一系列文章，内容涉及丝绸、大米和土豆种植，以及油墨、白色颜料和胭脂的生产。他的天文和气象研究成果定期投向圣彼得堡主要的天文台。

卓越的俄罗斯汉学家齐赫文斯基院士对伊·高什科维奇和奥·科瓦列夫斯基的贡献给予了高度的肯定："在俄罗斯科学与世界科学方面，驻北京传教士团，包括伊·高什科维奇和奥·科瓦列夫斯基的著作，不仅介绍了汉族、满族、蒙古族、维吾尔族、藏族和居住在大清帝国（以及之后的共和制的中国）的其他民族的语言和文化，还把一些基本的关于中国历史、哲学、宗教、文学的著作翻译成多种欧洲语言。"

伟大的革命家孙中山先生和尼·鲁斯尔博士的友谊

优秀的白俄罗斯革命者、百科全书编写者尼古拉·苏济洛夫斯基(1850—1930)被载入白俄罗斯和中国人民友谊的史册，成为其中辉煌的一页。在中国，他以尼古拉·鲁斯尔博士的名字为人们所知，鲁斯尔意译为"俄罗斯"。

尼·苏济洛夫斯基的才能是多方面的。他掌握了 8 个欧洲国家的语言，以及汉语和日语。他是一名医术高超的医生，又是著名的地理旅行家、哲学家、社会学家、民族学家、化学和生物学家。55 年中，这位白俄罗斯革命者受沙皇当局的迫害而流离失所，先后辗转于罗马尼亚、瑞士、英国、美国（夏威夷）、日本和菲律宾等国。中国在他的生命中占有独特的地位。

尼·苏济洛夫斯基 1850 年 12 月 3 日出生在白俄罗斯莫吉廖夫市的一个多子女、穷困的贵族家庭。1868 年，尼古拉以优异的成绩毕业于莫吉廖夫中学，随后考入圣彼得堡大学法律系。由于参与革命活动而受到沙皇当局的迫害，他被迫前往基辅大学，然后到达亚洲。

1905 年，这位白俄罗斯革命者初次与中国革命运动的领袖结识，后者就是后来的中华民国第一任总统孙中山先生。

孙中山很了解尼·苏济洛夫斯基，希望和他取得直接联系，于是两位著名的革命家之间有了书信来往。1906 年，尼·苏济洛夫斯基在日本发表了一篇《中国之谜》的文章。这篇文章引起了孙中山极大的兴趣，当时他正好在日本。当年 11 月 8 日，孙中山先生给身在东京的白俄罗斯革命者写了封信。在回信中，尼·苏济洛夫斯基将中国的复兴同推动欧美国家的社会革命联系了起来。11 月 26 日，孙中山给鲁斯尔博士回了信。下面是这封信的主要内容："致尼·鲁斯尔博士：亲爱的先生！我是孙逸仙，前几天收到了您的信，但是最近非常忙碌，未能及早回复。美国资本家并不愚蠢，并不会放弃自己的商业利益，来帮助中国成为独立的工业强国。显而易见，他们（欧洲和美国）的利益首先是，让中国永远都成为一个工业落后的受害者。我很高兴可以收到您的来信。衷心祝福您，您忠诚的孙逸仙。"

两位杰出的革命家已经不满足于通信交流。孙中山提议两人进行单独的会晤，他于 1906 年 11 月前往这位白俄罗斯革命者所在的长崎市。尼·苏济洛夫斯基和孙中山主要讨论了第一次俄国革命（1905—1907）和中国人民的革命斗争的问题。两人一致认为，在俄罗斯和中国进行的革命有崇高的目标和良好的发展前景。

尼·苏济洛夫斯基对清朝被推翻、中华民国成立的消息表示热烈欢迎。这位白俄罗斯革命者很高兴，因为中华民国的第一任总统正是他的老朋友孙中山先生。1912 年 3 月 1 日，在给孙中山的一封信中，他写道："我们所有人都深刻而真诚地关心着共和国的成功，但我不得不提醒您几句话：亚洲所有国家的未来取决于您的成功，如何避免反动势力卷土重来也是所有人忧心的问题。"

尼·苏济洛夫斯基希望尽可能和祖国靠近，这也成为他 1921 年 1 月搬往中国大城市天津的主要原因。了解到苏俄陷入粮食困境的情况后，他在天津组织了亚洲第一个俄罗斯饥荒救济委员会。1921—1922 年，在他的直接参与下，北京、哈尔滨、沈阳、汉口也成立了俄罗斯饥荒救济委员会。上世纪 20 年代末，他再次产生了早日回到苏俄的想法。但 1930 年 4 月，他不幸罹患肺炎而离世，享年 80 岁。数百名天津市民和尼·鲁斯尔医生救治过的病人前来向这位白俄罗斯著名的革命者作最后的告别。尼·苏济洛夫斯基的遗体在当地被火化。

中国工人在苏维埃白俄罗斯

上世纪 20 年代，在白俄罗斯苏维埃社会主义共和国领土上，正书写着白俄罗斯人民和亚洲人民友谊篇章新的一页。

通过整理保存在白俄罗斯维捷布斯克市的档案资料，我惊奇地发现，1920年，在十月革命的影响下，在白俄罗斯，尤其是在维捷布斯克省和维捷布斯克市，出现了第一批中国公民。档案证明，在1920年10月，14名中国公民向维捷布斯克市公共事业部提出申请，争取在白俄的工作权。几乎所有被雇用的中国工人都是哈尔滨人，为年龄在25—35岁的男性，其中多位以前曾在苏维埃俄国参加过铁路建设。1925年，在维捷布斯克共居住着71位中国公民。

　　中国公民的主要活动是经营小商店，他们在白俄罗斯的生活反映了当时的革命精神。1925年夏天，俄罗斯布尔什维克党党员、在维捷布斯克市公共事业部中国工人队中工作的中国工人张万福提议，在中国公民中开设扫盲学校。对于自己的这个要求，张万福解释道，中国革命运动蓬勃发展，有必要培养中国工人作好参加革命的准备。维捷布斯克区执委会满足了中国工人的这一要求。当时，扫盲学校在校学生共有39人。

保卫中国的天空

　　上世纪30年代初，国际形势急剧恶化。日本军国主义在得到德国和意大利法西斯政府的支持后，开始谋求在亚洲建立霸主地位。1937年7月，日本发动全面侵华战争，目标是占领全中国。

　　然而，日本的阴谋未能得逞。为了保卫自己的家园，中国人民奋起抵抗。同时，苏联也给予了中国人民大量帮助。

　　1938年5月底到6月初，第一批苏联军事顾问来到中国，到1939年10月，作为军事顾问在中国军队中工作的苏联专家上升到80人。1937年9月，苏联政府决定开始为中国空军装配第一批军用飞机。10月，苏联援助的武器开始运抵中国。

白俄罗斯飞行员作为苏联志愿航空队成员来到中国，在中国抗日战争史上写下了辉煌的一页。1937年11月，第一批苏联志愿飞行员降落在中国南京的机场，那里距前线仅70公里。苏联飞行员第一时间就投入了战斗，其中就有白俄罗斯人费多尔·多贝沙（1906—1980）。他来自莫吉廖夫州科洪诺沃村，参加过红场阅兵，后来成为空军上将。从1937年11月到1938年6月，他作为轰炸机飞行员参加了空中战斗。就在抵达中国几天后，费·多贝沙的分队参加了上海的空中轰炸任务，给停泊在上海港的日本船只以沉重的打击。不过，费·多贝沙的主要任务是培训中国飞行员。到1937年12月底，共有45名中国飞行员掌握了如何驾驶苏联轰炸机。

1938年1月下旬，又有一位著名的白俄罗斯飞行员亚历山大·布拉格维申斯基（1909—1994）来到中国参战。他出生在白俄罗斯的布列斯特城，后来参加了伟大的卫国战争，成为空军中将。在中国，他共飞行73架次，个人击落7架日本飞机，所在集体共击落超过20架日本飞机。1938年，他被授予"苏联英雄"称号。亚·布拉格维申斯基完全掌握了飞机的知识。在一次战斗中，他展现了高超的飞行技能，和日军最有名的王牌飞行员展开了一场殊死搏斗。这位日本"天空之王"的飞机上绘有图案，亚·布拉格维申斯基马上就判断出眼前敌人的身份，毫不犹豫地攻击敌机。敌人也并非胆小鬼，转过弯来也开始进攻。这场战斗持续了很久，亚·布拉格维申斯基驾驶的飞机的仪表盘被打坏，他自己也受了伤——起飞前夜装好的防弹椅背救了他。日本飞机被击落，那名王牌飞行员也被击毙。

还有一位白俄罗斯飞行员在中国的天空留下了自己的名字：叶甫盖尼·尼古拉延科（1905—1961），后来成为空军中将。他出生于莫吉廖夫州乌多克村。1938年春，叶甫盖尼·尼古拉延科随苏联志愿航空队来到了中国。同年11月，由于出色的领导能力和英勇的战斗精神，他被授予了战斗红旗勋章。1939年2月23日，《真理报》刊登了苏联最高苏维埃主席团的命令，向个人击落6架敌机、所在集体共击落10架敌机的叶甫盖尼·尼古拉延科授予"苏联英雄"称号。

苏联志愿航空队为中国人民的自由和独立而奋战，并且战果颇丰。我们的飞行员给日本侵略者带来了巨大的损失。截止到1940年，日军在中国空中和地面共损失986架飞机。白俄罗斯飞行员为中国人民抗击日本侵略者作出了自己的贡献。并非所有的志愿飞行员都能回家，再见到家人和朋友。200多名苏联飞行员为了中国人民的自由和独立献出了自己宝贵的生命。

苏联卫国战争中的"红樱桃"朱敏

  伟大的苏联卫国战争在白俄罗斯和中国关系的历史上留下了光辉的印记。故事开始于伟大的卫国战争爆发前五天，地点在白俄罗斯格罗德诺州诺沃耶利尼亚佳特洛夫斯基的一个小村庄里。上世纪40年代初，夏令营就设在风景如画的这里。1941年6月17日，来自莫斯科伊万诺沃国际儿童院的孩子们乘坐火车来到这里度假。他们都是欧洲和亚洲杰出的革命家、共产党领导人和反法西斯地下工作者的儿女。在这群孩子中，有中国共产党重要领导人、中国人民解放军的创始人之一朱德元帅的女儿——朱敏。在抵抗日本侵略的艰苦条件下，中国共产党领导人面临着一个挑战——将他们的子女转移到安全的地方。这样，她来到了苏联。

  1941年6月22日战争爆发时，朱敏和国际儿童院的其他孩子刚刚相识。一个星期后，法西斯分子来到这里，纳粹军官占据了度假地，把孩子们赶到了外面。当年秋天，侵略者建立了避难所，收容留下的孩子。但是，他们并没有想到要为避难所的儿童和教师提供食品、床上用品、燃料。孩子们只好在老师的带领下来到田野和森林，采集剩下的玉米、马铃薯、蔬菜、浆果、草药和蘑菇。但是，这些物资太微不足道了，避难所里的孩子们靠当地居民的救济才得以生存。许多孩子感染了伤寒、沙眼、猩红热等疾病。不是所有的孩子都等到了从法西斯魔掌中逃脱的那一天：避难所300名儿童中，最终只有180多名幸存。

  父辈们正在同德国法西斯和日本军国主义英勇奋战，这些国际儿童院的孩子们也不会对白俄罗斯人民反抗侵略者的斗争袖手旁观。朱敏和她的同龄人搜集法西斯部队转移以及德国

军列通过的情报，然后报告给当地游击队和地下工作者。同时，游击队员和地下工作者采取一切措施，尽一切努力使孩子们免受伤害。

1943 年夏天，朱敏和她的七个伙伴经历了人生中最严峻的考验——这些年仅十二三岁的孩子被法西斯抓去德国强迫劳动。他们被带到了东普鲁士的"梅德格赫坚集中营"，位于柯尼斯堡附近。直到 1945 年 1 月，苏联红军解放了这个集中营，朱敏才得以回到莫斯科。

在苏联军队医院治疗后，朱敏继续学业。后来她在莫斯科结了婚，和丈夫一起在中国驻苏联大使馆工作。1953 年，朱敏回到了祖国，在北京师范大学任教。1986 年退休后，朱敏完成了父亲的遗愿，同军队地方的老同志一道创办了中国军地两用人才大学（后更名为北京军地专修学院），并出任院长。晚年，朱敏遭受了病痛的折磨，这是多年严酷的战争和纳粹集中营里非人的待遇造成的。虽然距白俄罗斯万里之遥，朱敏时常念及朴实的白俄罗斯农民、游击队员和地下工作者。在她晚年撰写的《我的父亲朱德》一书（2001 年出版中文版，2006 年出版俄文版）中，朱敏详细介绍了战争给国际儿童院的孩子们带来的恐怖，以及白俄罗斯游击队员和地下工作者把最后一片面包和孩子们分享的感人事迹。后来，以朱敏的英勇事迹为原型，中国导演叶大鹰在俄罗斯拍摄了电影《红樱桃》。

2007 年 6 月，朱敏教授被白俄罗斯总统亚历山大·卢卡申科授予"白俄罗斯共和国从德国法西斯占领下解放 60 周年"国家勋章。遗憾的是，朱敏的身体状况没能允许她亲自到北京的白俄罗斯驻华大使馆领取勋章。当年 7 月 4 日，白俄罗斯驻华大使阿·阿·托济克将勋章颁发给朱敏的丈夫，她的丈夫则转达了她对白俄罗斯游击队员、地下工作者、农民的感谢。

解放中国东北

中国人民钦佩白俄罗斯人民在伟大的卫国战争中表现出的勇气。由多个民族组成的苏联红军参与了粉碎日本军国主义、解放中国东北的战争，这是写入白俄罗斯和中国人民友谊历史的光辉的一页。关于白俄罗斯战士在解放中国东北的战役中所展现的勇气和胆量，有以下的事实：87 名因参加解放远东和中国东北的战役而被授予"苏联英雄"称号的人中，有 5 人来自白俄罗斯共和国。他们是：马·巴尔塔绍夫、加·兹丹诺维奇、弗·纳尔日姆斯基、尼·洛斯昆诺夫、特·波奇塔列夫。

马卡尔·巴尔塔绍夫上校（1909—1948）出生在日洛宾

市。身为海军航空兵轰炸师参谋长的他在 1945 年 8 月 9 日到 17 日的对日战争中表现尤其出色。轰炸师在他的率领下，对日军占领的港口和铁路进行了猛烈的轰炸。在指定的时间内，共消灭 24 艘日本军舰和运输船、11 辆列车、5 架日本飞机、4 座桥梁、7 个炮兵连、8 个仓库、2 个蒸汽火车头和 70 余节车厢。

加夫里伊尔·兹丹诺维奇少将（1900—1984）出生在布列斯特州克里沃申村。1945 年 8 月，他率领的部队经过 1500 公里行军，穿过干旱的草原，越过大兴安岭，渡过辽河，解放了中国阜新市。

尼古拉斯·洛斯昆诺夫中校（1911—1945）出生在维捷布斯克州斯坦尼斯拉瓦沃村。1945 年 8 月 11 日，他出发执行飞行任务，前往交战中的中国富锦市。然而，他的飞机在降落时被日军击中。身负重伤的他传达了上级的战斗指令，确保了战斗的胜利，但他不幸医治无效牺牲，后被埋葬在富锦市。

对日军飞行员而言，真正可怕的对手是著名的苏联飞行员、白俄罗斯人弗拉基米尔·纳尔日姆斯基（1915—1988）。他来自明斯克州季姆科维奇村，战争之路将他带到远东。作为歼击机航空团的副参谋长，纳尔日姆斯基大尉经历了 35 场空战，共击落 18 架敌机，其中个人击落 13 架敌机。

在对日战争的最后阶段，远东第一方面军副参谋长格·舍拉霍夫少将积极投身战场。格奥尔吉·舍拉霍夫于 1899 年 11 月 6 日出生在维捷布斯克州普希村。1945 年 8 月 18 日，格·舍拉霍夫少将领导发起空中突击，迅速控制满洲重要的战略中心哈尔滨市，以敦促日军停止抵抗。在哈尔滨机场，舍拉霍夫少将召见了日本关东军参谋长秦彦三郎中将，当面宣布了最后通牒。舍拉霍夫提议请秦彦三郎乘坐苏军飞机前往远东第一方面军司令部，商讨关东军投降问题。秦彦三郎接受了这一提议。根据远东苏军总司令华西列夫斯基元帅和秦彦三郎商谈的结果，8月19日，关东军司令部发出命令，停止抵抗。在这之后，中国东北地区的日本军队开始了大规模投降，并交出武器。

苏联的援助加强了中国的革命武装力量，是把中国人民从日本军国主义的枷锁中解放和中国人民民主革命胜利的决定性因素之一。中国共产党的领袖毛泽东这样写道："苏联红军来帮助中国人民驱逐侵略者，在中国历史上还没有这样的例子，这样的事件影响将不可估量。"

根据俄罗斯国防部的档案，在1945年8月到9月与日本的战争中，在中国东北，苏联红军共有12031名官兵牺牲。在与日本军国主义浴血奋战苏联红军中，有许许多多白俄罗斯官兵。战后，中国的45个城市建起了50座纪念碑，以缅怀在抗日战争中牺牲的苏军官兵。至今，这些苏军官兵的坟墓还被精心保护着。

争取恢复中国在联合国的合法席位

1949年10月1日，随着中国人民革命的胜利，中华人民共和国正式成立。10月3日，苏联成为第一个与新中国建立外交关系的国家。

上世纪40年代末至50年代初，苏联外交的重点之一是为中国争取恢复在联合国的合法席位。应当指出，中国和白俄罗斯苏维埃社会主义共和国一样，是联合国的创始会员国。但后来，在美国和其他西方国家的支持下，退居台湾的蒋介石国民党政权占据着中国在联合国的代表权。关于这点，1949年11月15日，中国政府声明拒绝承认蒋介石国民党代表团在联合国的代表权。苏联、白俄罗斯苏维埃社会主义共和国、乌克兰苏维埃社会主义共和国、波兰和捷克斯洛伐克支持这一声明。

白俄罗斯苏维埃社会主义共和国在联合国的代表团由库兹马·基谢廖夫领导，他曾担任白俄罗斯苏维埃社会主义共和国外交部长超过20年。在中华人民共和国成立三周后，1949年10月22日，在联合国大会第四次全体会议上，库兹马·基谢廖夫宣布，白俄罗斯代表团不承认蒋介石国民党代表团的代表权。1950年1月10号，苏联提交安理会的一项决议草案建议否决台湾的代表权，并将其逐出安理会。但美国为首的西方国家否决了苏联的提案。库兹马·基谢廖夫多次在联合国大会发言，维护中华人民共和国的权益。库兹马·基谢廖夫后来回忆说："1950年10月3日，蒋介石集团的代表蒋经国恶意诽谤苏联。他从讲台上下来的时候，人潮涌动的大厅里一片寂静，大家都在等待有人站出来对蒋介石集团进行回击。大会主席问还有谁想要发言。大家都沉默了。这时我忍不住了，请求发言并驳斥了诽谤者。"库兹马·基谢廖夫的这个讲话并不是苏联代表团在大会前计划好的，苏联驻联合国代表阿·维辛斯基会后指责他的行为是"冲动且极端的"。然而，两天后从莫斯科发来一份斯大林签署的电报，其中说道："我们需要的不仅是外交官，还有极端分子。"

随后几年，在库兹马·基谢廖夫的领导下，白俄罗斯苏维埃社会主义共和国在联合国的代表团坚定地捍卫中国人民在联合国的合法权利，与蒋介石集团在联合国的代表进行了激烈的斗争。经过一段时间后，联合国中的力量对比情况在逐渐改变。中华人民共和国也在国际树立了权威，尤其是加强了和"第三世界"国家的关系。60年代末，随着中国与西方国家关系的改善，大多数国家都主张恢复中华人民共和国在联合国的合法权利。1971年10月25日，第26届联合国大会通过了恢复中华人民共和国在联合国的合法席位的提案，同时驱逐了国民党当局在联合国及其所有机构的代表。同年11月11日，由时任外交部副部长乔冠华率领的中国代表团抵达纽约，中国终于重返联合国的舞台。

就这样，恢复中国在联合国合法席位的苦战终于结束，苏联及白俄罗斯的外交官为此付出的努力也被载入了这段光辉的历史。

50—60年代，巩固和发展友谊

上世纪50年代到60年代初，中国开始恢复在长期战争中被破坏的国民经济。来自苏联和其他社会主义国家兄弟般的帮助起到了至关重要的作用，白俄罗斯共和国也在其中作出了贡献。

在1950年2月签署的《中苏友好同盟互助条约》及随后几年签署的一系列条约的基础上，苏联为中国援建了291家大型工业设施建设和改造项目。1949—1960年间，约11000名苏联专家参加了中国经济和国防建设。同期，约8000名来自中国的专家前往苏联的企业实习。

苏联白俄罗斯共和国的企业给中国提供了多种产品。每年，明斯克汽车厂将大量的"MAZ-200"和"MAZ-205"卡车运往中国，明斯克拖拉机厂为中国农业发展提供了大量的拖拉机。明斯克伏罗希洛夫工厂、戈梅利机床厂、莫济里复垦机厂、博布鲁伊斯克机器制造厂积极向中国出售自己的产品。白俄罗斯企业向中国出口的工业产品逐年增长：1959—1960年，白俄罗斯对中国的工业出口总额增长了2.5倍。

高素质的白俄罗斯工业和农业管理人员、技术人员，知名的白俄罗斯科学家、工程师、医生经常来到中国，向中国朋友传授他们在组织生产、新技术应用和建筑行业的经验。

同时，中国的工人、大学生、工程师和技术人员来到明斯克机床、汽车、拖拉机和其他企业实习，提高专业技术水平。

上世纪50年代到60世纪初，中苏友好协会和它在当地的分会在巩固苏中友好关系和增进白俄罗斯人民与中国人民友谊方面发挥了重要的作用。1958年9月29日，白俄罗斯共和国成立了苏中友好协会分会。到1960年初，白俄罗斯共和国各地又相继成立了九个地方分会。据当时的档案，仅1955—1959年间，共有近30个中国代表团来到白俄罗斯苏维埃社会主义共和国进行访问。同时，白俄罗斯共和国著名的公众人物、科学家、工程师、艺术家也对中国进行了访问。白俄罗斯共和国与中国的企业、机构之间的联系不断加深。文学和艺术成为巩固与发展白俄罗斯和中国友谊的纽带。

毫无疑问，20世纪50—60年代白中友好关系史上最重要的事件，是1960年12月5日中华人民共和国主席、中共中央副主席刘少奇率领中国党政代表团访问白俄罗斯苏维埃社会主义共和国。事实证明了这次访问的重大意义，随着中国高级代表团抵达明斯克，苏联最高苏维埃主席团主席、苏共中央委员会主席团委员列昂尼德·勃列日涅夫也陪同抵达。

午餐期间，白俄罗斯苏维埃社会主义共和国领导人克·马祖罗夫、苏联最高苏维埃主席团主席列·勃列日涅夫和刘少奇主席分别发表了讲话。尽管访问时间很短（仅仅一整天），中国代表团与白俄罗斯苏维埃社会主义共和国和白俄罗斯共产党的领导人举行了会谈，客人们参观了白俄罗斯首都，了解了

白俄罗斯共产党中央第一书记马祖罗夫（右2）向刘少奇赠送列宁像。左2为苏联最高苏维埃主席团主席勃列日涅夫。

明斯克区加斯捷尔洛农业生产队的工作，在白俄罗斯歌剧与芭蕾舞剧院观看了大型音乐会。

之后，在60年代末到80年代初，随着中苏关系的恶化，白俄罗斯和中国的交流停了下来。在中国改革开放的总设计师邓小平上台执政和苏联开始戈尔巴乔夫改革后，中国与白俄罗斯的关系开始正常化。

我与中国的初识：在中国人民大学见习

1988年秋，我作为白俄罗斯国立大学的副教授第一次有幸来到中国，亲眼见证了中国改革开放取得的初步成果。改革开放政策是在中共十一届三中全会（1978年12月）上确立的，这次会议是中国当代历史上的一个重要里程碑。正是此时，邓小平开始领导全中国，推动全面改革，目标是使国家从经济政治困境中走出来，使十亿人民丰衣足食。经过十年的改革开放，中国的国民生产总值和居民平均收入翻了一番，在中国历史上第一次解决了人民的温饱问题。

当时，我在中国规模最大的大学之一——中国人民大学进行了为期半年的科研见习。期间，我深入观察了中国教师和大学生的生活。为了使读者更好地理解他们的生活方式、习俗和传统，这里选取我在北京度过的 180 天中的一天来描述。

不到 7 点钟，整个大学校园已经醒来。从清晨开始，我便有了很多惊奇的发现——数百人挤满了大学的体育场馆。在这里你可以看到，几十个大学生在经验丰富的教练指导下，练习着各种类别的中国武术。远处还有几组老年人在细致地练习舞剑。在跑道上，我惊喜地碰到了熟悉的老教授。他们对体育的热爱令我感到很惊奇。后来我懂了，这是中国人健康生活方式中不可缺少的一部分。这里还要说一个让苏联见习者惊讶的中国传统：拒绝含酒精的饮料。在中国首都北京半年的时间内，我没看到任何人是醉酒的状态。

早餐开始了，数百名学生带着碗和竹筷，充满活力地来到食堂。"没有不好的食物，只有不好的厨师"，这是一句中国谚语，而我不止一次验证了这句谚语的公正性。通常，学生食堂的午餐不少于五六种菜色，但我总是惊讶于吃米饭、虾、饺子、鱼、沙拉都要使用著名的调味品——酱油。没有面包、黄油和用马铃薯做的菜肴，这一点使我很不习惯。实际上，我不得不说，在那个年代，一碗米饭和一些蔬菜，或者饺子和中国茶，对于大学生来说已经很丰盛了。

这里，要适当提一下当时中国的大学生。多数中国大学生有一个共同特点，就是他们对知识的渴求。其实，这不足为奇。根据中国的相关统计，当时每 100 个中国年轻人中，只有 5 个可以进入大学学习。只有最刻苦、最聪明的年轻人才可以得到这样的机会。痴迷于学业的大学生随处可见。两个瘦瘦的中国姑娘，旁若无人地大声朗读着复杂的英文句子（看得出来，是家庭作业），而教学大楼的旁边（这里隔绝了一切喧嚣），一个不高的男生正在做摘抄。不远处，人行道上有卖书的摊位，不光可以看到毛泽东和邓小平的著作，还有戈尔巴乔夫的《改革与新思维》，以及别的读物。

我特别想谈谈我们的科研专家——中国人民大学的学者们。他们中的大多数是老年人，懂俄语，几乎所有人都在苏联的大学接受过高等教育，因此他们对我们很亲切。尽管目前在大学中担任领导职务，他们总是热情而真诚回顾起学习的时光，真心地为中苏关系的改善而高兴。虽然已经过去很多年，他们仍然清楚地记得《喀秋莎》《莫斯科郊外的晚上》，以及当年流行的歌曲《莫斯科—北京》。

每次聊到那个年代的事情，大家最常提到的就是对斯大林和毛泽东的评价问题。应该这样说，在中国（我们在北京的那段时间），对于斯大林的态度不同于其他大多数国家。在中国人民心中，他树立了伟大且不容置疑的权威。关于对本国的领袖毛泽东的评价，每个人都有不同的看法。中国的学者高度评价他是一个伟大的马克思主义理论家和实践家，但对他发动的"文化大革命"持否定态度。如果将毛泽东生平所做的事看作十分，中国人认为应该给予他七分功、三分过的评价。

后来，随着苏联解体和白俄罗斯共和国作为独立的主权国家登上世界舞台，白中合作进入了新的阶段。

中国古代有句谚语，"人多力量大"。白中友谊像条河，白俄罗斯和中国就在河的两岸，这条友谊之河给两国人民带来了幸福和平安。

（本文原载《白俄罗斯人看中国》，世界知识出版社 2014 年 1 月版）

我与可爱的白俄罗斯

于振起

（中国国际问题研究基金会特邀副理事长，前驻白俄罗斯、
保加利亚大使）

白俄罗斯第一印象

2002 年 3 月，我被任命为中华人民共和国驻白俄罗斯共和国特命全权大使。此前，我虽然在白俄罗斯的两个邻国乌克兰和俄罗斯工作过，却从来没有到过这个国家。不过，作为一名历史学者，我对白俄罗斯的基本情况还是了解的。

3 月 27 日晚，我乘莫斯科至明斯克的列车前往白俄罗斯赴任。列车行至离明斯克还有一个小时路程时，两位白俄罗斯警官来到我的包厢，很有礼貌地问我是不是中国大使，我随即作了自我介绍。他们很高兴地对我表示欢迎，然后解释说，他们是按照白俄罗斯内务部的指令，专程前来护送我的。他们在俄罗斯与白俄罗斯交界的边境城市斯摩棱斯克上车，因为不知道我临时更换了车厢，一直没有找到我。白方的这一安排出乎我的意料，让我很感动。从这一特殊安排可以感受到白方对我到任的高度重视，这实际上是对中国的高度重视。

28 日上午 7 时 27 分，列车正点抵达明斯克车站。白俄罗斯外交部礼宾局代表手捧鲜花前来迎接，中国大使馆的全体同志也在站台上列队迎接。从车厢里走下来，踏上白俄罗斯土地的一刹那，我心情十分激动。作为中国驻白俄罗斯大使的使命，从此刻便开始了。在车站简短的欢迎仪式后，我乘上插着国旗的大使专车前往大使馆。沿途市容给我留下两个突出印象：一

是干净，二是清静。这也是后来我在明斯克三年多时间里这座城市留给我的深刻印象。明斯克的这个特征，很像美丽的白俄罗斯姑娘，文雅恬静。

到达大使馆后，又遇到一件出乎意料的事情：放在我办公桌上的当天的白俄罗斯政府机关报《共和国报》已经在头版位置报道了我抵达明斯克的消息。报道说："中华人民共和国新任驻白俄罗斯特命全权大使于振起今天抵达明斯克。于振起先生是高级外交官，曾在中国外交部苏欧司工作，曾任中国驻乌克兰使馆一等秘书、驻俄罗斯使馆公使衔参赞。于振起先生是历史学博士，著名世界史专家。他曾主管中国外交部政策研究室政策分析预测处的工作，是著名的政策分析专家之一。"

这篇报道使我再次感受到白俄罗斯官方对我就任的关注程度。当然，我也十分感谢这家政府机关报为我的到来所作的热情介绍和宣传。

在我离京前夕，白俄罗斯外交部就已经通知中国驻白俄罗斯大使馆，于振起大使将于 4 月 3 日向卢卡申科总统递交国书。这是一个具有象征意义的友好姿态，表明了卢卡申科总统本人对中国的特殊重视。

4 月 3 日上午，我在使馆主要外交官陪同下到达总统府，向卢卡申科总统递交国书。我在颂词中表示：中白两国人民之间有着深厚的传统友谊。建交 10 年来，在双方的共同努力下，两国相互理解与信任日益加深，各领域合作不断扩大，成果丰硕。中方高度重视对白关系，将一如既往地支持白俄罗斯为捍卫国家主权、维护民族尊严、发展国民经济所作的努力，尊重白俄罗斯人民自主选择的发展道路及奉行的内外政策，愿在相互尊重、平等互利的基础上继续推进两国友好合作关系。我对被任命为中华人民共和国驻白俄罗斯共和国大使感到十分荣

幸，同时也深知责任重大。在担任这一职务期间，我将努力促进中白两国人民之间的友谊和两国友好合作关系进一步发展。

卢卡申科对我的到任表示欢迎，表示白俄罗斯政府高度重视对华关系，认为继续巩固和发展与伟大的友好国家中国的友谊具有重要意义，中国经济改革的成功经验对白俄罗斯也具有重要借鉴意义。去年两国领导人成功进行了互访，双方对进一步全面发展两国友好关系达成共识。他将会全力支持我的工作。

走出会见大厅时，我向等候在外面的媒体记者发表简短讲话："首先，请友好的白俄罗斯新闻界朋友们转达中国人民对白俄罗斯人民的良好祝愿。我对就任中国驻白俄罗斯大使既感荣幸，又感责任重大。我将尽自己所能为发展中白友好合作关系而努力。希望今后与新闻界的朋友们保持友好联系与合作。"

当晚，白俄罗斯电视台播放了我向卢卡申科总统递交国书的消息。第二天，所有主要白俄罗斯报纸都发布了我递交国书的消息。与白俄罗斯零距离接触的最初几天，给我留下了关于这个国家的多方位的美好印象。

资助布列斯特要塞博物馆印制说明书

打响苏联卫国战争第一枪的地方——布列斯特是白俄罗斯西南部的边境城市，距明斯克 350 公里，位于穆哈维茨河和布格河交汇处，是布列斯特州的首府，人口 29 万。布列斯特历史上是俄国重要的西南边陲，历来是兵家必争之地，也是商贾集散之处。该市与波兰接界，扼俄罗斯和白俄罗斯通往东欧和西欧的铁路、公路交通要冲，是欧亚大陆桥上的重要枢纽。

19 世纪初，沙俄政府开始在这里修建要塞，从修建到不断完善历经近 30 年。布列斯特是苏俄历史上两次沉痛事件的见证者。一次是 1918 年在布列斯特要塞签订屈辱的《布列斯特和约》。十月革命胜利后，俄国还处在与德国交战的状态，列宁为了避免德国的进攻，保护新生的脆弱的苏维埃政权，主张立即结束与德国的战争。然而，俄国的盟国英、法、美等协约国成员拒绝与德国举行谈判，苏维埃政府决定单独与德国媾和，并于 1917 年 12 月 2 日签订了停战协定。在进一步谈判和约时，德方要求俄方割让大片西部领土，在是否接受德国要求的问题上，苏维埃政府内部出现严重分歧。在列宁的坚持下，最后俄国接受了德国苛刻的条件，双方于 1918 年 3 月 3 日在布列斯特要塞签订了《布列斯特和约》。该条约为苏维埃政权赢得了宝贵的"喘息时机"，对巩固新生的苏维埃政权具有重大意义。

另一次就是 1941 年从这里开始的苏联卫国战争。1941年 6 月 22 日凌晨，德国法西斯军队撕毁《苏德互不侵犯条约》，在这里发动了对苏联的大举进攻。守卫布列斯特要塞的苏军奋起抵抗，打响了苏联卫国战争的第一枪。德军机械化部队很快就突破了要塞的防御，向明斯克方向挺进。但是，守卫要塞的苏军官兵仍顽强坚守阵地，展开了英勇的布列斯特要塞保卫战。这场战斗一直持续了一个多月。到7月末，守卫要塞的苏军官兵几乎全部阵亡，他们用自己的生命写下了苏联卫国战争史上可歌可泣的第一页。1965年，布列斯特要塞被授予"英雄要塞"称号。在要塞遗址上，修建了保卫要塞历史博物馆，供人们参观。

2002年5月，我陪同国内军方代表团来到布列斯特要塞参观，这是我第一次亲眼目睹这座著名要塞。由市区进入要塞的通道上，修建了一个巨大的五星形状的拱门，墙上有介绍要塞简况的牌子，拱门内播放着卫国战争时期的歌曲。走进这道拱门，人们立即被笼罩在庄严肃穆的气氛中，心灵受到强烈的震撼。通过拱门后，走过一段路，就进入要塞旧址。只见到处是布满弹痕的残垣断壁，让人很容易联想到当年要塞保卫战的

布列斯特要塞的纪念雕塑（供图：敬明）

惨烈。我发现在一堵比较高的断墙上贴着一块牌子，上面写着"1918年3月3日在此签订《布列斯特和约》"。经向解说员了解后得知，当年签约的这座建筑已在要塞保卫战中被炸毁了。再往前走，是一个大广场，那里有上世纪60—70年代兴建的纪念雕塑群和一座高达100米的方尖纪念碑。广场的高处有长明火，长明火前的地面上写着："死有所值，英雄光荣。"我陪代表团在长明火前敬献了花圈，然后向要塞的正门走去。正门保存比较完整，上面弹痕累累，仿佛一位默默诉说那段重要历史的老人。我拍下了这个卫国战争开始的历史见证，后来把这幅照片收入了我在明斯克举办的个人摄影展。

然后，我们来到要塞博物馆参观。里面陈列着大约4000余件展品，其中有要塞保卫战时用过的军旗、各种武器以及战士们的衣物和照片等。一个被炸坏的马蹄表引起我的注意，表的时针指向4点钟。这只表以它特有的方式把那个影响苏联乃至世界命运的历史时刻定格下来，让后人永不忘记。更让我感动的是那些浴血奋战的战士写在墙上的留言："我们不会屈辱地死。""我们很艰难，但没有丧失斗志。我们将像英雄一样死去。""我将会死去，但决不投降！永别了，我的祖国！"我想，无论是谁看到这些视死如归的英雄留言，都无法不被震撼。这是真正的爱国主义和英雄主义，任何一个民族只要有这样的精神，就一定是不可战胜的。希特勒在下达进攻布列斯特命令的时候，一定没有意识到，他已经给自己的坟墓掘了第一锹土，从此他将踏上一条通向灭亡的不归路，就像当年的拿破仑一样。

我在参观时发现，博物馆里没有说明书。解说员向我解释说，以前有说明书，后来因为经费不足，就无法印制了。我听了感到心里很压抑，回到使馆后，便与有关同志商议，决定资助布列斯特要塞博物馆印制说明书，以此表达中国人民对反法西斯英雄们的敬意，加强两国人民的友谊，同时也可以帮助博物馆更好地宣传反法西斯的光荣传统。2002年秋季，我再次来到布列斯特要塞博物馆，代表中国大使馆赠送资助印制的说明书。说明书上印有我们写的一句话："反法西斯英雄永垂不朽——中华人民共和国驻白俄罗斯共和国大使馆。"博物馆馆长专门举行了一场隆重的受赠仪式，并发表了热情的讲话。他说："中国大使馆资助印制博物馆说明书是没有先例的举动，突出表明了伟大的中国人民对反法西斯英雄的真挚感情和对白俄罗斯人民的友好情谊。白中两国人民在反法西斯战争中曾经是一个战壕的战友，现在，我们两国人民在维护世界和平的事业中继续肩并肩站在一起。"

后来这些年，我一直把这份说明书带在身边，里面的布列斯特要塞照片和博物馆里的展品照片让我感到亲切，使我时常回忆起参观要塞时所见到的那些难忘情景。

聚焦可爱的白俄罗斯

我任驻白俄罗斯大使期间，曾应邀举办过一场名为"聚焦可爱的白俄罗斯和其他国家"的个人摄影展。这是新中国外交史上从未有过的一次公共外交实践活动。

2004年2月初，白俄罗斯首都电视台希望采访我的业余生活，我欣然同意。首都电视台记者斯维达和她的助手按照约定时间来到我在外交公寓的住所。斯维达说，您是第一位同意接受首都电视台采访业余生活的外国大使。我说，我感到很荣幸。然后，按照她的愿望，我详细介绍了自己的业余生活情况，着重谈了自己的业余爱好，包括打网球、游泳、摄影和欣赏音乐等。应她的请求，我给她看了1997年8月中国外交部举办的首届"中国外交官看世界"摄影展中我的三幅参展照片，然后又向她介绍挂在客厅墙上的两幅白俄罗斯风景照片——这两幅照片是我来白俄罗斯后拍摄的照片中最喜欢的，一幅是德维纳河岸边的索菲亚教堂，另一幅是明斯克市国家植物园秋天的景色。斯维达对我的照片表现出浓厚兴趣。

让我没有料到的是，斯维达把我的摄影爱好介绍给了明斯克市现代造型艺术博物馆馆长沙兰格维奇。后者于3月下旬给我写信说："我们听说阁下是一位摄影爱好者，希望您能在我们博物馆举行一次个人摄影展，以此作为博物馆与中国大使馆开展文化艺术合作的开端。"从加强两国文化交流、开展民间公共外交的角度，我应该对馆长的热情建议作出积极回应。但是，以大使个人名义在国外举办个人展览，没有先例可以借鉴。经过再三考虑，我决定自费举办这个展览。当我答复博物馆馆长说接受他的建议后，他很高兴，并立即与我一起制订了具体工作计划。我最终选择了61幅参展照片，在同事们的帮助下制作成展品照片。其中，关于白俄罗斯自然历史文化景观的有30幅，关于其他10个国家自然历史文化景观的有31幅。经过认真考虑，我决定把摄影展定名为"聚焦可爱的白俄罗斯和其他国家"，以此表达我和我所代表的中国人民对白俄罗斯人民的友好感情。

2004年5月11日，中国驻白俄罗斯大使个人摄影展"聚焦可爱的白俄罗斯和其他国家"开幕式在明斯克市现代造型艺术博物馆隆重举行。白俄罗斯文化部长、新闻部长、国防部长、全国工会主席等高官出席。如此多的高官出席一个外国人的文化活动，在该国前所未有。前来采访的新闻媒体也是空前之多，共有3家电视台和近20家通讯社、报社的记者出席。

应媒体要求，开幕式之前先举行了一场记者招待会，我就摄影展回答了他们感兴趣的各种问题，包括我的摄影爱好历史、对摄影艺术的看法、举办这个摄影展的原因和目的等，有的记者甚至还问到我使用的照相机品牌。我一一作了回答。关于对摄影艺术的体会，我指出，摄影艺术与绘画艺术有相通之处，那就是要用心去做，要对拍摄的对象有发自内心的感情，努力把客体最美的一面表现出来，而不是简单地拷贝。从这个意义上说，摄影器材的好坏并不是决定因素，好的照片是用心创作出来的。我举了一个创作的例子，即拍摄那张索菲亚教堂照片的过程。我从历史书上早就知道位于波洛茨克市的索菲亚教堂是白俄罗斯作为一个独立国家起源的标志，很想亲眼去看一看。2003年我去波洛茨克市所在地维捷布斯克州进行工作访问时，专门参观了这座向往已久的教堂。由于索菲亚教堂位于德维纳河边，要拍摄教堂与德维纳河在一起的全景，只能绕到河对岸。接待方的日程安排中没有这项内容，如果这样做，必须在第二天一大早起床去拍照，以免影响正式活动安排。对方不大理解我的心情，建议我放弃，免得太辛苦。我没有接受，还是坚持自己的意愿。第二天一早，我在接待人员陪同下驱车来到河对岸，河边没有路，草地的露水很大，裤腿都被打湿了，我全然不顾。我站在索菲亚教堂对岸，德维纳河水在眼前静静地流过，沐浴在朝霞中的白色教堂犹如一位亭亭玉立的白衣少女，文静地站在岸边。我望着它和它映在河水中的美丽倒影，心中充满了难以言表的美感。此时我才真正意识到，这座教堂无论从外表还是内涵来说，的确是白俄罗斯民族的象征。怀着这种兴奋欣喜的心情，我把索菲亚教堂连同德维纳河一起收入了镜头。照片洗出来后，我非常喜欢，特意放大后挂在了客厅的墙上。如果当时没有这种强烈的意愿，就不会有这幅给我带来美的享受的照片。我的这番话博得大家的热烈掌声。

会见记者后，开幕式正式开始。沙兰格维奇馆长首先讲话，他说："今天的摄影展览是一个重要的不同寻常的事件。因为这是在我们的首都第一次举办外国使节的个人摄影作品展览。于振起先生不仅是一位外交使节，而且是一位摄影艺术家。今天展出的作品一半是白俄罗斯的内容。这些为我们所熟悉的景物忽然之间变成了完全不同的样子，我们从中可以体会到大使先生独特的眼光。许多人都认为，好照片要依靠好相机。可是于振起先生认为，什么样的相机并不重要，重要的是摄影时要用心，要有爱。我们非常高兴中国使节把这样的爱给了白俄罗斯。"

随后，我发表了简短讲话："今天的展览共展出我的61幅摄影作品，它们是我在不同时期和不同国家拍摄的，其中主要是在可爱的白俄罗斯拍摄的。我在白俄罗斯已经生活工作了两年多，对白俄罗斯勤劳善良的人民、美丽的大自然和丰富的历史文化遗产的感情不断加深。通过这个展览，我向白俄罗斯国家和人民表达自己的这份感情，同时，也向大家展示我到过的其他一些国家给我留下美好印象的地方。

"我对摄影的爱好已经有20多年的历史。它带给我许多乐趣和美的享受。我认为，摄影不是简单地复制客体，而是一种创造性的艺术。它的主要特点是可以把瞬间的美变成永恒的美。希望各位来宾能够从我的摄影作品中分享这种美，同时，也希望这个展览能够促进中白两国的文化交流，加强两国人民之间的传统友谊。

"最后，我要衷心感谢沙兰格维奇先生邀请我举办这个展览，感谢您和您的同事为展览所作的充分准备。我还要感谢新闻部长鲁萨凯维奇先生为印制精美的展览简介所提供的帮助。

"衷心祝愿白俄罗斯人民生活安宁、幸福！"

讲话之后，文化部长古里亚科、新闻部长鲁萨凯维奇先后致辞。他们认为我的摄影展是两国文化关系中的一件大事，有助于增进两国人民的相互了解，将对促进双方文化交流产生重要影响。

开幕式当天，白国家电视台和其他两家电视台都在晚间重要的新闻节目中报道了开幕式实况，白俄罗斯通讯社也于当天发了消息稿。第二天，几乎所有明斯克的报纸都在显著位置报道了开幕式的消息，介绍了摄影展的内容，大部分报纸还破例配发了彩色照片。这些报道使用了各种充满感情的题目："中国大使眼中'可爱的白俄罗斯'""以爱的眼神看世界""白俄罗斯——外交官喜爱的国家""中国大使敏锐的镜头""聚焦可爱的白俄罗斯"等。媒体有关摄影展的报道持续了20余天。

摄影展开幕式在明斯克引起轰动效应，掀起一股"中国热"。而且，这股热潮一发而不可收，许多外地城市纷纷提出希望举办我的摄影展。白俄罗斯国防部也提出希望在军事学院举办我的摄影展，以此对官兵进行爱国主义教育。由于要求者甚众，我与白方商量后，只能选择其中的一部分，制定了为期一年的在白俄罗斯各地巡展的计划。

巡展期间，各地民众对摄影展表现出极大兴趣，参观者十分踊跃。据白军方告知，10月19日摄影展在白俄罗斯军事学院展出后的10天里，参观者就达到6000多人，前来参观的除了军方人士，也有普通民众。

鉴于社会各界对我的摄影展反响热烈，白俄罗斯新闻部建议我出版一本影集，这样可以使影响长期化，并且表示会给予积极支持。我接受了这个好建议。经过紧张的准备，与摄影展同名的影集《聚焦可爱的白俄罗斯和其他国家》于2004年9

月出版。9月29日，在白俄罗斯对外友协举行了影集首发式，新闻部长鲁萨凯维奇和外交部副部长格拉西缅科出席。鲁萨凯维奇在讲话中说："外交官出版关于驻在国的个人影集是史无前例的事情，只有专业的、有修养的和有知识的外交官才可能做到。中国大使就是这样一位外交官，他的影集代表了中国人民对白俄罗斯人民深切的友好感情。"白对外友协主席伊万诺娃也发表了热情的讲话，并代表对外友协向我颁发了荣誉证书。证书内容如下：

"白俄罗斯对外友协授予中华人民共和国驻白俄罗斯共和国大使于振起先生此荣誉证书，以表彰他在《聚焦可爱的白俄罗斯和其他国家》影集中所表现出的深邃的洞察力、由衷的热情和创造性才能。

"影集不仅展示了白俄罗斯大地的美丽和魅力，也体现了作者对我们国家怀有的特殊感情。

"影集照片展现的白俄罗斯各地风情是如此之美，以至于引起许多白俄罗斯人的惊讶和疑问：'难道这真的是我们的地方？'

"愿白俄罗斯与中国为了永恒的目标——和平、友谊、相互理解和爱紧紧联合在一起。

"愿中国在明斯克欢笑，白俄罗斯在北京歌唱！"

举行影集首发式当天，我通过总统办公厅专门向卢卡申科总统赠送了有我签名的第一本影集。两天之后，我收到卢卡申科给我的亲笔信。信的全文如下：

阁下：

衷心感谢您赠送影集《聚焦可爱的白俄罗斯和其他国家》。您的摄影作品使人能够了解我们国家的过去和现在，展望她的未来。您成功地展现了白俄罗斯伟大的历史遗产

Прэзідэнт
Рэспублікі Беларусь

Мінск, 1 кастрычніка 2004 года

Ваша Эксэленцыя,

Сардэчна ўдзячны Вам за накіраваны мне альбом "Любімая Беларусь, і іншая краіна ў фокусе".

Вашы фотаздымкі дазваляюць зазірнуць з мінулага і сучаснасці нашай краіны, зазірнуць у яе будучыню. Вам удалося дакладна перадаць велізарных гістарычных помнікаў і прыгажосць беларускай прыроды. Назва альбома яскрава сведчыць аб Вашых шчырых адносінах да Беларусі.

Перакананы, што і далей Вы будзеце заставацца надзейным сябрам нашай краіны і спрыяць развіццю двухбаковага супрацоўніцтва на карысць беларускага і кітайскага народаў.

Прыміце, Ваша Эксэленцыя, запэўненне ў маёй вельмі высокай павазе.

Аляксандр Лукашэнка

Яго Эксэленцыі
Пану Юй Чжэньлі
Надзвычайнаму і Паўнамоцнаму Паслу
Кітайскай Народнай Рэспублікі ў
Рэспубліцы Беларусь
Мінск

和美丽的自然风光。影集的名称鲜明地表达了您对白俄罗斯真诚的态度。

我相信，您作为我们国家的可靠朋友，会继续推动白俄罗斯和中国双边合作的发展，以造福两国人民。

请接受我最崇高的敬意。

白俄罗斯共和国总统

亚历山大·卢卡申科

2004 年 10 月 1 日

卢卡申科总统的亲笔信标志着我的个人摄影展在白俄罗斯发挥了增进两国友好关系的重要作用。

2004 年 8 月，中国国务院新闻办公室代表团访问白俄罗斯时，知悉我举办个人摄影展的消息，称赞这是一个"摄影外交"创举。随团的《人民画报》负责人邀请我在《人民画报》上发表部分影展作品，我欣然同意。当年11月号的《人民画报》发表了我的10幅摄影展照片，并配发一篇评论，介绍了摄影展和影集的情况，以及我对摄影艺术的一些体会。

我把这期《人民画报》也赠送给了卢卡申科总统。他收到后指示礼宾助理马克伊给我打电话，向我表示感谢，并请我代他转达对《人民画报》编辑部的谢意，感谢杂志社向中国和世界宣传白俄罗斯。

2005年3月，白俄罗斯外交部提出，希望在外交部办公大楼举办我的摄影展，以进一步加强两国友好关系。我接受了这个建议。4月4日，在外交部办公大楼一楼大厅举行了我的摄影展开幕式，马丁诺夫外长亲自出席。驻明斯克外交使团团长及8位其他国家大使也出席了开幕式。新华社记者进行了现场采访。马丁诺夫在致辞中说，感谢我为推动白中两国友好合作关系所作的突出贡献，对我在个人摄影展中体现出的对白俄罗斯人民真诚的友好感情表示感谢。他强调，这是白俄罗斯外交部首次在办公大楼举办外国使节的个人展览，这表明了白俄罗斯外交部对中国大使的格外敬重。

我在答词中对白俄罗斯外交部为发展中白两国友好关系所作的贡献表示衷心感谢，同时感谢马丁诺夫外长以及外交部的朋友们对中国驻白俄罗斯大使馆工作给予的一贯支持，感谢他们在外交部安排这次特殊的展览。希望我的摄影展能够促进中白之间的文化交流，加强两国人民之间的传统友谊。祝愿可爱的白俄罗斯繁荣富强，人民幸福安康。

新华社记者当天报道了此次活动。报道内容如下：

"中国驻白俄罗斯大使于振起个人摄影展'聚焦可爱的白俄罗斯'4日在白俄罗斯外交部大楼内举行。

"白俄罗斯外交部长马丁诺夫、一些国家的使节及当地主要媒体代表等 70 余人出席了开幕式。马丁诺夫在开幕式上高度评价白中两国的友好关系。他说，近年来，建立在传统友谊和政治互信基础上的两国关系得到了全面发展。于大使的摄影展之所以能够在白俄罗斯引起反响，就是两国建设性友好关系的性质所决定的。

　　"此次摄影展共展出了 60 多幅照片，主要反映了白俄罗斯的自然历史文化景观。应白俄罗斯有关方面的要求，2004年 5 月于振起大使的 61 幅摄影作品首次在白俄罗斯现代造型艺术博物馆展出。此后，又在波洛茨克、维捷布斯克等白俄罗斯多个城市巡展。展览期间，白俄罗斯总统卢卡申科曾致函于大使，对他作品中体现出来的对白俄罗斯国家和人民的友好感情表示感谢。

　　"这是白俄罗斯外交部首次在办公大楼内举办外国使节个人展览。这次摄影展将持续到 4 月下旬。"

　　马丁诺夫外长参观了在白俄罗斯外交部举办的"聚焦可爱的白俄罗斯和其他国家"影展。事实表明，在白俄罗斯举办的这场没有先例的大使个人摄影展是一次成功的创造性公共外交实践，取得许多预想不到的良好效果。

卢卡申科总统授予于振起大使的"人民友谊勋章"

　　时隔近 8 年之后，以 2012 年 1 月 20 日中国与白俄罗斯建交 20 周年为契机，天津市人民对外友好协会与中国国际问题研究基金会于当年 1 月 7 日至 21 日在天津西洋美术馆共同举办了我的个人摄影展"聚焦可爱的白俄罗斯和其他国家"，以进一步加强中白两国人民之间的友谊。中国外交部派代表出席了摄影展开幕式，称该摄影展是庆祝中白两国建交 20 周年的一项重要活动，也是今年中方庆祝中国与欧亚地区国家建交 20 周年系列活动的第一项。白俄罗斯驻华大使布里亚先生

"聚焦可爱的白俄罗斯和其他国家"摄影展开幕式在明斯克现代造型艺术博物馆举行。

专程赴津参观摄影展，对摄影展给予高度评价，并表示要向于大使学习，积极推动两国人民之间的友好交流。新华社和天津多家媒体对摄影展进行了积极报道。白俄罗斯国家通讯社于1月10日发表了关于摄影展的报道，称"此次摄影展是庆祝白中建交20周年的一项活动。于振起大使曾经在明斯克举办过同名的个人摄影展。由于他对白中两国合作所作出的重大个人贡献，2005年被白方授予'人民友谊勋章'。如今，于振起仍在继续促进白中两国人民的友好交流，加强两国人民之间的友谊，正在中国举办的他的个人摄影展就是一个鲜明例证"。

2015年白俄罗斯总统选举观选纪实

2015年6月30日，白俄罗斯国民会议代表院通过决议，决定于当年10月11日举行第五次总统选举，10月6日至10日可以提前投票。

应白俄罗斯共和国中央选举委员会邀请，2015年10月9

日下午，我以中国外交部大使身份率领中方观察员团一行四人抵达明斯克，对白俄罗斯总统选举进行现场观察。

　　10月10日上午，我们来到中央选举委员会，会见中选委主席利基娅·叶尔莫申娜。叶尔莫申娜首先对中方观察员团来白观选表示欢迎。她说，中方观察员团是本次选举唯一的外国国别观察员团，也是白俄罗斯总统选举历史上的第一个。她介绍了白俄罗斯总统选举的有关法律规定、本届选举的筹备情况，以及自10月6日投票开始以来选举的进展情况。她说，选举进程总体平静，迄今反对派没有采取大规模非法抗议行动，只发生了个别的小规模抗议活动，原因之一是主要反对派领导人决定采用理性、合法的手段追求自己的政治主张。另外，乌克兰危机的严重后果成为白俄罗斯广大民众的反面教材，人民更加珍惜白俄罗斯的社会稳定。这样的民意对反对派构成了有力牵制。关于观选的方式，她表示，我们的选

白俄罗斯中央选举委员会主席利基娅·叶尔莫申娜会见中国观察员团。

举对国外的观察员是完全开放的，中方观察员团可以自由选择观选的投票站。

我表示，作为白俄罗斯的好朋友、好伙伴，中方高度关注白俄罗斯的此次总统选举，并决定接受白俄罗斯中选委邀请，派出观察员团来白观选。中方真诚希望此次选举取得成功，也相信在您本人和白俄罗斯中选委领导下，此次选举一定能够取得成功。

随后，叶尔莫申娜向我们介绍说，中选委将于 12 日就选举初步结果举行新闻发布会，届时将请各方观察员代表发表观选看法。中方观察员团团长发言将安排在她本人和独联体观察员团代表发言之后。白俄罗斯和其他国家媒体将现场报道新闻发布会实况。

与叶尔莫申娜会见后，我们即前往投票站观选。为了尽量体现观选的代表性和客观性，我们确定了位于明斯克市不同区域的五个投票站作为观选对象，其中包括 2010 年 12 月上

于振起大使在白俄罗斯中央选举委员会新闻发布会现场留影

届总统选举时卢卡申科总统投票的地点——明斯克市中央区1号投票站，希望这次我们能在那里见到他。

我们首先来到明斯克市莫斯科区5号投票站观选。5号投票站的负责人是一位中年妇女，当她得知我们是中国观察员后，对我们很热情，主动向我们介绍有关情况。她说，投票站共有四位工作人员，投票箱的盖子已经用胶泥封好。该投票箱已由九位地方选举委员会成员检查过，确认没有问题后，用他们九人签名的一张白纸贴在投票箱盖子上面，只有在投票全部结束后才能启封。由于今天不是正式选举日，所以来的人不多。明天是正式选举日，也是最后一天投票日，预计来投票的选民会多起来。另外，对于有些因身体原因不能亲自来投票站投票的选民，他们会安排工作人员提着流动小投票箱上门提供服务。我对这位投票站负责人的热情接待表示感谢。

离开莫斯科区5号投票站，我们又到位于明斯克市苏维埃区的55号投票站进行观察。情况与莫斯科区5号投票站相似。

11日上午，我们来到位于白俄罗斯国立体育大学的明斯克市中央区1号投票站。这个投票站比较大，来投票的人也比较多，还汇集了许多媒体记者。

经白俄罗斯朋友介绍，我认识了在场的该地区选举委员会副主席。他告诉我，今天11—12时之间卢卡申科总统会来这里投票。他还特意安排我站在能让卢卡申科总统进来后首先看到的位置。

在等候卢卡申科总统的时候，我接受了白俄罗斯国家电视台、首都电视台、白俄罗斯国家通讯社等媒体的采访，还与欧盟观察员进行了交流。

11时许，卢卡申科总统走进我们所在的投票大厅。他一眼就看到我，微笑着向我走来，与我握手。我对他说："您好，尊敬的总统阁下！我以中方观察员团的名义祝贺白俄罗斯总统选举成功举行！"他问我："你们观察了吗？"我回答说："当然。我们很客观地观察了！"随后，他便向投票箱走去。投下自己的选票后，他接受了记者简短采访，然后向外走去。离开前，卢卡申科总统再次与我握手。我向他表示："祝您成功！"

卢卡申科总统与站在我旁边的欧盟观察员告别时，欧盟观察员问他："您如何看待今后欧盟与白俄罗斯的关系？"他坚定地回答说："我们希望与欧盟改善关系，但这完全取决于你们。"随后他又补充强调说："这不是开玩笑！"

离开1号投票站，我们前往位于白俄罗斯国家工会文化宫的明斯克市中央区21号投票站，这里毗邻共和国宫。

当我们走进投票站时，一位年轻人向我走来并跟我打招呼，原来是曾经在白俄罗斯驻华大使馆工作过的外交官罗曼。他手里拿着两本影集，一本是2004年5月我在明斯克举办个人摄影展"聚焦可爱的白俄罗斯和其他国家"后在明斯克出版的同名影集（白俄罗斯文版），另一本是2012年1月为庆祝中白建交 20 周年在天津再次举办的个人摄影展"聚焦可爱的白俄罗斯和其他国家"后出版的同名影集（中文版）。罗曼说："听说您来明斯克观选，我便通过外交部渠道打听到您要到这个投票站来，想请您在您的影集上为我签名。"罗曼的举动让我感动，我欣然在影集上用俄文写下赠言。旁边一些前来投票的选民看到这个情景，也很感兴趣地从罗曼手中拿过影集翻阅，连声说："真漂亮！"

在 21 号投票站，我接受了白俄罗斯通讯社记者的采访，谈了两天来我到各投票站观选的印象和感受。

11 日下午，我们来到明斯克市列宁区的 51 号投票站。该投票站位于第三医院院内，是专门为这里的病人设立的。当我们来到投票站时，发现现场已经没有人了。经向院方了解，因为住院的病人已经全部完成了投票，投票站的工作就提前结束了。至此，我们的观选活动计划就顺利完成了。

12 日上午 9 时 30 分，我们出发去共和国宫，参加白俄罗斯中选委在那里举行的关于总统选举初步结果的新闻发布会。新闻发布会在共和国宫小剧场举行。中选委新闻发布会开始之前，我在现场接受了首都电视台一位年轻女记者的采访。她问："您在观选过程中是否发现有违反选举法规的行为？"我回答说："我没有发现违规现象。这不是我的'过错'，是白俄罗斯选民的'过错'。"这位记者被我的幽默回答逗笑了。

上午 10 时，新闻发布会正式开始。首先由中选委主席叶尔莫申娜代表中选委宣布本次总统选举初步统计结果：根据初步统计结果，现任总统卢卡申科获得 83.49% 的选票，在本次总统选举中胜出。她说，本次选举民众投票踊跃，投票率达 87.2%，目前尚未收到对选举结果造成影响的严重违规、违法现象的报告。

叶尔莫申娜宣布初步统计结果之后，独联体观察员团代表发表看法。

然后，我代表中方观察员团发表观选声明，全文如下：

"应白俄罗斯共和国中央选举委员会邀请，2015年10月9日至12日，中方观察员团对2015年10月11日举行的白俄罗斯总统选举的准备和实施过程进行了观察。

"中方观察员团严格遵守白俄罗斯各项法律法规，秉持尊重主权和客观公正原则，切实履行了监督职责。在选举日前，观察员团会见了白俄罗斯共和国中央选举委员会主席利基娅·叶尔莫申娜女士，走访了明斯克市莫斯科区5号投票站和苏维埃区55号投票站，了解了四位总统候选人的简历和竞选纲领、此次选举的工作流程以及选举筹备情况。我们看到，选举组织方及时公布了选举法规和候选人信息，有效保证了选民的知情权。

"10月11日选举投票当天，中方观察员团走访了明斯克市中央区1号投票站、21号投票站和列宁区51号投票站，现场观察了选票和票箱准备、选民身份验证、选票领取、投票和计票等工作。中方观察员团的印象是，选举过程顺利平静，未发现违规情况，白俄罗斯媒体也对选举进行了广泛公开报道。

"鉴于上述，中方观察员团认为，本次选举符合白俄罗斯选举法和公认的国际法准则，是合法、民主、透明、公正的。享有选举权的白俄罗斯公民通过投票表达各自政治意愿的权利得到了充分保障。

"中方观察员团对白俄罗斯中央选举委员会、外交部以及相关机构和部门给予的支持和协助表示感谢。"

我宣读观选声明后，现场回答各家媒体记者的提问。其中俄罗斯"卫星"新闻通讯社记者问："您在观选声明中提到，白俄罗斯本次选举符合白俄罗斯选举法和公认的国际法准则。请问如何理解白俄罗斯选举法与国际法准则二者之间的关系？"

我回答说："公认的国际法准则就是包括联合国宪章在内的得到世界各国承认的法律原则。在这个前提下，各国有权根据自己的国情制定符合自己实际情况的具体法律，包括选举法。如果某一个国家的民主模式在这个国家取得成功，并不意味着对其他国家也适用。如果强迫别国接受、强制推行自己的模式，这种做法本身就是最大的不民主。这就如同农民种庄稼，一块农田适合种什么庄稼，这块农田的主人最清楚。如果这块农田只适合种玉米，别人却非让种小麦，肯定不会有好收成，这块农田的主人也不会答应。中国成语'因地制宜'说的就是这个道理。白俄罗斯人民选择了符合自己国情的民主选举制度，制定了相关法律，这一法律同时也符合国际法准则，我们没有理由不支持。"

我的话音刚落，全场便爆发了长时间的热烈掌声。这也是这场新闻发布会全过程中唯一一次全场主动鼓掌的情况。我回到座位后，上海合作组织观察员团团长、上海合作组织秘书长梅津采夫特意走过来，连声对我说："讲得非常好！非常好！"

新闻发布会结束后，我们应邀到白俄罗斯外交部，与主管白中关系的副外长雷巴科夫会见。雷巴科夫首先对我率中方观察员团来白观选表示欢迎和感谢。他说，他们从电视节目上看到了昨天我与卢卡申科总统在1号投票站握手交谈的情景，以及今天在中央选举委员会新闻发布会上宣读观选声明和答记者问的实况，感到十分高兴，认为这生动体现了白中友好关系的高水平。他特别关注我对俄罗斯"卫星"新闻通讯社记者问题的回答，认为很有水平。我就这个问题向他作了进一步说明。我说，关于民主模式问题，当年我在担任驻白俄罗斯大使时，就曾对美国驻白俄罗斯大使谈过我的看法。当时我明确对他说，每个国家都有权选择自己的发展道路，如果美国要求其他国家都必须接受美国的民主模式，这种做法本身就是最大的不民主。

雷巴科夫最后向我表示，白方将继续致力于发展与中国的友好合作关系。

北京时间 12 日下午，中国外交部发言人华春莹在例行记者会上表示：中方祝贺卢卡申科赢得白俄罗斯总统选举。习近平主席已在第一时间向卢卡申科总统发去贺电，祝贺他再次当选。中方尊重白俄罗斯人民的选择，真诚希望白俄罗斯继续保持政治稳定、经济发展，愿在相互尊重、平等互利基础上推动中白全面战略伙伴关系不断深入发展。

当晚，新华网报道了习近平主席致卢卡申科总统贺电的内容：在你再次当选白俄罗斯共和国总统之际，我谨代表中国政府和人民，并以我个人的名义，向你致以热烈的祝贺和良好的祝愿。我高度重视中白关系发展，愿同你一道努力，推动中白全面战略伙伴关系不断迈上新台阶，更好造福两国和两国人民。

在明斯克与白俄罗斯老朋友重逢

10 月 11 日晚，我邀请几位白俄罗斯的老朋友共进晚餐。他们是：白俄罗斯前监察委员会主席、前驻华大使、前副总理、现任白中友协主席阿纳托利·托济克，白俄罗斯外交部前第一副外长普加乔夫，白俄罗斯首任驻华大使库兹涅佐夫，白俄罗斯国家通讯社总统活动新闻处评论员、白中友协副主席阿利娜·格里什克维奇。

　　落座后，我在开场白中说，应贵国中央选举委员会邀请，我率中方观察员团来白俄罗斯观察本届总统选举。借此机会与各位老朋友见面，感到十分亲切。中国古语讲，人生有三大幸事："洞房花烛夜，金榜题名时，他乡遇故知。"十多年前我担任驻白俄罗斯大使期间，得到包括在座各位在内的白俄罗斯各界朋友的大力支持和协助，同在座各位结下了深厚友谊。对我来说，今天正是"他乡遇故知"，格外高兴。我邀请大家见面，就是要畅叙友情，同时为进一步加强中白两国和两国人民的友谊建言献策。

　　托济克等人说，时隔多年再次见到老朋友于大使，十分高兴和激动。于大使利用来白俄罗斯观选的机会，抽出时间邀请老朋友聚会，体现了中国外交官深厚的人文情怀，也是中国独特文化的体现。于大使在白俄罗斯担任大使期间工作成绩卓越，为白中友好关系和各领域合作作出了突出贡献，获得卢卡申科总统亲自授予的"人民友谊勋章"，成为第一位获此殊荣的外国驻白俄罗斯使节。此次中方观察员团来白俄罗斯观选，再次体现了中方对白中关系的高度重视，是对白俄罗斯实实在在的支持。中方观察员团是白方邀请的唯一单独国别观选团，在白俄罗斯选举史上尚无前例。白俄罗斯广大民众在电视报道中都看到了今天上午卢卡申科总统在中央区 1 号投票站同您握手、交谈的画面。这种情景绝非偶然，体现了白俄罗斯领导人对白中关系的肯定和期盼。

　　我听后表示，中方观察员团此次来白俄罗斯观选，带来了中国人民的深情厚谊，是要以实际行动支持自己的好朋友、好伙伴。我们希望白俄罗斯实现国家长治久安和人民幸福。今天在投票站与卢卡申科总统不期而遇是我的荣幸，更体现了卢卡申科总统对中白关系的特殊关注。我在担任驻白俄罗斯大使期间，同卢卡申科总统建立了亲密关系。2005 年离任前我向总统辞行时，曾对他说过："我永远不会忘记可爱的白俄罗斯和白俄罗斯人民，将会继续为促进中白友好关系尽力。"这些年来，我一直以自己的方式履行着上述诺言。这次国内派我率团来白俄罗斯观选，表明了中方对白方的政治和道义支持，同时也是支持白俄罗斯持续保持和平、稳定和安宁。

各位白俄罗斯老朋友情不自禁地回忆起当年为推动发展两国关系开展的一系列友好交往和密切合作，为白中关系近年来取得的显著成就感到高兴。尤其是 2015 年，两国关系取得新的重大进展。习近平主席 5 月对白俄罗斯进行了国事访问，卢卡申科总统赴华出席中国人民抗日战争暨世界反法西斯战争胜利 70 周年纪念活动，为两国关系发展注入新的强大动力。他们说，有中国这样的铁杆朋友，白俄罗斯一定能够继续保持独立和稳定，实现国家富强和民族振兴。

阿利娜深情地说：于大使在白俄罗斯是家喻户晓的名人。您是唯一在白俄罗斯举办过以白俄罗斯为主要题材的个人摄影展的外国使节。当年，卢卡申科总统就摄影展后出版的影集给您写了热情洋溢的信。时任国防部长马尔采夫将您的影展作为在白俄罗斯武装力量中进行爱国主义教育的教材。白俄罗斯人民至今对您的摄影展津津乐道。希望今后双方多举办此类友好活动，进一步拉近我们两国人民的心灵。

托济克高兴地提起他与中国国际问题研究基金会合作出版《白俄罗斯人看中国》文集的愉快往事。他说：我清楚地记得，2011 年 11 月初，白中建交 20 周年前夕，您以中国国际问题研究基金会副理事长的身份来到明斯克，与我商谈合作出版《白俄罗斯人看中国》文集事宜，我欣然同意，同时建议合作出版《中国人看白俄罗斯》文集，也得到您的支持。后来，两本文集都按计划成功出版，而且还出版了各自的翻译版。这项工程很了不起，不仅为两国建交 20 周年献礼，还成为白中民间外交的一个全新合作范例。再过不到一年半时间，我们两国将迎来建交 25 周年。我建议双方再次合作，由建交以来的所有白俄罗斯驻华大使和中国驻白俄罗斯大使共同执笔，书写他们在对方国家工作的愉快经历，书名可以叫《白俄罗斯大使看白中关系》和《中国大使看中白关系》，或者其他更合适的名字。希望于大使继续发挥您的威望和影响力，推动这项合作。

我表示，完全同意托济克主席对《白俄罗斯人看中国》文集和《中国人看白俄罗斯》文集项目的评价，这的确是一项开创性的民间外交合作活动，对增进中白两国人民的友谊具有特殊积极作用。我个人认为，托济克主席今天提出的关于双方继续合作出版两国外交官看双边关系文集的建议很好，也相信中国国际问题研究基金会将会支持这项合作。

聚会结束后，我与白俄罗斯的老朋友告别时，大家都显得依依不舍。此时，我想起了唐代诗人张九龄的著名诗句："相知无远近，万里尚为邻。"用这句诗形容今天中白两国和两国人民之间的友好关系，是非常贴切的。

时隔一年多，在中白建交 25 周年前夕，《中国外交官看白俄罗斯》文集在北京问世，《白俄罗斯大使忆白中关系》文集也在明斯克出版。这是献给我们两国建交 25 周年的一份特殊礼物。这份蕴涵着深厚民意基础的礼物也预示着中白两国和两国人民之间友好关系更加美好的未来。

在白俄罗斯"三进宫"

吴虹滨

（中国中亚友好协会副会长，中国前外交官联谊会理事，前驻塔吉克斯坦、白俄罗斯、土库曼斯坦大使）

上下一千一百年，白俄罗斯民族受尽大国和强邻欺凌，终于在苏联解体后建立了主权独立、领土完整的国家。我既有在苏联国立白俄罗斯大学进修的经历，又先后在中国驻白俄罗斯大使馆任参赞和大使，对这个国家、这个民族就有了较多的了解，也就想了不少问题。我退休后，和朋友们聊到白俄罗斯，往往都绕不过这些话题。

欧洲人为什么不肯认"亲戚"

白俄罗斯东倚俄罗斯，南靠乌克兰，西邻波兰，北接波罗的海沿岸国家，是个地地道道的欧洲小国。从祖宗血统算起，是正统斯拉夫人，和波兰人、巴尔干半岛人可说是一脉相承。可是自打苏联解体后，以西欧为核心的欧洲人对白俄罗斯又打又压，压根儿没拿白俄罗斯人当自己人，根本不认这门"亲戚"。有的人说是历史上天主教和东正教的对立造成欧洲人称俄罗斯人（当然也包含白俄罗斯人、乌克兰人）为"东方的野蛮人"，有的人用共产主义和资本主义制度的对立诠释西欧人对俄罗斯（当然也包括白俄罗斯和乌克兰）的仇视和蔑视。可是，事情没那么简单。白俄罗斯独立不久，卢卡申科就当了国家的总统。我那时在驻白俄罗斯使馆当政务参赞。建国之初的白俄罗斯，日子过得真叫惨。美国、西欧和那些"新欧洲国家"

一起，给卢卡申科领导下的白俄罗斯扣上"暴政前哨"的帽子，对白俄罗斯在经济上实行封锁，政治上大搞渗透。各种各样的所谓"非政府组织"在白俄罗斯大肆活动，鼓动政治反对派闹事，向知识分子和青年学生灌输"民主"思想。西方对白俄罗斯的政策梳理下来就是两条，一是反对卢卡申科当总统，二是反对白俄罗斯实行与俄罗斯结盟的政策。搞到后来，竟然不顾起码的外交礼仪，拒不承认卢卡申科的总统地位，大使到明斯克上任后不向卢卡申科总统递交国书，不参加他出席的活动，而他们在未获驻在国官方授权的情况下就坐着挂自己国旗的车到处跑。我在外交使团的圈子里认识了一位来自西欧国家的大使，看他一把年纪却整天风风火火地跑来跑去，就问他忙些什么。他正襟答道，推行民主啊。再多聊聊，感觉他不但不懂外交，对政治、经济似乎也是一窍不通，就问他以前是做什么的，他说是艺术家，画画的。他的任务似乎只有一个，就是宣传"民主"，把卢卡申科赶下台。

2005 年，我来到白俄罗斯当大使。那时的形势真有点"黑云压城城欲摧"的感觉。当年，美国国务院拨款 1180 万美元用于"援助"白俄罗斯。其中的 980 万美元（占总数的 80.3%）用于"民主项目"，包括鼓励白俄罗斯非政府组织的发展，培养民主力量，推动民主进程，资助非官方媒体，发展民主舆论的宣传手段，举办各种研讨会、集会和民意调查。由于白总统大选在即，这些钱还用来训练非政府组织进行政治斗争，开展新闻培训、法律辩护、信息服务。此外，还有欧美各国的许多基金会，如欧亚基金会、"支持东欧国家民主研究所"、"自由之家"等也纷纷掏钱资助上述项目。这些所谓民主国家，为了达到从战略上孤立和削弱俄罗斯的目的，对自己这个小小的邻居可是下狠手了。

后来，事情慢慢搞清楚了，其实这些先生们也不是一定非要打倒一个和他们远隔千里的国家的总统，和卢卡申科本人也没什么过不去。欧美国家私下开出了价码，只要白俄罗斯放弃与俄罗斯结盟，什么民主不民主，卢卡申科独裁不独裁，一切都好说。可是卢卡申科总统偏就不肯放弃与俄罗斯结盟，在强大的民意支持下，白俄罗斯还越走越远，参加了欧亚经济共同体，靠近上海合作组织。欧美下手也够狠的，给卢卡申科的"待遇"是继续经济封锁，禁止卢卡申科和一批政府高官到欧美国家访问。看来，欧洲在可以预期的将来是不会认白俄罗斯这门"亲戚"的。不过，被欧洲认可为"亲戚"的乌克兰，一心推行西式民主，坚决与俄罗斯划清了界限，虽然成了欧洲人，现在过的日子可就苦了，而欧洲的"亲戚"们也没花太多的心思和金钱救它。

我在白俄罗斯都跟谁较过劲

对华友好政策在白俄罗斯深得人心，所以，我这个中国大使在白俄罗斯日子挺好过，到处都受到欢迎和礼遇。可是，实实在在地推动两国友好合作，又是很艰苦细致的工作，绝不是喊喊口号、到处讲讲友谊就行的。在外交官的日常工作里，免不了有明里暗里的斗争。在白俄罗斯工作多年，记忆中和我认真较过劲的有两个人。

第一个人同我是势不两立，形同水火。他就是当年"台北驻明斯克经贸代表处"的代表J先生。白俄罗斯独立之初，经济非常困难，国内各种政治势力斗争相当激烈。我国同白俄罗斯建交不久，一时还很难对白官方施加很大影响。台湾势力乘虚而入，利用白国内的困难局面，同白政界、经济界、教育界的一些人建立了联系，打着做买卖的幌子设立了"台北驻明斯克经贸代表处"。这个所谓代表处可不安生做生意，他们的人到处钻，在企业界和教育界扎下很深的根基，甚至敢于行使外交官的职能，发放赴台湾的签证。这是影响中白关系正常发展的一颗毒瘤。我们中国使馆多年来坚决斗争，广泛做白社会各界的工作，压下了台湾势力的气焰，迫使他们摘掉了汽车上的外交牌照，不敢再公开活动。尽管白国内还存在不小的亲台力量，千方百计为台湾说话，阻挠我们使馆打掉这个伪代表处的努力，"台北驻明斯克经贸代表处"的日子还是越来越难过了。

我于2005年9月1日抵达明斯克，一住进外交公寓心里就窝了一肚子火：那个台北的J先生居然也住在外交公寓，和我这个中华人民共和国的大使低头不见抬头见。他手下的人还挺活跃，频频挤进各种交际活动。我根据国内的指示，积极开展对他们的反制工作。白俄罗斯总统卢卡申科已经下令总统办公厅和国家安全委员会具体研究取消"台北代表处"的办法，我就三天两头去找他们交涉。利用过去当使馆参赞时认识的企业界朋友，我直接找和台湾有商业往来的几家大型企业，直言告诫他们要想和中国来往就再不可脚踩两只船，特别是绝不能再向台湾出售高科技产品。热心和台湾合作的几个教育界头面人物也受到我们的敲打。有一次，使馆的外交官夫人们发现有"台北代表处"的几个女人在交际场合出现，立即报告了我，并在现场坚决回击主办方"非官方活动"的借口，硬是在众目睽睽之下把"台北代表处"的人赶了出去。我们施加的压力越来越大，关闭"台北代表处"已经在白俄罗斯社会形成压倒性的共识。2006年1月3日，台湾当局突然宣布关闭"台北驻明斯克经贸代表处"，理由是"业绩不彰"。台湾当局这种主动关闭驻外机构的做法很罕见，明显是因为得知要被扫地出门而采取的保面子的应急举措。新年伊始就收到这样一份礼物，敢和中国中央政府的代表较劲的 J 先生被踢出了舞台，让我狠狠地出了一口恶气。

第二个人和我却是不打不相识，后来成为挚友。我到任时，卢卡申科总统刚指派国家监察委员会主席托济克主管对华经贸合作。苏联时期官场上拖延推诿的恶习也残留在独立后的白俄罗斯政府部门。到政府去办事，你就像拳头打在棉花上，交涉半天也难找到头绪，总之就是办不成事。卢卡申科把掌管"刀把子"、专门惩治贪官污吏的国家监察委员会主席调来主管对华合作，可见是下了多大的决心。

使馆的同志们告诉我，这个托济克主席是白俄罗斯为数不多的真正办事的人，也是个很厉害的硬手。于是，到任伊始，我就开始和这个真办事的硬手较劲了。后来，一位白政府高官评价我是最坚决捍卫自己国家利益的人，我想，托济克先生也是。初见托济克先生，我既对他的国家安全和国家监察官员的

时任白俄罗斯国家监察委员会主席托济克夫妇到访中国大使馆。

背景心生敬畏，也马上觉得他其实也是很诚实、通情达理的人。我们讨论了几个久拖不决的案子，他都提出了合理的解决方案。特别是对一个因违法经营而被判入狱的中国商人，托济克先生提出的解决方案不但实际可行，也很有人情味儿；对一个中国商人在白财产纠纷案，他提出的办法很灵活，照顾了双方的利益。最初的会谈给我留下很深的印象，我对这个说话干脆利索、坦诚相见的"铁腕"人物顿生好感。

我到托济克先生的办公室去已经不感到生疏，连门口的武装警卫也认识我了。可是，在他那办公室的角落里，我们各自端着茶杯，争论起来却如两块石头相撞，碰得火花四溅。很多双边合作的问题经过我们商讨，都得以尽快地落实。记得有一件难办的白俄罗斯一家银行恶意拖欠一个大型中国企业数百万美元款项的案子，这家银行有很深的背景，寻常人动它不得。可是中国企业的钱也不是那么好赖的。我们心平气和地讨论，怒气冲冲地争吵，彼此都无法退让。后来，还是我们各自都找了白政府的一些人，作了一些协调，提出了双方都能接受的妥协办法。解决了这件事，就立下了不能赖中国人钱的规矩。这其实对中白双方都是有利的。打完这一架，我和托济克先生的交情更深了。

后来，托济克先生担任了驻华大使，而我转任到其他国家，我们在年节时会互寄贺年片，偶尔还打电话问候问候。我回北京休假时，还应他邀请到白俄罗斯使馆去做客。再后来，托济克先生被任命为政府副总理，仍主管对华合作，还曾邀请我去白俄罗斯，和他一起创建中白工业园。可惜我不是干这一行的材料，婉拒了。不过我想，给予托济克先生这么高的地位，他是当之无愧的。再后来，我们这一对当年较劲的对手和伙伴都退休了，可是惺惺相惜，还经常相互打听对方的情况。

三人行，必有我师

　　凡是去过白俄罗斯的人，都称赞那里的人气质好、素质高。在大街上随便走走，你会发现白俄罗斯人不但长得漂亮，走路和举止也很有"欧洲范儿"，优雅、有礼貌，还有许多让中国人感觉得到但难用语言表述出来的优点。在这个国家，从小学就开设美学和形体教育课，孩子们从小学习优雅的言谈举止、舞蹈和体操。青少年们平时无论是走是停，一个个都是直溜溜的。而反观我们的学生们，上学时背着沉重的书包，低着头使劲儿地往前拱；卸下书包，只见一个个套着肥大运动衣（当年不知哪位决定，把运动衣当学生的校服）的弯腰弓背的虾米。我在白俄罗斯工作多年，时常感慨地想，要提高我们国民的气质，真的要从孩子抓起，从学体操、舞蹈和穿一身合体的校服抓起。

　　但是我也觉得，人的气质不完全表现在言谈举止上，人内在的高雅、正直、善良是装不出来的。给我留下深刻印象、

使馆外交官和雇员联欢。

对我内心世界带来冲击的，是个最平凡不过的白俄罗斯女人。那是我初到中国驻白俄罗斯使馆任政务参赞时，因大使暂时空缺，我任临时代办。接我赴任的车刚开进使馆院子，我隔着车窗看见一位中年妇女从办公楼里走出来。她个子高高的，金发，很精致又不过分地化了妆，穿着合体的白色西装裙，脚蹬高腰皮靴，姿态优雅地沿着林荫道往外走。我问陪同的使馆人员，怎么外国人从我们的办公楼走出来了？他们告诉我，这是使馆雇用的清洁工。我的天，我以为是什么部长夫人呢！后来同事们告诉我，这位妇女叫玛利亚，原来是幼儿园的园长。幼儿园关门后，使馆租用了幼儿园的院落，而她没了工作，又舍不得离开干了多年的地方，便自愿留下来当了清洁工。我心想，这不是花钱雇了个姑奶奶嘛！指望这样的人干清洁工，使馆的楼舍还能清洁得了？慢慢地我发现，这个玛利亚还真是个干活的好手。她一天到晚就没闲着的时候，把办公楼打扫得窗明几净，厕所一点儿异味没有。她甚至能趴在楼梯上用手指抠缝隙里的土。上台面的事儿玛利亚也不含糊，宴请时酒台的摆设、座位的安排，这些不该清洁工管的事，一旦需要帮忙，她都能处理得井井有条。看得出来，她不仅仅是珍惜这份工作，而且是喜欢它。我和她聊天，她永远是礼貌地用"代办先生"开头，然后不慌不忙地回答我的问题。那时苏联刚解体，白俄罗斯新立国，我一时还不大适应人家称呼我"先生"，不止一次说，玛利亚，我来自中国，不是什么先生，对你们来说，我是同志，称我"同志"好不好？玛利亚总是微笑着说，苏联已经没有了，那个时代过去了，我应该称您"先生"。我可以感觉出来，虽然我是雇用她的"代办先生"，她认真地执行着使馆人员安排的每一项工作，可是她的口气里从来没有一丝谦卑，说话始终面带微笑。而你从她的微笑和言词里，真的永远感到的是真诚。

参加胜利日集会的白俄罗斯老战士

在任何一次对话中，我从未听她抱怨过国家的穷困，抱怨自己现在的处境。她在我这个外国雇主面前，身处外国使馆中，再苦再穷也不向外吐露一个怨字。她用最认真的工作、最得体的言谈、最优雅的衣着维护着自己的尊严，也自觉地维护着新独立的祖国的尊严。"位卑未敢忘忧国"，这种觉悟，这种气质，让人望而起敬。

我的专车司机瓦列里，年纪可不小了，他永远是西装领带，稀疏的头发梳理得一丝不苟。他对工作的态度，我概括成一个词，就是敬业。他认真精细地对待开的那辆车，每天检查。他每次开车上路都全神贯注，而每次工作结束，他都会在胸前划个十字，似乎感谢上帝让他平安度过了一天。和他聊天，虽能听到他说些对社会现象感到不满的话，但他绝不会指责自己的祖国。若干年后，我回到白俄罗斯担任大使，给我开车的司机竟然是他的儿子！小瓦列里一表人才，看起来气度不凡。一了解，他居然是退役的中校直升机飞行员。我很尊重他，既为他退役军官的身份，也为他兢兢业业工作的父亲。可是，我还是——尽管是无意识地——深深得罪了他，这让我很长时间都懊恼不已。一天，我和小瓦列里聊起白俄罗斯的经济形势，流露出对白经济前景的担忧，小瓦列里争辩说，像明斯克轮式拖车厂这样的骨干企业经营得就挺好。我不由得就说，靠一两个工厂救不了一个国家。说完我就有些后悔，对他说这些干嘛？！过了些日子，小瓦列里竟然辞职不干了！那时候，在外国使馆当专车司机，可是个高收入的职位。没我那些话，心高气傲的退役中校是不会走的。人虽穷但志不短，我又一次在这些普通人身上领略了白俄罗斯民族的自尊、高傲、强烈的爱国主义精神。

白俄罗斯离"丝绸之路经济带"远吗？

在外国开个中餐馆，是最低层次的对外经济合作，也是许多中国小企业主走出国门后立业发家迈出的第一步。中国餐饮业能否在一个国家发展，不能说是这个国家经济发达与否的标志。中餐馆在战乱不断、经济极为落后的非洲国家也能落地生根，更何况是在社会经济都更加发达的欧洲呢。于是，一些憧憬着发财的中国人来到白俄罗斯，陆续开起了中餐馆。可是，他们没有一个能够长期坚持下去。中餐馆一个个开起来，又一个个关门。白俄罗斯经济部的一个官员甚至对我发泄强烈的不满：为什么在白俄罗斯就没有中餐馆！为什么？当然不是中国人不想干。我于是回敬说，一般来说，凡是适合人类生存的地方，中国人都可以开起饭馆来，人总是要吃饭嘛。打嘴架解决不了问题，我就去做了些调研。当地政府官员们抱怨说，中国老板总是违反政府的相关规定。中餐馆老板们叫屈说，当地不许用明火，餐馆只能用电炉做饭，炒菜都变成熬菜了；按卫生条例，冷食不允许隔夜存放，必须当天做当天卖，中国传统的酱肉之类就不能做了；治安、卫生、防火、税务等部门三天两头来检查，虽然没有敲诈勒索，但餐馆也难以承受，于是他们关了门，到邻国立陶宛去做生意，买卖火爆得很。我又回过头找政府官员协商，他们很惊奇也很无奈地说：还能怎么办？这是法律规定。那么能不能灵活变通一些呢？绝对不能！在我看来，官员们搬出来的各种法律规定，基本是苏联时期留下来的东西，这些繁琐无比的条文就像密密的网线缠住了当代社会生活的所有角落。我感慨不已：这些东西已经缠死了苏联，看来还得继续缠下去。更让我感慨的是官员们的心态和思维逻辑：存在的就是对的，法律规定是不容触碰的，至于事情能否办成，那不是他该考虑的，爱怎么着就怎么着。我和政府的高层领导也诚恳地探讨过，他们也认为这样不对，但是解决问题需要时间，人们的思维要慢慢地转变。

不管怎么说，中国和白俄罗斯的经济合作还是在坚定地向前发展。中国在白俄罗斯的投资在增加，中国企业参与了白俄罗斯的电站等重大项目的改造和建设。白俄罗斯的高技术产品也在中国落了地。在中白合资的轮式拖车厂成立十周年之际，我到这个工厂参观。它的产品广泛用于我国的经济建设中。建厂初期，一些白俄罗斯政府官员担心中国单方面汲取白俄罗斯的技术，后来发现，中白两国专家合作得很融洽，一起开发了新技术新产品并且返销到白俄罗斯，于是他们放下心来，称赞

这是真正平等互利的合作。

　　两国间的经济合作，不可能是一帆风顺、一蹴而就的。许多中资企业在白俄罗斯打拼多年，却鲜有业绩。于是，有人怀疑是否应该在白俄罗斯谋求发展，在白俄罗斯做巨大投入是否值得。也有人抱怨说，和白俄罗斯人谈市场经济和现代企业运作方式是"鸡同鸭讲"，双方总想不到一块去。我对他们讲，同白俄罗斯搞经济合作，一是要有下"冷棋"的准备，有决心占据白俄罗斯这个四通八达的地理位置，谋求长远发展；二是要彼此包容，相互适应，我们在现代市场经济运作上走得早走得远，也得照顾对方的现实。终于，大家等来了春风，冷棋开始变热了。还是在 2010 年，白俄罗斯总统卢卡申科对到访的中国国家副主席习近平说，白俄罗斯也要扩大对外开放、招商引资，希望在白建立中白工业园。习近平表示赞同。2011 年，两国签署了合作协定。

　　这个工业园气魄可不小，占地 91.5 平方公里，相当于白俄罗斯首都明斯克面积的三分之一，定位发展高新技术产业。卢卡申科总统签发总统令，赋予入园企业前 10 年免税优惠，第二个十年政府仅收取一半的必要税收，土地使用权达 99 年。最近，卢卡申科总统又下令给予入园外国企业更多的优惠。中国政府也对工业园的建设提供了资金支持。中石油、华为、中兴等企业巨头已经入驻，更多的中国企业将落地这个两国政府高度关注的园区，周边一些国家的企业也跃跃欲试。作为两国合作的重大项目，这个工业园有三个最：层次最高，规模最大，投资最多。它之所以重要，不仅仅是它有助于扩大两国产业合作，还因为它是"丝绸之路经济带"上的重要一环。它背靠独联体国家的广大市场，享有俄白哈关税同盟的优惠，而且处在规划中的"丝绸之路经济带"从中亚通向欧洲的必经之路上。中白工业园这个两国合作的旗舰项目，体现了双方战略构想的

白俄罗斯边境小镇

对接。白俄罗斯正努力加快经济结构调整和产业升级，制定了到 2030 年的经济社会发展目标。在这个大背景下，白俄罗斯主动与中国提出的"丝绸之路经济带"构想对接，显示出卢卡申科总统的战略眼光。

2017 年 5 月，"一带一路"国际合作高峰论坛在北京举行。29 个国家的领导人、130 多个国家的高级别代表参加了盛会。卢卡申科总统作为最早响应"一带一路"倡议的欧洲国家领导人，信心满满地来到会场。在"一带一路"的建设上，白俄罗斯现在是颇有发言权的了。我想，卢卡申科总统坐在会场，一定也是感想很多。这正如中国人常说的，世界大势，浩浩荡荡，顺之者昌，逆之者亡，若不改变和适应，可就赶不上经济全球化的快车了。

世界在变，我工作生活了多年的白俄罗斯也在变，而且越变越快，越变越好。我衷心希望"一带一路"建设带动双边的平等互利合作，不断给中白两国、给沿线所有国家造福，让大家都过上好日子。

美丽的国家，友好的人民

敬 明

（中国前驻白俄罗斯大使鲁桂成夫人）

美丽的国度

白俄罗斯是位于东欧平原的内陆国家，东北部与俄罗斯接壤，南与乌克兰为邻，西同波兰相接，西北部与立陶宛和拉脱维亚毗邻，面积 20.76 万平方公里，人口 968.98 万人（2008 年）。这是我去这个国家之前，从书本和地图上知道的，再多的知识就没有了。2008 年 11 月至 2011 年 12 月，我随丈夫在中国驻白俄罗斯使馆工作和生活了三年多时间，走访了白俄罗斯全境，对这个国家有了近距离的了解。

去过白俄罗斯的人，都说这个国家很美。其实，每个国家都有美的地方，那么白俄罗斯美在哪里呢？我带着该问题对这个国家仔细地品味了一番。

白俄罗斯的美，美在天。这个国家不烧煤，能源消费主要是天然气。这里没有雾霾，常年晴空万里，蓝天白云。在这里，感觉天很高，不憋屈，心情愉快。空气，是人生活的第一需要，就这点而言，白俄罗斯人的生活质量是很高的。

白俄罗斯的美，美在地。20 多万平方公里的国土，就是一个平坦的大草原。除了草，就是庄稼，没有裸露的土地，没有沙尘暴，终年风调雨顺，无须水利灌溉。成片的森林，处处可见。我多次到过白俄罗斯首都机场，一路上绵延几公里的白桦林高大茂密，笔直地耸立在路两旁，构成如诗如画的美景。我曾去过苏联克格勃"鼻祖"捷尔任斯基的故乡，那里几乎被

森林包围了。站在房前，深呼吸一下，肺都是甜的。绿代表着生命，绿体现着活力。看到绿，自然感受到了美。

白俄罗斯的美，美在水。这个国家没有什么大河，但小河很多，达2万多条，还有1万多个大小不一的湖泊。不管是河还是湖，水色都很清澈。在白俄罗斯的三年多时间里，每逢周末，我都与使馆同事们一道去被称为"明斯克海"的湖边散步休息。那里森林茂密，鸟语花香，湖面开阔，碧波荡漾，让人流连忘返，心旷神怡。离任前，我请当地的一位画家有偿画了一幅约两米长、半米宽的白俄罗斯风景油画，现在挂在北京家里的书房，成为我对这个国家永久的美好记忆。

白俄罗斯的美，美在干净。这个国家的首都明斯克，不是伦敦、巴黎那样的大都市，市内基本上没有现代化的高楼大厦，多数房屋为四五层，配有电梯。马路宽阔，车辆行驶有序，很少堵车。大街小巷干干净净，连一点纸屑都没有。我很少见到环卫人员，为什么地面能保持这么干净呢？我仔细观察来往行人，发现不少人手中拿着塑料袋，不但自己的垃圾不乱扔，而且见到废品还随手拾起来。此时此刻，我内心对这个民族一下子肃然起敬。

白俄罗斯的美，美在人。俗话说，一方水土养一方人。在这片美丽的国土上，女人非常漂亮，尤其是未出嫁的姑娘。她们高挑的身材，洋溢着青春的气息，粉雕玉琢般的脸庞，大眼睛、双眼皮、翘鼻梁，精致得无法用言语形容。听说，不知什么机构什么年代在什么范围做过一次国度美女测评，结果是白俄罗斯姑娘最漂亮。近年来，白俄罗斯美女外流现象日趋严重，许多姑娘被国外的模特公司高薪聘用或远嫁他乡。为此，卢卡申科总统亲自下令，宣布白俄罗斯美女为"国家战略资源"，政府要加强对美女出国的限制，每个想出国的年轻姑娘都必须得到政府的书面批准。我想这也许是开玩笑的说法。

白俄罗斯女人天生丽质，同时也很注意打扮。她们出门大都化妆，哪怕是去买菜，都要穿得整整齐齐、漂漂亮亮。比如，在使馆负责打扫卫生的卡佳，工作的时候她总是那身特别朴素的工作服，但上下班却穿得体体面面、风风光光。我曾问白俄罗斯女士有没有不化妆就出门的，她们不假思索地回答："不化妆出门或接待客人，就如同早上起床不洗脸、不梳头一样，怎么见人呢？"从这话中可以看出，白俄罗斯女士是多么爱美。

参观农业合作社

"生命在于运动，外交在于活动。"这是 2009 年时任国家副主席习近平访问白俄罗斯时和我们说的一句话。

2009 年 12 月的一天，我带领使馆妇女小组到首都附近的斯达罗宾农村，近距离地了解当地妇女的工作和生活。到农村去，我很激动。这么多年来，细想起来，大概我还没有到过农村。我到过独联体国家的很多地方，但都是城市，对于外国农村，我没有印象。

驱车离开首都 150 公里，车子进村了。我环看四周，只见柏油马路平平整整，路上很少见行人，路边一些房子、院落与城市的街道没什么区别。

这个村子被称为农业经济合作社，主席是一位女士，叫库尔米卡，领导合作社已 13 年了。该合作社有近 200 名职工，女性占 70%，她们自称"女儿国"。

我们参观了养殖场。在这里，我嗅到了粪臭味，开始感觉到农村的味道。一座高大的场房，外面堆了一些干草，还有牛粪，地沟里流淌着冲洗牛圈的污水。走进场房，只见里面有两排牛栏，牛正悠闲地吃着干草，还不时打着响鼻。有人打趣说："牛的生活很滋润啊！"主席告诉我们，10 名职工养了 1000 头奶牛。"真不容易！"大家异口同声地说。"那么生产出的牛奶怎么处理呢？""卖啊，我们的牛奶很受欢迎的。"听到此，我们竖起了大拇指，白俄罗斯女人真能干！

我们来到新住宅区，参观了一个马术女教练之家。这是一个小院落，院子收拾得干干净净，屋内漂亮温馨。两室一厅的房子里，客厅和卧室里都挂着电视机，屋内有电脑桌，窗帘一通到底，井井有条。饭厅和客厅连在一起，由沙发和餐桌分出各自功能。主人取出伏特加、腌肉、泡白菜、泡辣椒和黑面包招待我们。腌肉几乎全是肥肉，看上去白花花的。主人拿起一片肥肉放在黑面包上，再加上一片泡辣椒，递到我手上。我托着面包，只轻轻咬了一小口。有的人还真抿一抿白酒，辣得直叫。

我们还参观了当地医院，其规模不大，但设备齐全，内外科、口腔科、水疗康复、激光按摩，一应俱全。院长说，医院只有 17 名医生，一年要接待 3000 多名病人。我当时感到很惊讶，农村能有这样的医院，白俄罗斯农民真有福气啊！

白俄罗斯模特穿上中国民族服饰

2011 年 1 月，中国使馆和白俄罗斯国家时装中心在首都明斯克举行了一场别开生面的中国民族服饰晚会，大获成功。当地电视台和广播电台、中国国际广播电台、新华社、香港凤凰卫视等多家媒体专门派记者对晚会现场进行报道，在白俄罗斯刮起一阵强劲的"中国风"。

成功来自精心的准备。这场活动从策划到举办，花了整整两个月时间，凝结着使馆妇女小组的集体智慧，也包含本人的一份辛劳。记得 2010 年底，国内寄来几箱民族服装，要求使馆对外开展活动。这项任务落在了使馆妇女小组肩上。我和使馆几位女同胞把箱子打开，发现衣服没有包装，乱糟糟地放在一起，揉得皱巴巴的，有的还脱了线。第二天，我召集妇女小组成员对服装进行整理。有人准备熨斗，有人搬熨衣板，有人找衣架，大家忙得热火朝天，不一会儿，一件件服饰被熨得平平坦坦，整整齐齐地挂在使馆大厅内。我数了一下，一共 50 多套，除汉服外，还有蒙、藏、满、维吾尔、白、回等少数民族服装。这些服饰反映了中国各族人民在长期生产和生活中形成的审美观念，展示了不同民族的文化特点，富有浓郁的生活气息和深厚的文化内涵。

怎样对外展示呢？大家七嘴八舌，一时拿不出一个好主意。

几天后，在一次白俄罗斯服饰模特表演晚会上，我认识了白俄罗斯国家时装中心主任，她叫马努利克，40多岁，性格爽朗，为人热情，初次见面就像老朋友一样。受她的情绪影响，我开门见山地向她建议，使馆与时装中心联手搞一次中国民族服饰秀。她很痛快地同意了。

活动不是目的，搞活动是为了促进两国人民之间的了解。怎样才能达到这个效果呢？我思考了好几天，并与大家一块商量，最后策划了三大"亮点"：第一，安排半个小时的大屏幕播放影片《中国古代服装》，从国内采购几套唐、宋服装，并由旅白中国留学生现场展示，向观众介绍中国传统服饰文化的悠久历史；第二，从国内采购一些中国丝绸，在当地时装中心加工成服装，由白俄罗斯模特着装表演，体现两国人民的友谊，同时，向白俄罗斯人民展示中国的"软黄金"——丝绸；第三，由中国留学生与白俄罗斯模特共同展示中国民族服装，同时表演中国传统歌舞，烘托中国文化氛围。另外，我们还邀请了白俄罗斯国家电视台著名主持人奥甫钦尼科夫主持这场活动。

策划完成后，我与王宪举参赞一起到时装中心进行沟通，没想到我们的想法得到了对方的完全认可。于是，我们开始分头准备。万事开头难，中国留学生表演时装，多数是"大姑娘坐花轿——头一回"，穿上服饰，不知道如何举手投足。使馆妇女小组成员对这场活动都很热心，纷纷到场参与，一方面做观众，另一方面当参谋，只是既不专业，又无经验，往往弄不到点子上。后来，我邀请了王路等略懂这一专业的中国留学生来馆作指导，情况就大为改观。经过大家的共同努力，一段时间排练后，同学们的表演水平达到了预期效果。

我们选择白俄罗斯最高档的饭店——"皇冠饭店"作为这次时装表演晚会的场地，并通过使馆教育组邀请在白俄罗斯学习艺术的中国留学生布置晚会现场，他们认真负责，而且很内行，场地处处充满了中国元素，受到当地人赞赏。

1月28日，在中国传统节日春节即将来临之际，中国驻白俄罗斯使馆与白俄罗斯国家时装中心在明斯克五星级的皇冠饭店联合举办的大型中国民族服饰晚会拉开了序幕。现场华灯璀璨，流光溢彩。大红灯笼、中国结、屏风等传统元素烘托出鲜明的中国色彩。白俄罗斯议会下院议长夫人卡佳、外长夫人马丁诺娃、副外长夫人阿列伊尼克、前总理夫人柳芭、新闻部副部长斯洛勃德丘克、友协主席伊万诺娃、妇联副主席达维多维奇等白各界知名人士、驻白使节和夫人，以及中资企业、留学生、华人华侨代表共300多人出席晚会。

我首先致辞。我说，再过一周就是中国兔年新春佳节。为了迎接这一中华民族最重要的传统节日的到来，中国大使馆与白俄罗斯国家时装中心共同组织本场晚会，让大家领略中国文化特别是传统民族服饰的魅力。众所周知，中国有五千年的悠久历史，传统服饰文化亦绵延千载。今晚所展示的服装、音乐和舞蹈尽管只是沧海一粟，但希望大家能从中领略中华文化的博大精深和独有魅力。恭祝所有来宾和千里之外的祖国人民新春快乐、阖家幸福！

白俄罗斯国家时装中心主任马努利克女士也发表讲话。她盛赞中国是一个神奇的国度，不仅令无数旅行者、诗人、音乐家仰慕，也给了设计师无限的灵感和创意。国家时装中心非常荣幸能在中国春节前夕与中国使馆共同奉献一场中国民族服饰晚会，并将其作为献给全体中国朋友的新年礼物。

白俄罗斯国家电视台著名主持人奥甫钦尼科夫闪亮登场，宣布演出开始。伴随着大屏幕上播放的影片《中国古代服装》，五名中国女留学生身着汉唐服装凌波微步、罗袜生尘，缓缓走

上T型台，霎时间吸引了全场观众的眼球。接下来，中国留学生与白俄罗斯模特同台展示了中国各民族服饰。人与服装的自然结合，立即让人联想到雪域奇景、大漠风光，纵是玲珑温婉也能散发蝴蝶泉边山茶野薇的清香。

"宫商角徵羽，琴棋书画唱。孔雀东南飞，织女会牛郎。"傣家的舞，维吾尔族的唱，琴瑟合鸣声悠扬。节日的欢腾喜气燃烧了明斯克的夜空。旅白炎黄子孙的乡恋更直观地抒发自歌曲《多情的土地》："我深深地爱着你，这片多情的土地；我时时都吸吮着，大地母亲的乳汁；我拥抱村口的百岁洋槐，仿佛拥抱妈妈的身躯……"歌伴舞《草原上升起不落的太阳》则表达了中华儿女对美好生活的感恩以及光明未来的向往。

当东方服饰配上高鼻梁、蓝眼珠、白皙的欧洲脸蛋，观众们的新颖感溢于言表，不禁啧啧称奇。白俄罗斯模特献上的丝绸服装展示将晚会推向了高潮。匠心独具的中国式发髻松松挽就，铅华细细妆成，青烟翠雾罩轻盈。轻薄的丝线勾勒出青花，让模特窈窕的身段如在朦胧雾里时隐时现，展现出东方特有的内敛、含蓄、雍容和大方。这正是中国丝绸的魅力。身着彩缎的模特，有的犹如牡丹般国色天香、富丽堂皇；有的如诉芳醇蜜语，呵手试梅妆；有的似凭海临风，尽显轻盈飘逸；更有那一低头的温柔，像一朵水莲花，不胜凉风的娇羞。真可谓折腰争舞郁金裙，回眸一笑百媚生。背景片特意选择了古代丝绸之路的路线图和往来如织的商旅驼队。正是这条路沟通了欧、亚、非之间的政治、经济、文化联系，传播了东方古老灿烂的文明。全场观众对模特们的精彩展示报以热烈的欢呼、鼓掌，欢声笑语在大厅上空久久回荡。

晚会结束后，中外嘉宾纷纷向我表示祝贺，称赞晚会形式新颖、内容丰富，是一场介绍中华民族传统文化的盛宴，令人难以忘怀。

议长夫人对鲁大使表示："非常喜欢唐装，款式新颖，中国姑娘着装表演犹如仙女一般，真漂亮！"

外长夫人接受媒体采访时说："中国丝绸做成时装，由白俄罗斯模特表演，集东西审美观为一体，思路独特，实现了两种文化的交流与融合。"

皇冠饭店经理夫人拉着我的手，激动地说："感谢中国使馆组织的这场精彩晚会，让我有机会直观地了解中国服饰文化。中国人聪明，中国人真棒！"

节目结束后，还有记者问我："听说整台晚会是你策划组织的，那么你还有什么大型活动计划吗？我们期待着你的下一场活动。"

慰问日丹诺维奇少年康复中心

每年，我们使馆妇女小组都要去慰问日丹诺维奇少年儿童康复中心的儿童们。最后一次前往康复中心慰问是 2011 年 6 月 26 日，当时，正在白俄罗斯访问的重庆"朵朵"少儿艺术团也一同前往，既是给接受疗养的孩子们送去欢乐，也为他们提供一个了解中国和中国文化的独特机会。

日丹诺维奇康复中心位于首都郊区明斯克湖畔，环境优美。康复中心负责人拉普塔、白工会文化官主任克雷洛娃等热情迎接我们。他们一边陪同参观，一边介绍说：中心占地 14 公顷，有 160 名工作人员，每年接待 14 批来自戈梅利、莫吉廖夫等切尔诺贝利核事故污染地区的 3—17 岁的少年儿童，每批 330 人，每期 24 天，全年共接待 4000 余人次。中心对患病孩子进行治疗，其他孩子则开展体育锻炼，如滑雪、滑冰、游泳、室内乒乓球、篮球、足球等，还有文娱活动如舞蹈、音乐、诗歌等。

我来到正在上手工课的孩子们中间。孩子们用废弃物做成许多艺术品：用树叶做成的贴画、用易拉罐和圆形玻璃做的小猪……学校让他们在娱乐学习和休养中增强体质，预防核辐射物质引起的各种疾病。核事故抢救者组织主席卡缅克夫说，中国使馆是唯一每年都来看望患病儿童的使馆，在我们遇到灾难时，是中国向我们伸出了援助之手。

重庆"朵朵"艺术团带来了三个精彩的舞蹈：《龙娃》《啊—啊》《太阳出来喜洋洋》。独具特色的民族音乐和服饰、童趣盎然的舞蹈情节紧紧抓住了白俄罗斯孩子们的视线，现场掀起了高潮。白俄罗斯小朋友表演了《两只蜈蚣的爱情》《玩具娃娃》《白鹳舞》等舞蹈，小歌手阿列克桑德拉的演唱颇具小明星风范。

主持节目的"朵朵"艺术团老师用生动的语言、风趣的问话向在座的白俄罗斯少年儿童介绍中国，如老师提问："中华人民共和国成立多少年了？""5000 年。"台下哄堂大笑。老师又问："重庆有多少人口？""300 万""500 万""600 万"，台下开始面红耳赤争起来。最后，老师在寓教于乐的气氛中帮助小朋友找到正确的答案。

望着眼前这些活泼聪明的孩子，看着他们绽放的笑容，我的眼睛有些湿润。他们过去曾遭受苦难，现在在自己的努力和别人的帮助下，正积极勇敢地面对。他们的遭遇是白俄罗斯这个国家人民生活的缩影，相信他们一定会迎来更加美好的明天。

在白俄罗斯三年多的时间里，我们组织了十多次妇女小组活动，每次活动都得到了大家的大力支持。在这里，我想特别提到的是范颖川、韩璐等年轻姑娘，他们是使馆女外交官，俄语好，给了我很大帮助。还有王宪举参赞和夫人陈艳，在每次活动中都做了大量工作。我内心里充满了对他们的感激之情。

依依不舍

2011 年 12 月 16 日，驻白俄罗斯使馆里张灯结彩，布景绚丽。这天晚上，鲁桂成大使和我将在这里举行盛大的离任招待会。

一早起来，干什么事都提不起兴趣。其实，离任我早有心理准备。9 月鲁大使满 60 周岁后，我俩就随时准备离任，但日期定下来后，心里还是有些不平静。我从二楼办公室出来，下到一楼，看到鲁桂成大使与大家一块儿忙碌着。过去，这些

事是交代给办公室办的，他一般不参与具体事务。今天，他一上班就来张罗。他说，这是我们最后一次外事活动，俗话说，"编筐编篓，关键在收口"，最后这次活动要办好。

招待会定在凤凰厅举行。这里原来是一个仓库和衣帽间，我们来后，鲁大使觉得宴会厅太小，不大气，就将仓库改造成为宴会厅，足有100多平方米。我和当地的服装公司共同设计选料，装饰了窗帘，厅里立马有了一种富丽堂皇的感觉。厅内的水晶大吊灯特别气派，两厅之间的台阶上高低错落地摆放着许多绿植。厅里的墙上挂了一幅4米长、1米宽的中国长城画，侧面立着双面绣的屏风，颇受外国人喜欢。即将要离开，我情不自禁拿出相机对着宴会厅拍了一张，看着还挺亲切的。

晚上6点半，我和鲁大使穿戴整齐迎接客人。有些客人提前到了，他们都是我们的老朋友。第一位来宾是洛马奇，他原任白俄罗斯国家监察委员会主席，在白政坛排第四位。他人高马大，一米八的个子，为人厚道，一向对中国很友好。我们到明斯克不久，他便陪我们参观当地最大的一家钾肥厂。钾矿生产区在 600 多米深的地下，为了让我们更直观、更真切地了解生产情况，他亲自陪同我们下井，令我们很感动。虽然一年前已退休，但他仍然经常来参加中国大使馆的活动。

第二位是国家安全会议秘书马尔采夫。他曾任国防部长，也是使馆的一位老朋友。他多次到过中国，为中白军事领域合作作出了积极贡献。接下来是前总理夫人柳芭，她是中白友谊活动的积极分子，社会地位很高，但很平易近人。她曾参加上海世博会，留下了美好的印象，回来后说了一大堆中国的好话。同来的还有白俄罗斯对外友协会长伊万诺娃，她真正做到了在其位谋其政，每年都举办很多场有关中国的活动，对扩大中国的影响、增进白民众对华友好感情发挥了不可替代的作用。

来宾中很多是白俄罗斯首都的社会名流，如各大院校的校长、国家图书馆馆长、国家艺术博物馆馆长、苏联卫国战争博物馆馆长等。我们国内很多文化艺术团体到白访问演出，都是他们接待的，很友好。名流中还有白俄罗斯科学院的领导以及哲学研究所所长、经济研究所所长等，他们是使馆做工作的重

敬明与白俄罗斯总理
夫人柳德米拉合影

要对象。每逢中国代表团来访，他们都争先恐后写文章，论述两国关系的重要性，社会影响很大。

最后来的是以副总理托济克为首的白政府官员。托济克曾任驻华大使，是一位"中国通"，一年前回到国内担任主管教育文化的副总理。由于他在中国当过大使，总统还让他主管对华事务。他和鲁大使的关系很好，在北京任职期间，我们回国休假，他曾陪我们到河南旅游，去了郑州、洛阳和少林寺等地。在少林寺，他让鲁桂成大使教他如何烧高香。他很虔诚，一招一式学得有模有样。同他一起来的还有教育部长马斯凯维奇、文化部长拉杜什科、议会上下院外事委员会主席马扎伊和布西科、外交部主管副部长阿列伊尼克等其他官员。

7点，招待会正式开始。鲁大使饱含深情地发表了告别讲话，他说："今天是一个很特别的日子，我和我的夫人在这里举行离任招待会，向大家告别——告别明斯克，告别白俄罗斯，也是告别我30年的外交生涯。"

鲁大使稳了稳自己的情绪，接着说："自2008年到白俄罗斯以来，三年多里，我走遍了白所有6个州和主要城市。我在明斯克胜利纪念碑前缅怀白俄罗斯将士英勇抗击法西斯侵略者的丰功伟绩；在'哈丁'纪念建筑群感知白俄罗斯人民生生不息的民族精神；在戈梅利'死亡区'体会核灾难事故留在白俄罗斯人民心底无法抹去的伤痛，被白人民团结一心致力于消除核事故后果的坚定意志深深鼓舞；在白国家大剧院、共和国宫，我也每每陶醉于精彩绝伦的白俄罗斯民族艺术享受之中。白人民的善良友好、勤劳勇敢、朴实无华，白美丽如画的自然风光、整洁宁静的街道，都已深深地印入我的脑海，将成为我生命中最美好的回忆。"

他向来宾们透露，几天前，他特意到画廊购买了两幅白俄罗斯风景油画，准备带回国挂在北京的家里，珍藏对白俄罗斯的爱。看到它们，就会想起白俄罗斯的蓝天、绿地和白俄罗斯的朋友们。

这时，台下响起了热烈的掌声。

鲁大使停顿了一下，说："任内三年多，我有幸见证和参与了中白关系全面快速发展的进程。中国全国人大常委会委员长吴邦国、国家副主席习近平、国务院副总理回良玉等主要领导人相继访白，白总统卢卡申科、下院议长安德烈琴科、副总理谢马什科和托济克等政要也分别访华，加深了两国政治互信，促进了各领域互利合作，目前的中白关系正处于历史上最好时期。三年来，中白经贸合作蓬勃发展，双边贸易额保持较快增长，大项目合作顺利实施。两国在科技、文化、教育等领域务实合作也在不断加强，地方间交流愈加活跃。尤其是两国友谊与合作的民意基础不断壮大，中国在白留学生已达 2000 余名，赴华留学、经商、旅游的白各界民众也在持续增加，展现出中白友好事业的美好未来。"

鲁大使环视了一下现场，深情地说："三年多来，我深感荣幸和自豪的是，作为大使，能为两国关系发展尽自己的一分力量，做成了一些事情。借此机会，我要感谢白俄罗斯政府各部门、社会各界和民间友好团体给予我的全方位理解和支持，没有你们热情的援手和真挚的关心，无法想象我能够顺利圆满地完成在白俄罗斯的使命。我也衷心希望朋友们能像支持我一样继续支持我的继任者的工作，推动中白关系继续向前发展。"

最后，鲁大使提高了嗓门："在新的一年即将到来和我们两国迎来建交 20 周年之际，在这美好的节日里，我衷心祝愿白俄罗斯在卢卡申科总统领导下，国家繁荣昌盛、社会和谐安宁、人民生活幸福。祝愿中白友好合作的参天大树枝繁叶茂、硕果累累。祝愿各位朋友身体健康、家庭幸福、事业更上一层楼。祝愿我们的友谊地久天长！"

台下的掌声经久不息……

托济克副总理在致辞中高度评价鲁大使为促进中白各领域合作作出的贡献。他说："鲁大使任期内，白中政治关系进一步巩固，白中关系已进入更高发展阶段。这些成果的取得凝聚着鲁大使本人及其带领的中国使馆团队的智慧和心血。前不久，卢卡申科总统亲自授予鲁大使'弗兰西斯科·斯科里纳勋章'就是明证。国家勋章授予外国人的事例并不多见，该勋章通常只授予白俄罗斯各行各业中作出突出贡献的人士。我们认为，鲁大使作为一名外交官，在他所从事的领域内确实取得了很大成就。作为鲁大使的老同事、老朋友，我对鲁大使的离任非常不舍，但我相信，今后无论鲁大使身处何方，都将一如既往地关注和推动白中关系发展。白俄罗斯的大门永远向鲁大使敞开，随时欢迎鲁大使回来走一走，看一看。"

招待会气氛热烈友好，来宾们纷纷对鲁大使和我的离任表达惜别之情。宾主共同举杯，祝愿中白两国和两国人民繁荣幸福！

命运的转折

维罗妮卡·斯捷凡诺夫娜·施雷克
（白俄罗斯驻华使馆前外交官）

张严峻 译

命运中有很多条道路，
人们总是选择这样一条路，
沿着它，只要努力，
就能走向人生的高峰。

——维·斯·施雷克

当我还是白俄罗斯国立交通大学人文经济系大二的学生时，如果有人告诉我，我会在 2001 年前往中国进修一年，并将会在那里生活直到今天，我根本不会相信——这是在最甜蜜的梦里都不可能见到的场景。中国在完全不经意间闯入了我的生活，这段经历令我无比激动，也意义重大，以至于几乎决定了我今后的人生道路。

读中学时，我十分喜欢画画，常常用桦树皮、干草和皮革等材料制作工艺品。这一爱好一直延续到大学时期。当时，我很荣幸地参加了在戈梅利举办的"走向 21 世纪"画展，并获得二等奖。我将家中一个房间布置成展室，并将我的作品赠给朋友和熟人。

幸运的是，其中一幅画被作为纪念品送给了时任中国驻白俄罗斯大使吴筱秋女士（1998—2002 年在任），画上用白桦树皮拼出了一座布达科舍廖沃教堂。这给她留下了深刻印象。吴筱秋大使回赠我一枚庆祝中华人民共和国成立 50 周年的纪

维罗妮卡将自己制作的工艺品赠送给吴筱秋大使。

念章。这枚纪念章我一直珍藏着，并希望传给我的子女们。

到访戈梅利期间，吴筱秋大使和使馆科技处一等秘书赵建民、教育处二等秘书李政和访问了白俄罗斯国立交通大学。该校多年来一直招收中国学生。从这里毕业后，中国学生运用所学知识，成为经济、建筑、工程、电子等各行各业的专家。

我怀着激动而喜悦的心情在家中迎接这个高级代表团。到场的还有戈梅利的记者和交通大学的代表，这一难忘的会面在友好的气氛中进行。

会面结束前，吴筱秋大使建议我去中国进修一年汉语。我和父母都赞成这个建议。那时，没有人能想到我的命运将会发生怎样的转折。

2001年9月，我来到北京大学对外汉语教育中心。这个民族丰富的文化和传统一直吸引着我。当时，白俄罗斯很少有人去研究中国，因此我努力从各个渠道汲取信息。渐渐地，这个伟大的国度展现在我的面前——她是不平凡的，也是神秘的，我想进一步了解她。我很高兴我能得到这样一个机会，亲眼看一看并近距离触摸它。带着对这个国家强烈的好奇心和足以战胜一切的坚定自信心，我顺利地走上了学习中文的道路。这多亏了有一群体贴待人、谆谆教导且教学水平高超的老师们，他们甘于牺牲自己的个人时间，对我们这些外国留学生关怀备至。他们经常在课后留下来给我们开小灶，并为我们在语言方面取得的成绩而感到高兴。

北京大学对外汉语教育中心一开始是英语授课，后来逐渐改为汉语授课。第一个学期，我学习了汉语语法，练习口语和听力。写汉字对我来说很轻松，也很有趣。但汉语发音对我来说十分困难，因为认识汉字是一码事，而说汉语完全是另一码事。于是，我努力学习，以免让我的中国朋友和父母为我担心。

至今，我仍然记得一次用汉语演讲的情景，它鼓舞了我，带给我更多力量和自信。当看到我在研究生面前用汉语演讲，告诉他们汉语吸引我的原因、我是如何达到这一水平的时，我的老师感到非常惊讶。整整一个小时，我站在大家面前，向大家展示我的书法，回答他们的问题。看到我如此轻松地完成这些，大家都十分诧异。毫无疑问，我对绘画的热情帮助我做到了这一点。我向大家解释各种汉字的形象，以及汉字如何呈现，如何记住它们，得到了大家的一致称赞。

中国学生勤奋刻苦，热爱学习，常常在图书馆待到深夜。和他们一样，我也满怀这种热情和精神，常常抱着课本学习到夜里两三点。第一学期结束后，我应邀前往南京理工大学江晓红教授家共度假期。这是我第一次到中国家庭做客，他们待我像自己的亲人一样，我有幸近距离接触中国新年——春节的传统习俗。

2002 年夏，经江晓红教授推荐，我报名参加了"中国龙虾节形象大使暨千美龙虾宴"选美比赛。近千名女孩参与了比赛，其中，外国选手只有我和另一位英国姑娘。在中国，类似的比赛都颇具特色。当然，大赛不单单看重选手的外表，更看重其

受教育程度、汉语水平、言语举止等。经过前两轮竞争，我顺利地闯入决赛。根据赛制，每位选手须在一分钟内用汉语朗读一篇短文。我选择的这篇短文是我自己写的，朗读时，我严格遵守发音规则和四个音调规律。评委拿着秒表站在一旁，因此，即便一个小失误都可能决定成败。我在58秒内读完文章，赢得了全场的热烈掌声！主办方表示，在我之前，从没有一名参赛者获得如此多的掌声。这样的赞誉或许也感动了严苛的评委。最终，我获得第二名，并被授予"中国龙虾节形象大使"称号。

我在北京度过了一年紧张的学习生活。期间，我获得了中国政府奖学金，得以继续下一年的汉语深造。

如今，回过头来看，我有时会为自己曾经的努力而感到惊讶。在北京大学的第一年，我们主要是熟悉课程，因此这一阶段的学习对我来说并不困难，也让我有精力去更好地适应另一个国家、另一个全然陌生的环境。第二年的学习阶段，我成长了许多。我完全意识到学业的压力。每天，我需要学习 50 个汉字，不断复习，不断翻阅课本，写不完的字——这一切占据了我所有的时间。尽管如此，在中国求学的经历仍给我留下了很多不同的印象，令我难以忘怀——如果哪一天我忘了，我也不会原谅自己！在给父母的信中，我向他们讲述了关于这个国家的故事，她的名胜古迹，她的多样的民族，以及我在这里新结识的好朋友。我常常给父母写信，因为我非常爱他们。

吴筱秋大使一直以来都十分关心我在大学里的学习、生活，并为我在汉语学习中取得的成绩和积极向上的生活态度感到高兴。我没有辜负她的期望，2003 年 4 月，我完成了一年的见习，被授予优秀学员结业证书。

我喜欢给自己设立目标并努力完成它。在北大的两年间，我获取了不少知识，我相信自己可以借助所掌握的知识技能去研究白中经济问题、比较白中经济状况，并在此基础上为我在白俄罗斯交通大学的毕业论文做准备，论文题目是"中国社会经济转型经验和在白俄罗斯综合运输体系下实践的可能性"。这一课题得到了老师们的支持。除了国家考试委员会代表外，还有来自上海交通大学的两位教师参加我的毕业论文答辩。答辩规则要求第一部分用俄语应答，第二部分用汉语回答，白俄罗斯和中国两方专家学者都会提问。通过答辩后，我以优异的成绩取得了经济学学士学位，并获得中文翻译证书。

后来，我在白俄罗斯国立技术大学继续攻读研究生，取得了副博士学位，期间完成不少科研论文，并出版专著《中国经济改革经验在白俄罗斯的运用》。

毕业后，我成为中国驻白俄罗斯大使馆的翻译秘书，当时任中国驻白俄罗斯大使的是于振起先生（2002—2005 年在任）。我在工作中需要运用中文，这段经历给我留下了难忘的印象。

于大使为我取了一个好听的中文名字——蔚兰，之后，我的中国朋友和同事一直以这个名字称呼我。于大使帮助我训练语音语调，提高我的汉语会话水平。我协助于大使在明斯克和戈梅利筹办他的个人摄影展，并参与摄影集《聚焦可爱的白俄罗斯和其他国家》的编辑工作。在明斯克举办的摄影展获得很大成功。

我永远无法忘记那一天，在纪念卫国战争时期牺牲的白俄罗斯无名烈士的纪念碑前，于大使和中国大使馆的全体外交官向纪念碑深深鞠躬。

我与于振起大使直到今天仍保持着联系，将我们的友谊从白俄罗斯延续到了中国。

后来，我在下一任中国驻白俄罗斯大使吴虹滨先生的领导下继续在大使馆工作。

尽管与吴大使在明斯克共事时间不长，但我们在北京招待会上相遇时，仍会回忆起这段美好的时光。

鉴于以往的工作经验，我转入农业机械制造商戈梅利农业机械公司工作，担任公司的中国区副代表，希望把积累的理论知识用于实践。学习了农作物栽培收割相关技术后，我带着公司生产的联合收割机在中国的土地上试验，希望能获得中方颁发的鉴定证书。

　　幸运的是，我代表戈梅利农业机械公司和明斯克拖拉机厂在乌鲁木齐谈生意时，恰逢白俄罗斯驻华大使阿纳托利·阿法纳西耶维奇·托济克先生前来视察。托济克大使邀请我到白俄罗斯驻华大使馆工作，我对他表示感谢。这一提议是我人生中一个巨大的转折，由此，我敲开了外交工作的大门。

　　外交官的工作十分繁杂，但也十分有趣。它需要你时刻保持耐心，掌握节奏，并能迅速作出正确的决定。我为能与托济克大使共事而骄傲，在他的指导下，我拥有了身为外交官的品质，也学到了他的人生经验。通过他，我还认识了我的丈夫——奥列格·切孔科夫，他当时正担任俄罗斯驻华大使馆的口腔科医生。我的婆婆曾对她儿子提到："你会遇到一个美好的瞬间，那就是你未来的妻子来向你问诊的那一刻。"这样的事真的发生了，我们两人都感到不可思议。

　　我们在北京安家后，有了两个孩子：大女儿伊丽莎白和小

维罗妮卡与托济克大使（右2）等合影

维罗妮卡与三位中国前驻白俄罗斯大使于振起（左1）、吴筱秋（左3）、吴虹滨（左4）合影

儿子弗拉季斯拉夫。巧合的是，丈夫生日那天，我们的小儿子出生了。看来，这一幸福的瞬间是上天安排好的。

命运赠予我一连串礼物。2011—2016年，我有幸与一群优秀的同事、经验丰富的领导一起工作，并与白俄罗斯驻华大使维克多·巴夫洛维奇·布里亚先生共事。几年来，我在外交工作方面，在与不同人群的交流中，在提升汉语水平方面都积累了经验。因工作需要，我到过中国的不同城市，从而得以进一步探寻其悠久的历史，接触丰富的中国文化，更目睹了中国经济的腾飞，结识了更多友善的中国人。

白中两国关系可以这样描述：

我们与中国的友谊

每日每时每刻都更加坚固，

因为通过丝绸之路

我们每天都在共同前进。

借此机会，我想向在我的工作和生活中出现的所有人表示感谢。我要特别感谢我的领导，感谢他们把宝贵的经验传授给我，将我培养成一名合格的外交官，感谢他们成为我命运转折中的助推力量！

交流
篇

中国与白俄罗斯文艺界的交往

高 莽

（中国翻译家、作家、画家，中国社会科学院荣誉学部委员）

今年盛夏，我突然收到一封电子邮件，来自白俄罗斯共和国。几十年来，我与白俄罗斯人没有什么来往，谁会给我发邮件呢？阅读之后，才解开疑惑。白俄罗斯出版家兼作家阿列希·卡尔久凯维奇向《俄罗斯文艺》杂志主编夏忠宪女士问及我有关白俄罗斯与中国交流的往事，于是夏女士便把我的地址告诉了对方。从此，我们二人之间便开始了通信。

白俄罗斯原属苏联加盟共和国之一。1991 年苏联解体后，白俄罗斯独立，开始按民族特色发展自己的国家。

1957 年中国代表团访问苏联期间，在白俄罗斯首都明斯克的永恒火焰前。（前排左 4 为高莽）

历史回顾

我国与白俄罗斯直接交往的历史，需有关学者考证。我只能回忆两国文艺界的某些接触。

早在上世纪 30 年代，我国诗人萧三到过白俄罗斯，出席在首都明斯克举行的国际革命作家大会。新中国建立初期，我们在介绍苏联作家时，就有一些白俄罗斯作家，但当时都统称"苏联作家"，没有突出其民族性。

当时我国介绍的有著名诗人杨卡·库帕拉（1882—1942）著《芦笛集》（文光书店，1949）；雅库勃·科拉斯（1882—1956）的短诗《献给国土解放者》（收在上海时代出版社出的《苏联卫国战争诗选》，1950）。1950 年还发表了另一位诗人彼·勃罗卡夫（1905—1980）的诗作《白俄罗斯》，雅·布雷尔（1917—2006）的《扎波罗吉村的黎明》等。1952 年，诗人阿·库列绍夫（1914—1978）的《只有前进》汉译文面世。除诗人的作品外，见诸中国报刊的还有伊·沙米亚金的儿童读物。上世纪 50 年代中期到 60 年代初期，这些作家的作品曾多次刊登在我国的各种报纸杂志上。

经过"文革"长期的沉寂，我国又开始介绍苏联文学作品，其中除老一辈的作家以外，还译介了一批新的作家，如：伊·梅列日（1921—1976）的小说《沼泽地上的人们》（1983），同年发表了伊·沙米亚金（1921—2004）的一些短篇小说《迟

来的春天》《父与子》《为了生命》等；瓦·贝科夫（1924—2003）的《方尖碑》《活到黎明》《一去不复返》《索特尼科夫》以及阿·阿达莫维奇（1927—1994）的长篇纪事文学作品《围困记事》等。实际上，白俄罗斯的一些代表性作家都已在我国报刊上露面。

白俄罗斯在上世纪 50 年代用本国文字出版了约 20 种中国文学作品，如《中国作家短篇小说集》（1953），丁玲的长篇小说《太阳照在桑干河上》（1954）和鲁迅的短篇小说选（1955）等。

1957 年白俄罗斯雕塑家谢·谢里哈诺夫（1917—1976）曾在北京为齐白石老人和蒋兆和先生塑过胸像。近年，白俄罗斯独立以后，又有一位白俄罗斯雕塑家弗·斯洛博德奇科夫在北京国际雕塑公园塑了三座作品。白俄罗斯还重新开始注意我国古代和现代的文学与艺术。2007年雷戈尔·鲍罗杜林出版了《东方诗韵》，除了朝鲜、越南、日本诗歌之外，还收有10位中国诗人作品，其中有古代诗人王维、李白、杜甫、白居易、杜牧、苏轼、辛弃疾，现代诗人刘大白、梁宗岱、康白情。

与此同时，米科拉·梅特里茨基出版了一部外国诗选，收有87位诗人作品，其中有9首王维的诗。可惜白俄罗斯研究界对我国现当代诗歌创作的了解尚且不够。

亲身经历

早在50年前，我确实与白俄罗斯有过联系。1955年我曾随中苏友好代表团访问过白俄罗斯。二战时白俄罗斯遭到德寇的轰炸与破坏。我们访问时，它正在全力恢复中。那时，我们结识了几位文艺界人士。其中最主要的是雕塑家扎伊尔·阿兹古尔和诗人马克西姆·唐克。后来，我与阿兹古尔通过信，并译过唐克的诗。

我国改革开放以后，开始更多地引进外国文化。我曾在《苏联文艺》杂志上介绍过白俄罗斯画家波普拉夫斯基的插图作品，也为报刊画过几幅白俄罗斯作家肖像。

1989年，我们接待苏联作家代表团，认识了女作家斯·阿列克西耶维奇，后来，我译了她的纪实文学作品《锌皮娃娃兵》。我对白俄罗斯文学艺术的了解有限，更何况苏联在解体前，把居住在那里的所有民族都统一认为是"苏联人"。阿兹古尔、唐克、阿列克西耶维奇等人都是白俄罗斯文艺界代表人物，值得回忆。

扎伊尔·阿兹古尔的手

扎伊尔·阿兹古尔是白俄罗斯最著名的雕塑家。认识他之前，我们已在明斯克市中心的广场上见到过他雕塑的胜利纪念碑，庄严肃穆，激励人们争取胜利。

第一次见到他是 1953 年。我还记得他那粗壮的大手紧紧地握住我手时的感受。他身材中等，胸前结着花绸巾代替领带，说话滔滔不绝。他对中国古老传统文化充满崇敬，对新中国赞誉不绝。谈得兴奋时他说："我一定要到中国去访问！"语调肯定，态度严肃。停了一会儿，他又加了一句："倘若今生今世我去不成，也得让我儿子去一趟！"他的话，像用雕刻刀刻在了我的心上。

高莽画作：白俄罗斯雕塑家扎·阿兹古尔在他的工作室

阿兹古尔作品：鲁迅像

　　1954 年，我在莫斯科又见到了他。他说最近完成了《鲁迅雕像》。我心里想，一位远离中国现实的白俄罗斯艺术家，创作鲁迅这么一位中国现代伟大思想家和文学家，绝非易事。可是当我们看到作品时，不能不对他的苦心经营表示由衷的钦佩。后来，他把这座雕像赠给了我国政府，政府又转给了鲁迅纪念馆。

　　我还记得，1956 年，在北京一个大雪纷飞的日子，北京鲁迅纪念馆里来了很多参观者。不少人站在大厅中央久久地欣赏阿兹古尔的鲁迅雕像。从观众闪光的眼睛中已经看出他们对这位远方的、陌生的艺术家的深情与谢忱。

　　有一天我见到鲁迅研究专家林非先生，谈起这座雕像，他对作品评价很高，说："在冷峻中满含着热情，给予了他沉思的力量与气魄，就连他的双手，也充满着一种想要改变旧秩序与旧思想的力度。"

扎·阿兹古尔说话像警句一般："艺术具有重要的教育作用。艺术不应当向观众硬性地灌输自己的思想，而应当感染他们。"又说："石头和金属同人一样，有自己的性格。花岗石、大理石、青铜、钢—— 各有各的'脾气'。"只有使用过并熟悉这些材料的雕塑家才能说出这种深邃的道理来。

他曾创作世界文化名人雕像：除了鲁迅像（1953）之外，还有印度作家、学者泰戈尔的半身像（1956）。他极其巧妙地处理了花岗岩，用抛光部分表现泰戈尔的皮肤——黝黑的脸与手，用麻面表现了白色的头发与胡须，效果甚佳，质感极强。他真的使花岗岩有了生命。面对着这座雕像，观众可以感觉到皮肤的柔润和须发的松软。他还塑造了俄国作曲家穆索尔斯基（1958）、美国诗人惠特曼（1959）等人，人物炯炯有神的目光、刚强有力的姿态和深思冥想的风采，给人留下难忘的印象。他后期最突出的作品是为白俄罗斯人民诗人雅库勃·柯拉斯创作的大型雕塑组像，立于首都明斯克大街上，与市民们日夜相伴。

苏联时代，阿兹古尔两次获苏联国家奖，被选为苏联美术研究院院士，还先后荣获了"苏联人民美术家"和"苏联社会主义劳动英雄"的称号。

1990 年，有人从白俄罗斯给我捎来了阿兹古尔的画册。书上的题词字迹弯弯曲曲，显然他已经难以控制手中的笔了。我又想到他那双有力的大手，还能握雕刀吗？我计算了一下，那一年阿兹古尔已是八十开外的老翁了！

扎伊尔·阿兹古尔未曾来过中国，他的儿子也没有来过中国，但他的心早已随着他塑的《鲁迅雕像》来到了我国。我国人民通过他的作品看到了一颗炽热的心。

马克西姆·唐克的诗

1954年的一天，我们在苏联火车上意外地与白俄罗斯诗人马克西姆·唐克相识。伴随着车轮的隆隆声，他谈到了自己的生平片段。

马克西姆·唐克（1912—1995）出生在白俄罗斯西部的一个农家。那个地区于1939年才从波兰统治下归入苏联版图。他的少年和青年时代辛酸且充满了斗争。1932年他发表了第一首歌颂矿工罢工的作品，青年时代的诗表达的尽是人民对自由的憧憬。

到了苏联时代，唐克的创作开始了新的一页，他积极地参加社会活动和文学活动，歌唱苏联各族人民之间的兄弟友谊。在伟大的卫国战争年代里，唐克在前线报社工作。他的诗表达了苏联人民的英雄气概、忘我牺牲的精神和必胜的信心。在这个时期，他写了很多反映苏联人民对党、对祖国的爱戴的诗作。

战后，唐克的诗的思想范围扩大了，保卫和平的主题占有重要的地位。他是全苏保卫和平委员会的委员。1949年春天，作为苏联和平使者之一，他参加了在布拉格举行的第一届世界和平大会。

那次，我们在火车上相识时，他曾回忆起当时的情况，说："和平大会正在进行的时候，传来了一个振奋人心的喜讯：中国人民解放军跨过长江，南下了！那时我想起小学时代在地理课上了解的中国长江，想到我的童年，想到解放前，几千年来，长江两岸居住着的受尽压迫的中国劳动大众，想到他们的斗争，更想到从今以后那儿将日益繁荣起来的幸福生活，于是写成诗篇《蓝色的大江》。"

1957年，唐克随同苏联文化代表团来到我国参加国庆8

周年盛典，我们又见面了。10 月 1 日，他站在天安门前的观礼台上，饱览阅兵仪式和群众大游行，兴奋的心情顿时化成诗句。他在北京游览了故宫博物院，在郊区访问了农民，参观了鲁迅博物馆，拜谒了齐白石墓；在武汉参加了长江大桥通车典礼，访问了屈原纪念馆；在洛阳观赏了龙门石窟、白马寺；在南京拜谒了中山陵；在上海会见了以巴金为首的中国作家们，参观了鲁迅故居，到普希金纪念碑前献花。

唐克来到中国时就特别想拜会齐白石老人，可惜老人已仙逝。于是他去了墓地凭吊，并用诗的语言表达了对齐白石高超艺术的颂扬和对美的礼赞。

我记得他在武汉东湖屈原纪念馆前长时间地对着屈原雕像沉思。后来他写了这样的诗句：

垂柳呀，你们为什么弯身探向水面？／天空吐霞光时，你们在水中有何发现？／你们看见了碧玉宝石的产地？／或是珍奇的金鱼在那里成群游玩？／／垂柳悄悄地向我开言：／"你亲自向湖水深处看一眼，／不过，千万不要惊醒风儿和芦苇，／你会在湖心里看见活的屈原。"

访问中国给唐克留下深刻的印象，临别时他对我说："我还要写一些歌唱中国的诗。要写好，让它能无愧于兄弟般的中国人民的伟大成就！"

马克西姆·唐克于 1948 年获国家奖金，1968 年获白俄罗斯"人民诗人"称号，1972 年被选为白俄罗斯科学院院士，1974 年获"社会主义劳动英雄"称号，1978 年获列宁奖金。

风风雨雨 50 多年过去了。阿列希·卡尔久凯维奇父女在信中告诉我，他们在马克西姆·唐克的九卷全集中和文学博物馆里，发现了他有关我的记录，还有我寄给他的画册。

我实在记不起我曾给他的画册了。当年他在中国访问时，

我给他画过写生像，他在画像上签了名，但那张画像用在我与戈宝权先生译的他的诗集中，似乎没有给他。信中所说的可能是我的《速写集》，更可能是《马克思恩格斯战斗生涯》小型画册。

马克西姆·唐克直到晚年还惦记着中国朋友，使我不胜感动。

阿列克西耶维奇和她的《锌皮娃娃兵》

1989 年初冬，北京，在外国文学研究所，我与阿列克西耶维奇见了面。她衣着朴实，发型简单，略带忧思的面颊上闪耀着一对灰色的眼睛。她讲话谦虚、稳重，没有华丽的

高莽画作：阿列克西耶维奇像。阿列克西耶维奇于 2015 年获得诺贝尔文学奖。

辞藻，也不用豪言壮语，但每句话出口时似乎都在心中经过掂量。

　　她讲述自己在大学新闻系毕业之后怎样当了记者，怎样认识了白俄罗斯著名作家阿达莫维奇，怎样以他为师，后来又怎样从记者圈进入文学界。她还讲了写作《战争中没有女性》的过程。她说她用 4 年的时间，跑了 200 多个城镇与农村，采访了数百名参加过卫国战争的妇女，笔录了她们的谈话。她说战争中的苏联妇女和男人一样，冒着枪林弹雨，冲锋陷阵，爬冰卧雪，有时要背负比自己重一倍的伤员。战争以苏联人民的胜利结束，同时也使很多妇女改变了自己的天性，变得严峻与冷酷。我一边听她讲自己采访的经历，一边想象一位女性需要有多大的精神力量去感受战争惨剧和承担感情的压力。

　　1990 年末，我在苏联《民族友谊》杂志第七期上，读到

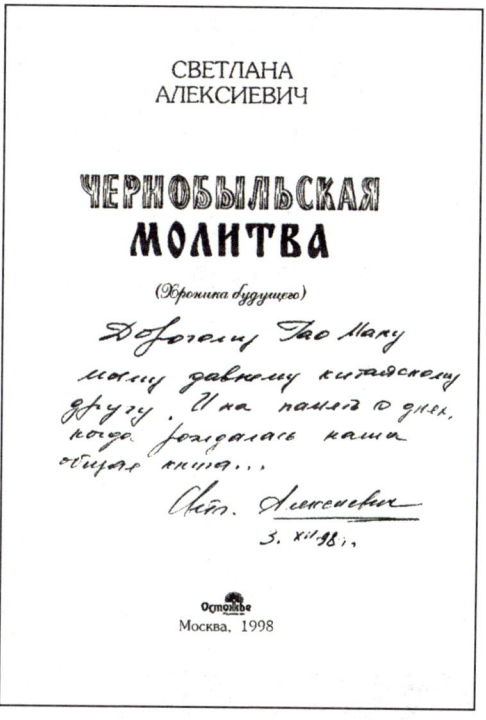

СВЕТЛАНА
АЛЕКСИЕВИЧ

ЧЕРНОБЫЛЬСКАЯ
МОЛИТВА

(Хроника будущего)

Москва, 1998

中文版《锌皮娃娃兵》封面

阿列克西耶维奇为高莽写的赠言

她的战争纪实小说《锌皮娃娃兵》。这部作品让我久久不能平静。

阿列克西耶维奇没有参加过苏联入侵阿富汗的战争，但她用女性独特的心灵揭示了战争的另一层面，揭示了苏联部队的内幕、官兵上下的心态和他们在阿富汗令人发指的行径。全书由几十篇与战争有关的人物陈述组成，没有中心人物。我认为它的中心人物就是战争中的人。她研究的对象是感情的历程，而不是战争本身。

如果说，阿列克西耶维奇早期作品中描绘的既有血淋淋的悲惨遭遇也有壮丽的理想和红旗招展的胜利场面，即苏联时代军事文学的模式，那么《锌皮娃娃兵》使她走上了另一条道路：着力揭露人间悲剧的道德原因。

阿列克西耶维奇的记录不遮掩，不谗饰，她在探索一种真实，同时也可以看出她的立场——反对杀人，反对战争，不管是什么人什么战争。她在说明战争就是杀人，军人就是杀人工具。

　　阿列克西耶维奇的创作形成了自己的风格，作品具有"文献"价值和写"真实"的特色。她的书中没有中心人物，也不做主观的心理分析，但从她笔录的片段讲话、互不联结的事件、局部的现象——给人造成一种相对完整的概念与画面。她是通过声音在认识世界，通过心灵在揭示真实。

　　世界是斑斓的，而真实是刺眼的，更是刺心的！

　　我将她的《锌皮娃娃兵》译成中文出版。这是我在改革开放年代再次接触白俄罗斯文学。

2015 年 5 月 3 日，高莽在北京国际酒店接受白俄罗斯记者阿列希·卡尔久凯维奇采访。

瞻望明天

2012 年 9 月，高莽在白俄罗斯驻华使馆接受采访。

中白文艺交往的前景怎样呢？我不由得想到卡尔久凯维奇父女以及他们的团队。

阿列希·卡尔久凯维奇是白俄罗斯文学艺术出版公司负责人，《文学与艺术报》主编、白俄罗斯国立传媒大学教授，出版过 20 余部著作。他很重视中国文学艺术作品。更何况他还有一个研究中国文学的女儿维罗妮卡。维罗妮卡曾在白俄罗斯学习中文，2006—2007 年到上海进修，2009—2011 年又来到北京进修，专攻中国文学，已发表多篇有关中国文学的论文。她的优势是研究和翻译中文作品不必再借助于俄文，可以直接利用原文。这是白俄罗斯译介中国文化的一个新起点。

阿列希·卡尔久凯维奇父女俩每次给我来信，都热情洋溢，语词亲切。他们是我几十年后重又神交的白俄罗斯文艺界的朋友。阿列希·卡尔久凯维奇是位有远见的出版家，他和女儿看到两国之间合作发展的光辉前景，便雄心勃勃地准备用白

2016 年 8 月，高莽在家中与来访的白俄罗斯学生合影。

俄罗斯文多多介绍我国的文艺。他们周围还有一支强大的合作团队，同样是热心于介绍中国文艺的人士，如梅特里茨基、鲍罗杜林，还有前不久来中国访问的作协副主席加里佩洛维奇等人。现在阿列希·卡尔久凯维奇正准备翻译出版《中国历代诗词 100 首》。

我深信，白俄罗斯有了这样热心的人，我们两国的文化交流必将日趋繁荣！

（本文原载《文艺报》2011 年 11 月 2 日）

中国—白俄罗斯哲学、科技和文化领域的合作：十年经验

阿纳托利·拉扎列维奇

（白俄罗斯国家科学院哲学研究所所长）

韩小也 译

自 1992 年白俄罗斯共和国与中华人民共和国建立外交关系以来，两国在人文发展、科教文化等领域的合作不断加强。

当今世界，各国之间的战略伙伴关系不断加深，为了共同安全和保障高品质的生活，世界各国准备共同应对全球性的挑战和威胁，其中人文合作是至关重要的——通过更好地理解不同文化背景下人们的观点和期望，在共同的视野和对未来的理解中形成政治和经济互动的有效机制。与此同时，人文因素是在可持续发展范式中实施的共同举措和项目成果的有效保证，按照这一范式，政治和经济效率必须与其对人的文化资本的积极影响相结合，反之亦然：教育、科学和文化进步也是社会和经济福祉的保障。

本文将论证白俄罗斯与中国之间的双边科技合作及在此框架内的哲学、社会科学及人文知识的重要性。双方一致赞同进行宝贵的知识和思想交流，鼓励联合培训和进修中心为科研人员、教师和学生多做工作。这正是白俄罗斯和中国政府间科技合作委员会的活动内容，相关合作文件包括两国签署的《科技合作协定》、白俄罗斯国家科学院和中国科学院科技合作纲要、白俄罗斯国家科学院与中国科学院以及中国社会科学院之间的科技合作协议、中国国家知识产权局与白俄罗斯国家知识

产权中心之间的专利信息和文件交换协议，还包括作为清单补充的由白俄罗斯国家科学院与中国各省科学院签署的若干协议以及两国科教机构之间的 100 多项协议。

两国科学和人文合作的一个重要内容，就是自 1999 年以来定期举办的中国"白俄罗斯科技日"和白俄罗斯"中国科技日"，以及每年在两国轮流举办的国家文化日活动。白俄罗斯国家科学院通过了涵盖几十项活动的《与中华人民共和国合作路线图》，最近两年一直在积极实施。该院还组织白俄罗斯和中国相关机构参与对方国家的专业展览。此外，在白俄罗斯国立大学、国立技术大学和明斯克语言大学开设的孔子学院和孔子课堂，为促进白俄罗斯和中国人民之间的相互了解作出了重要贡献，让白俄罗斯公民特别是年轻大学生对中国几千年的知识和文化传统有了认识和了解。

近年来，两国科教政策领域的相互协调配合达到了新的高度。这得益于 2015 年和 2016 年白俄罗斯共和国总统卢卡申科与中国国家主席习近平的互访，两国元首互访中所达成的协议是国家规范法律行为的基础。特别是我国在科学和教育领域所采取的白中合作发展的措施，都是按照 2015 年 8 月 31 日颁布的《白俄罗斯共和国与中华人民共和国的双边关系发展》5 号总统令的相关规定执行，包括合作研究社会可持续发展的原则，加强白俄罗斯和中国智库与大众媒体的互动，促进两国在经济、文化和医学等领域的合作。

在全球化和构筑知识社会的条件下，两国在欧亚哲学知识、欧亚民族哲学和文化历史、社会技术和文化发展方向及趋势的人文鉴定等迫切问题研究领域的合作逐年加深。白俄罗斯哲学学术派别从上世纪 30 年代开始形成，在最初的几十年时间里，其注意力主要在西方哲学经典，这些经典最早是透过苏联马克思主义的棱镜，而后是 20 世纪后半叶在与欧洲哲学思想理念的接触中被接受的。然而，进入 21 世纪，在越来越多的科学和文化交流，特别是在来白俄罗斯学习与进修的中国学生和专家带来的中国文化元素影响下，加之中国驻白俄罗斯大使馆所组织的卓有成效的"中国文化日"活动，"欧洲中心主义"的白俄罗斯哲学理念开始发生变化，东方宝贵的知识传统使之变得更加丰富。

这种转变的标志之一，就是 2008 年 9 月中国社会科学院哲学研究所马寅卯教授率代表团访问白俄罗斯国家科学院哲学研究所。对白俄罗斯国家科学院的哲学学者来说，这是他们与中国哲学组织、中国现代哲学问题和趋势的第一次亲密接触。中国代表团为期一周的访问活动包括几次见面会、讨论和圆桌会议。与会者对中国社会科学院哲学研究所活动的规模、对中国哲学研究组织的体系（包括国家级和省级的几十个哲学院所和高校哲学系）印象颇深，欣然接受了中国社会科学院哲学研究所哲学史研究的组织经验——在这里，欧洲和北美部与分别负责伊斯兰世界、印度、日本、越南的部门比邻。在白俄罗斯国家科学院哲学研究所的结构改革过程中，马寅卯教授及其同事提出的许多方法都得到借鉴。

在接下来的 2009 年，双方对话还在继续。9 月 15 日，中国驻白俄罗斯大使鲁桂成夫妇访问白俄罗斯国家科学院，与科学院的学者们进行了座谈。座谈主题是"中华人民共和国成立 60 周年：经验、成果与前景"。参加座谈的人员有科学院副院长齐加诺夫院士、拉赫曼诺夫通讯院士、人文学部秘书科瓦列尼亚院士和哲学、经济、社会、历史研究所所长及相关学者，中国外交使团成员、中国留学生以及白中两国媒体的代表。

鲁大使在报告中指出，尽管面临全球金融危机，中国快速发展的势头还会继续，已经是全球经济的主要引擎。近几十年来，由于政府发起的大规模国家科技和创新领域发展计划的实施，促成了中国自 1949 年以来的巨大社会经济飞跃。其中，"863"计划重点支持高技术领域的研究，旨在提高高科技产业的竞争能力；"星火"计划是面向农村经济的指导性科技开发计划；"火炬"计划是发展中国高新技术产业的指导性计划。

鲁桂成先生强调，中国的进步不仅是由于中华民族共同的特征——勤奋、刻苦和节俭，也得益于对古代文化的认真态度：中国人将古代文化看作与自然和谐相处的个体和整个社会生活的价值观整体。今天，这就体现在解决与国家粮食保障、改善环境状况等相关问题上。为了应对环境危机的挑战，中国不仅采取了保护自然的措施，更新快速工业化进程中制造的生产设备，实施清洁和可再生能源开发的国家方案，减少温室气体排放，而且开启了基于维护世界秩序、和谐和公正思想的生态思维理念。

哲学研究所为座谈会准备了一揽子建议，为白俄罗斯共和国研究、整理和掌握中国社会经济和精神领域经验建立了牢固的科学基础，其中就包括在哲学研究所基础上组建专门的中白文化对话研究与发展分所。该分所将重点关注中国精神传统和世界观价值观的哲学与方法论思考、中国国家文明经验及其在东欧国家社会经济和文化发展中的地位和意义。白俄罗斯国家科学院哲学研究所的另一个倡议涉及农业生态旅游综合体"中国庄园"理念的研发，以及这一理念的专家分析保障和方法支撑。该项目的目标是弘扬中国传统价值观、健康哲学和健康的生活方式，展示和研究中国物质文化典范和土地利用生态学方法，促进区域农业生态发展。在我们与中国外交人员交流的过程中，诞生了一个反向思维——在中国境内建立同样的"白俄罗斯庄园"。

2011年6月23日至24日，在中国驻白俄罗斯大使馆的支持和新闻参赞王宪举的组织协助下，我们在白俄罗斯国家科学院哲学研究所举办了"辛亥革命与现代文明展望"国际学术

2009年9月，中国驻白俄罗斯大使鲁桂成在白国家科学院哲学研究所举行的座谈会上发言。

研讨会。前一次座谈会上所触及的问题和观点，在本次会议上得以发展和延伸。我要特别强调的是，王宪举先生以高度的专业素质，不仅对白俄罗斯国家科学院与中国驻白俄罗斯大使馆的科学和文化关系发展作出了重大贡献，而且整体上为白中两国人民之间的友谊打下了坚实的基础。

"辛亥革命与现代文明展望"国际学术研讨会的任务，是在文明发展战略的背景下勾画如何协调白中社会文化传统与现代化条件研究的今天及未来的发展道路。选择这个主题并不是偶然的。对白中历史、社会经济和文化的评价，对正确理解建立多极世界的性质和方式、一个国家在世界体系中的作用以及发展白中两国之间的科技和人文关系至关重要。

中国学者和社会活动家代表团为完成这一任务给予了莫大帮助。在为期两天的论坛上，中国国务院发展研究中心欧亚社会发展研究所所长李凤林、中共中央对外联络部高级研究员俞邃、欧亚研究所高级研究员盛世良作了报告或讲座。他们都是

2011年6月，白俄罗斯国立科学院哲学研究所举行纪念辛亥革命100周年研讨会。

博学多才的国内和全球发展问题研究专家。

白俄罗斯国立大学国际关系系主任 V·G·沙杜尔斯基、总统办公厅信息分析中心副主任 L·E·克里什塔波维奇、《白俄罗斯思想库》杂志主编 V·F·吉金、经济研究所所长 A·E·达伊涅科、哲学研究所资深研究员 I·Y·列维亚什在会议上所作的报告中都阐释了白方的立场。这些报告对辛亥革命后成立的中华民国和后来的中华人民共和国的国家建设经验、成功的社会经济改革、白俄罗斯与中国合作的发展都进行了高质量的分析。

会议讨论的核心是中华文明的广泛的哲学和文化学观点及其在新的世界图景形成中的作用。这个角度是时任白俄罗斯国家科学院副院长 V·G·古萨科夫和中国驻白俄罗斯大使鲁桂成的致词中提到的。古萨科夫院士指出，全世界的人文学者——历史学家、社会学家、经济学家和哲学家——都在从中国人民精神的独特特征和中国政治与社会结构的特点中寻找中国文明领先的根本。中国经验的价值在于千年文化遗产，对这些宝贵遗产的研究在白俄罗斯土地上刚刚起步。白俄罗斯国家科学院人文学科研究所准备积极参与这项工作。鲁桂成大使在发言时强调，面向辛亥革命这一历史事件和辛亥革命思想领袖的继承者——人文主义者与爱国者，我们透过历史的棱镜来评价现实。某种程度上，我们正在继承和发扬辛亥革命精神，思考其对现代文明命运的深刻历史意义和影响。

2009—2011 年的活动中发起的对话与合作，在随后的几年里得以发展。例如，中国哲学学者参加了白俄罗斯国家科学院哲学研究所组织的"现代全球化背景下的国家哲学"（2010 年 12 月）、"白俄罗斯哲学和世界精神文明的前景"（2011 年 4 月）国际学术会议。

2013 年 9 月，白俄罗斯国家科学院哲学研究所接待了以北京师范大学俄罗斯研究中心主任刘娟博士为首的中国学者代表团。为此，举办了主题为"白俄罗斯国家科学院人文科学与艺术科研机构发展及白中科技合作的前景"的研讨会，并邀请了科学院各人文科学研究所所长参加。这次会议首次提出与中国大学和科研中心合作的一揽子建议，其中包括先前宣布并已经收到方法论研究的合作建议，也包括其他一系列建议。例如，在中国社会科学院和白俄罗斯国家科学院开办经常性展览，展出白俄罗斯和中国的历史考古和文化民族志展品，准备联合出版《白俄罗斯—中国：人文合作》和《白俄罗斯—中国：社会经济和文化合作》，并将共同举办以下主题的科研实践会议："中国精神文化和世界发展的价值基础""孔子遗产与现代社会事件""欧亚空间文明基础体系中的白俄罗斯文化""侨民历史：中国的白俄罗斯人和白俄罗斯侨民、白俄罗斯的中国人""中国人眼中的白俄罗斯与白俄罗斯人眼中的中国"。此外，还有未来的出版项目：俄文版《中国现代哲学和政治思想集锦》、中文版《白俄罗斯现代哲学和政治思想集锦》、《实用俄白白俄翻译词典》、《20 世纪 20—50 年代军事史中的白俄罗斯和中国》、《中国—白俄罗斯政治、经济、科学和文化关系史》等。

这些提议受到极大的关注。白中两国与会者都表示相信，其中许多提议会在更高层面得到研究和落实——这不仅体现在个别科教组织的合作制度中，而且要体现在两国科研政策机构活动的协调和规模上。正因为如此，那些具有足够依据的一揽子建议在白俄罗斯国家科学院人文科学与艺术代表团 2015 年 8—9 月访问北京并参加首届中白学术论坛时被提出来进行研究，并于 2017 年 6 月在明斯克举行的第二届白中学术论坛

框架内的会议和谈判中再次被提出和研讨。许多审查项目都成为白俄罗斯国家科学院与中方于 2015 年 11 月通过的合作路线图的一部分，处于不同阶段的实施过程中。

在北京举办的首届中白学术论坛的一个重要成果，是就白俄罗斯国家科学院和中国社会科学院在组织实施关于社科人文领域最迫切方向的联合科研项目上达成协议。在 2016—2018 年度进行的六个项目中，哲学科研著作《社会现代化理论与实践背景下的现代马克思主义哲学》占有特殊地位。该项目的目的是证实一个概念，该概念揭示了现代马克思主义哲学及其流派（中国、俄罗斯—白俄罗斯、欧洲）在社会现代化战略规划中构筑知识社会任务和挑战背景下的方法论潜力。该项目力图在科研著作的框架内，解决揭示马克思主义哲学发展方向和内容以及在社会经济及技术转型条件下、在社会现代化标志下各国马克思主义流派的形成和融合等任务；在研究欧洲及中国现代马克思主义哲学的基础上，澄清和分析人力资本管理

2017年6月，中国岭南师范学院代表团参加白俄罗斯国立科学院哲学研究所圆桌会议。

及社会技术领域人文化的优势；在符合可持续发展标准的信息和技术革命条件下，确定组织劳动、所有制、社会关系和管理的最佳模式；分析中国在马克思主义社会人文与经济理论基础上实行现代化政策的经验。白俄罗斯参与此项目的重要任务是研究中国现代化的价值原则——实事求是、解放思想、与时俱进，以及分析将马克思主义在社会现代化实践中的方法论与现行哲学伦理学说（儒家思想、结构主义、存在主义、诠释学、人文精神分析等）的人文原则相结合的可能性。

参与这个项目的白俄罗斯哲学学者和年轻专家有：A·A·拉扎列维奇、V·A·别洛克雷洛娃、V·S·梅亚科奇洛。该项目的中国执行人包括中国社会科学院哲学研究所副所长崔唯航和周丹博士、杨洪源博士、祖春明博士。根据工作成果总结，该项目计划在现代条件下给出切实可行的将马克思主义哲学方法论应用于社会经济管理、区域和大陆一体化空间设计（如中国的"一带一路"倡议）以及思想教育工作的实际建议。

前两届中白学术论坛为发展白俄罗斯国家科学院哲学研究所与中国各省科教机构的哲学系所之间的关系注入了新的动力。

第一个例子就是与河南省重点高校河南大学的合作。河南大学在全球范围内具有广泛的科学和学术影响。这次合作的起点是河南大学教授杨志对白俄罗斯的访问。在与这位中国学者的谈话中，双方达成了一系列合作意向，包括在河南大学与白俄罗斯国家科学院的合作、联合研究"一带一路"倡议落实等领域的建议。这些建议得到河南大学校长娄源功教授的充分理解，他曾多次访问白俄罗斯共和国，熟悉白俄罗斯人文学科的潜力。

在双方的倡议下，2016 年初，白俄罗斯国家科学院与河南大学一起向中国孔子学院总部 / 国家汉办递交了在白俄罗斯国家科学院哲学研究所开办孔子课堂的申请。目前，这个方案正在审核之中。如果所有组织和法律问题解决顺利的话，这个孔子课堂将成为世界上第一个在科学院的赞助下开办的孔子课堂。这就会形成将研究和推广中国哲学、精神文化和文化财富作为现代世界哲学文化发展的多样性和完整性因素的新格局。

2017 年 3 月，白俄罗斯国家科学院在扩大与中国高校的合作中向前迈了一大步。在以刘明贵教授为首的岭南师范学院代表团访问白俄罗斯期间，白俄罗斯国家科学院院长古萨科夫与之就创办"中白哲学研究中心"、加强学术交流、联合培养研究生等事宜进行了友好交流。兼任广东省哲学学会副会长的刘明贵教授接受了创办"中白哲学研究中心"的建议，双方同意尽快制定并签署白俄罗斯国家科学院与岭南师范学院之间的合作协议，开设联合科研、开发、实习和培训中心。

这个任务已经于 2017 年 6 月由兰艳泽副院长率岭南师范学院代表团访问明斯克时完成。访问期间，代表团的主要关注点是了解白俄罗斯哲学流派的成就和潜力，制定岭南师范学院与白俄罗斯国家科学院哲学研究所之间的合作机制。在白俄罗斯教育部长伊戈尔·卡尔边科和中国教育部长陈宝生的见证下，双方签署了共同成立"中白哲学文化研究中心"的合作协议。在白俄罗斯国家科学院哲学研究所举行的圆桌会议上，双方讨论了新机构的发展方向。会议决定，中心不仅组织科学研究，还将在白俄罗斯国家科学院为中国提供高素质科研人才的培养，白俄罗斯青年研究人员也将到中国进修。该中心于2017 年 9 月 27 日在岭南师范学院正式揭牌。

　　另一个合作方向是为中方培养研究生。目前，双方已经签署了研究生培养协议，白俄罗斯国家科学院哲学研究所将按照

2017 年 10 月 19 日，由中国岭南师范学院与白俄罗斯科学院共同成立的中白哲学文化研究中心揭牌仪式在白国家科学院哲学研究所举行。

研究生教学大纲为中方培养 2017—2020 年度研究生。双方还将研究解决关于白俄罗斯年轻哲学研究人员在中国大学，特别是在岭南师范学院学习和进修的问题。未来，将实施两年制研究生班共同培养计划。根据该计划，白俄罗斯和中国大学的本科毕业生将先后在两个国家完成硕士学业，通过考试可取得白俄罗斯和中国的双文凭。

依据白中在哲学、科学和文化领域的合作理念，白俄罗斯国家科学院哲学研究所的科研人员参与了国际丝绸之路科学院发展理念的研究。国际丝绸之路科学院于 2017 年 9 月 24 日在北京正式成立，是高层次的国际性非政府、非盈利学术机构，是欧亚地区科技界、经济界和社会活动家等合作交流的重要平台，是推动"一带一路"建设的国际高端咨询中心和新型高端智库。

综上所述，我们注意到，白俄罗斯共和国在社会和经济生活中采取创新转型的原则，高度重视中国发展的经验。白俄罗斯和中国对现今世界存在的问题和全球发展问题观点相似，具有共同的外交政策方针、目标及价值观念，致力于在国际舞台上尊重主权完整和各民族平等、经济进程中国家的特殊作用以及实业界高度的社会责任。两国的科学和人文合作，首先是构成社会精神体系核心的发展问题——哲学知识及其理论和世界观基础以及由它所决定的创新社会文化实践的相互作用，可以为我们的国家和人民创造更美好的未来。

见证中白军事安全合作关系砥砺前行

殷卫国

（中国国际战略学会特邀研究员，曾任驻俄罗斯陆、海、空军副武官，驻土库曼斯坦武官，驻白俄罗斯陆、空军武官）

自 2004 年 11 月至 2008 年 10 月，我曾任中华人民共和国驻白俄罗斯共和国大使馆陆、空军武官，主要从事中白两国间的军事外交工作。

中国与白俄罗斯两国关系包括政治、经济、外交、军事、科技、文化、教育、人文等诸多方面。中白两国的军事安全关系，简言之就是两国在军事、安全领域内的交往与合作关系。军事安全关系是军事外交的主要内容，也是两国关系的重要组成部分，是构成中白全面战略合作关系的重要支撑。中白两国军事安全合作关系的发展，既以两国高度政治互信为基础，又是双边政治互信关系高水平发展和紧密程度的重要标志。中白军事安全合作的发展程度，是两国关系不同于其他一般友好国家双边关系的显著特点，在两国关系中居于特殊的重要地位。

中白两国军事安全合作的主要内容是以两国武装力量、警务、安全、军事技术、军贸等双向交流与合作的方式进行，涉及两国国防、公安、内务、安全等诸多强力部门以及军事工业主管部门和大型军工、军贸集团。因此，中白军事安全合作关系既是军事外交关系的职责所在，也是其工作目标和主要任务。

我在白俄罗斯共和国工作期间，白的国际安全环境异常复杂恶劣。美国等西方国家在独联体的格鲁吉亚、吉尔吉斯斯坦和乌克兰等国连续策动了一系列"颜色革命"，致使上述国家的政权相继发生更迭，所谓的西方"民主"价值观和"民主"运动在这些国家取得成功。北约、欧盟弹冠相庆，将"东扩"的下一个进攻目标直指白俄罗斯共和国，目的就是要推翻卢卡申科总统、颠覆白俄罗斯政权，改变白的国家体制。

由于卢卡申科总统执政以来坚持走符合白国情的发展道路，推行"以民为本"渐进式的社会改革，拒绝全盘西化，奉行独立自主和与俄罗斯结盟的外交政策，不听美国的指挥，不对西方国家唯命是从，所以美国等西方国家一直把卢卡申科总统和白俄罗斯政权视为眼中钉、肉中刺，必欲除之。2004年10月17日，白俄罗斯国内就卢卡申科总统能否参加下届总统大选和是否修改国家宪法"关于总统任职年限问题"举行全民公决，并获得近80%的选民支持。白的全民公决刚一结束，美国政府就恶毒攻击白政府是"独裁政权"，称白为"暴政前哨国"。布什总统随即签署了《白俄罗斯2004年民主法案》，

2005年5月，白俄罗斯军事工业委员会国际合作局局长雅茨克维奇陪同中国人民解放军总装备部国际合作部部长张驰少将（中）参观军工企业。左1为殷卫国武官。

由美国政府拨款 1200 万美元，用于支持白反对派和非政府组织，为推翻白政权进行前期准备。2005 年 5 月，布什到访拉脱维亚，又在里加公开指责卢卡申科总统是"欧洲最后一个真正的集权独裁者"，甚至叫嚣"现在是到了解决白俄罗斯变革的时候了"。欧盟反白势力与美国沆瀣一气，联手对白实施多方面更为严厉的制裁，禁止白总统卢卡申科和一些政府要员入境美及欧盟国家，并冻结其在上述国家的财产等。据西方驻白俄罗斯的某些武官称，卢卡申科总统出访乘坐的专机也要绕开欧盟国家领空。至于美欧支持的白反对派，他们在首都明斯克和白俄罗斯与波兰交界的边境城镇搞的"街头政治""示威集会游行"始终都没有消停过。虽然这些"抗议"活动得不到大多数人民的支持，每次都以失败告终，但美欧反白势力仍乐此不疲，一意孤行。

这期间，另一个引人注目的情况是，中白关系在持续、健康、稳定发展的基础上，迈上新的重要台阶。中白两国自 1992 年 1 月 20 日建交起，便开启了"友好合作关系"，

2005 年 8 月，白俄罗斯国防部长马尔采夫上将（左 1）、国防工业委员会主席阿扎玛托夫院士、国家安全会议副国务秘书沙廖夫少将出席中国使馆"八一"建军节招待会。左 3 为时任中国驻白俄罗斯大使于振起。

2005 年 8 月，白俄罗斯内卫部队副司令罗日尼奥夫（右 4）陪同中国武警代表团参观内卫部队特种勤务旅。

2001 年两国又确立了"长期稳定、高度信任、相互协作的全面友好合作关系"。2005 年 12 月，卢卡申科总统对我国进行了其执政后的第四次正式访问。期间，胡锦涛主席和卢卡申科总统共同宣布"中白关系进入全面发展和战略合作的新阶段"。正如两国领导人所达成的共识，在国际形势复杂深刻变化的背景下，中白更需要深度沟通、广泛交流、密切协作，推动两国关系在更高水平上持续发展，开创中白共同繁荣的美好未来。

正是在这样的历史背景下，中白两国各个领域的务实合作开始向新的广度、深度拓展，并快速向前发展。与此同时，军事外交工作必须紧密配合国家总体外交需要，为巩固和发展中白长期合作服务。在中白两国相关部门的共同努力下，两国军事安全合作关系有了更大的发展，有些是具有开创性意义的工作。我作为一名中白军事安全合作不断前行的见证者、参与者和实践者而深感荣幸。

中白两军友好合作关系日益深化、全面发展

中白两军关系是随着两国外交关系的建立、两国高度互信的政治关系不断巩固发展而发展的。中白两国最高领导人高度重视两军关系，亲自培育和推动两国军事友好合作关系不断深化和全面发展。中白两军关系所发挥出的正能量以及释放出的战略效应，对地区国际关系和安全环境都产生了积极影响。

中白两军关系一直保持着健康、良好、高水平的发展势头。两军高层领导互访频繁，密切接触。我在白俄罗斯工作的四年间，白俄罗斯国防部长马尔采夫上将曾三次访问我国，武装力量总参谋长古鲁廖夫中将 2006 年 4 月也应邀访华。我中央军委副主席曹刚川上将、中央军委委员兼总装备部部长陈炳德上将、国务委员兼国防部长梁光烈上将在此期间也分别率团对白进行正式访问。此外，兰州军区司令员李乾元上将、北京军区政委符廷贵上将、国防大学校长王喜斌上将等军队高级将领都

2006 年 8 月，白俄罗斯内务部长瑙莫夫中将（右 2）会见中国公安部代表团。

146

先后到访过白俄罗斯。

中白两军交往的领域不断扩大，既包括陆军、空军、防空军各军种，也包括炮兵、装甲兵、电子对抗、通信、防化、特种作战等各兵种，此外还有后勤、卫生、医疗、思想政治教育及军事院校等专业部门。两军交往合作的内容也是丰富多彩，既有高层战略磋商、军队管理经验交流、军事情报信息交换，也有战斗部队联演联训、互派军事留学生、举办军事研讨和培训，以及军技、军援、军贸合作。可以说，这期间中白军事关系的互访、交流、合作真正达到了"全方位""多层次""宽领域""高水平"的新阶段。

值得一提的是，根据当时两国所处的战略安全环境，以及两军所面临的战备任务，中白两军建立了特殊的军事情报信息合作关系，开拓了两军合作的新渠道。2005 年 12 月，我总参情报部长黄柏富将军应白俄罗斯武装力量副总参谋长兼情报总局局长阿尼西莫夫的邀请率团访白，受到白军方高层的热烈欢迎和接待。白武装力量总参谋长、国防部长和国家安全会议国务秘书分别会见了黄部长。两军军情部门领导人举行了会谈，就国际安全形势、地区重大"热点"问题、两军专业部门合作等议题深入交换看法，达成了广泛共识，访问取得了重要成果。

2007 年 6 月，白武装力量副总参谋长兼情报总局局长克拉舍夫斯基少将对我进行了回访，两部门的合作有效展开。2008 年 8 月北京奥运会开幕之前，白军情报部门为配合我奥运会安保工作，向我提供了有益的帮助。

2006 年初，阿尼西莫夫将军调任白国防部部务委员会秘书、国防部长助理，主管军事政策和国际军事合作事务。由于工作关系和此前的共同经历，我与阿尼西莫夫将军接触较

2006年8月，中国公安部代表团参观白俄罗斯内务部荣誉博物馆。

多。他从主管业务角度多次与我谈到，白中两军友好合作关系应根据两国国防建设和军队发展的迫切需求，顺应世界军事变革的潮流，进一步加强两军专业技术的对口交流合作。2006年4月，我国防科技大学校长、中国工程院院士温熙森中将率团对白俄罗斯军事学院及若干国立大学军事系进行考察和学术交流。阿尼西莫夫将军在与温校长会面时，特别支持温校长关于加强两军高等军事院校以及白高校军事系对口专业技术交流合作的建议，并允诺迅速上报国防部等上级主管部门。此访后不久，我国防科技大学与白俄罗斯军事学院、白国立信息工程大学等五所地方大学的军事系及白科学院的多种军事技术科研合作迅速展开。此后，白国防部副部长梅列佐夫将军、军事学院院长米苏拉金将军和我国防科技大学政委徐一天中将等领导人在双边互访中继续推动校际合作深入发展。中白双方的一些合作项目至今已有十年，目前仍在继续。

积极推动中白两国内务、安全、警务部门之间的交流合作

2005 年 3 月底，白首都明斯克发生了由美欧支持的白反对派"倒卢"运动，这实际上是一场未遂的"颜色革命"。事件平息后，白内务部国际合作局局长卡特佐夫上校应约向我详细介绍了"十月广场事件"的来龙去脉及白方对这场所谓民主运动的性质、影响等问题的看法。在此次会见中，卡特佐夫上校直率地向我谈到，2001 年 4 月卢卡申科总统访华时，中白双方共同签署了关于加强中国公安部与白俄罗斯内务部合作的协议，现已过去了四年，双方尚未展开后续的实质性工作。白方目前所处的国际安全形势异常复杂，面临着西方强大的政治压力。白方希望能正式启动两部门的合作进程，向外界展示白中特殊的政治关系，白中之间的内务安全合作也将使双方获益。我随即将有关情况上报，很快便得到国内相关单位积极回应。

2005 年 8 月，我公安部国际合作局副局长薛东征率团来白访问，洽商双边合作具体事宜。白方对我公安部代表团给予高规格礼遇，白内务部长瑙莫夫中将和三位副部长及内卫部队司令、副司令逐一分别与我代表团举行了会谈，从多个方面向我公安部代表团详细介绍了白内务部的职责、任务、机构设置等情况，并邀请代表团参观了白警务工作人员业务培训基地、处置突发事件的战备执勤旅、"阿尔玛斯"特种反恐分队等，还专门组织了实地观摩鲍里索夫市银行遭遇盗抢，警务分队处置突发事件的战术演习。中白双方就两部门加强交流与合作的意向达成广泛共识。薛副局长还代表我公安部正式邀请瑙莫夫部长在其方便的时候率团访华。

2006 年 4 月 18 日至 21 日，白内务部长瑙莫夫中将首次

率团对我国进行了访问。中白双方举行了重要会谈并就合作事项深入交换了意见，访问取得重要成果。事后，卡特佐夫上校与我谈起他陪同瑙莫夫部长访华的观感时特别谈到，瑙莫夫部长是第一次、也是第一位到访中国的内务部长，他真切地感受到白中两国之间的深厚友谊。中方领导人在会见瑙莫夫部长时说："我们知道欧盟不久前对白追加所谓'制裁'，把你和一些政府部门领导人列入制裁名单，禁止你入境欧盟各国，这是一种讹诈。中国的大门始终向白俄罗斯的朋友们敞开着，你什么时候来，我们都欢迎。"瑙莫夫部长听后非常感动，表示中国的态度是对白政治上巨大的支持和帮助。患难时刻见真情，中国是白最真挚的朋友。白方将会竭尽全力，推动两国内务安全部门全方位合作。

此后，中白两国公安内务部门的交往迅速展开。2006 年 6 月，我公安部部长助理、办公厅主任孙永波率团访白。孙部

长助理谈到参访观感时特别指出：白俄罗斯处于北约"东扩"的前沿，面对美西方的强大挤压、渗透、颠覆，不仅没有屈服，而且还能够长时间保持政局稳定和良好的社会秩序，人民安居乐业，是很不容易的。

在中白双方的协作努力下，两国首都公安警务部门也建立了交流合作关系。2007年7月，北京市公安局副局长高煜率团到访白首都明斯克市。9月，明斯克内务总局局长阿纳托利·库利绍夫少将（后任内务部长）率团访问北京，开启了中白两国安全合作的新模式。北京市公安局代表团来访考察时，恰逢白俄罗斯"独立日"（国庆节），库利绍夫将军及他的三名副手分别陪同代表团视察了解了首都明斯克警务部门在重大节日期间针对阅兵、向无名烈士纪念碑献花、节日群众游行以及联欢焰火晚会等各种大型群众集会活动中方方面面的安全保卫工作。据悉，白国庆当天，参加首都各大活动的群众都在30万人以上。明斯克内务总局的领导正是在陪同代表团参访过程中，通过现场实况详细介绍了白俄罗斯各类警务人员的工作职责、性质、任务、特点、安保工作组织计划程序、突发事件处置预案，从国家领导人站立的主席台到普通居民楼的勤务点，从待命的特种警察分队到现场交警治安警的分派等等，任务之重、事务之多、工作之细、标准之高，构成了一套完整的安全保卫体系。

2007年7月，明斯克市内务总局局长库利科夫少将（左4）陪同北京市公安局代表团参观明斯克特勤警察支队。

启动中白两国内卫勤务部队的交流与合作

2005年5月，白内务部卡特佐夫局长向我征询，内务部将于8月初在洛戈伊斯克（小城镇）举行独联体内卫部队特

种作战分队军事战术技能比赛，他受瑙莫夫部长委托，邀请中方武警部队派团参加，共同切磋内卫部队在维护社会秩序、打击恐怖主义和各类刑事犯罪方面的战斗技能。随后，我国派出武警司令部训练部副部长宋秀强一行六人，以观察员身份观摩比赛。

竞赛期间，卡特佐夫局长陪同瑙莫夫部长两次会见我代表团，就双方内卫部队战备训练的有关问题进行了交流。由于瑙莫夫部长也是内卫部队指挥官出身，并担任过白俄罗斯"阿尔玛斯"特种反恐分队第一任队长，所以双方交谈的话题和内容十分广泛。瑙莫夫将军还专门指示，让内务部副部长兼内卫部队司令盖杜克维奇将军邀请我武警代表团参观驻守明斯克市郊、担任首都内卫勤务任务的第三特种勤务旅。

参访过程中，白内卫部队主管作战训练的副司令罗日尼

2007 年 8 月，白俄罗斯国防部长马尔采夫上将（左 1）、国防工业委员会主席阿扎玛托夫院士、国家安全会议副国务秘书沙廖夫少将出席中国使馆"八一"建军节招待会。右 2 为时任中国驻白俄罗斯大使吴虹滨。

奥夫上校陪同我代表团观看了该旅的日常军事训练、武器装备、通联手段、分队部署、协同动作、指挥体系。在与罗日尼奥夫副司令及该旅指挥官的座谈中，宋副部长坦言，中白内卫勤务部队有很多共同之处，通过此次观摩比较，白方战备训练、战斗动作、作战协同以及包括战斗动员、爱国主义思想教育等各方面都有不少值得我们学习的内容，希望两国内卫部队能经常开展交流合作。代表团中的武警特警学院训练部副部长康恩君上校还跟我谈到，中白内卫勤务部队战备训练各有所长，白方实战训练的动作更简洁，一些作战手段和替代用品也很实用，双方作战分队拉到一起，通过训练，所长所短一目了然。

2007年10月和12月，我武警总部副政委刘世民中将和白俄罗斯内卫部队司令盖杜克维奇少将分别率团实现了两部门领导人首次互访和会谈，两国内卫勤务部队安全合作正式开始。

积极配合中白两国军技军贸合作关系不断拓展深化

中白两国军事技术合作起始于上世纪90年代中期，这是两国最高领导人根据两国的实际情况和长远战略利益需要作出的重要决策，分别由中国人民解放军总装备部和白俄罗斯国家军事工业委员会负责双方军技合作的各项工作。

多年来，中白两国军技合作取得了许多重要成果，白军工委员会所属100多家军工企业、研究院所和军技装备公司与我各大军工集团及军贸公司都建立了紧密的合作关系，双方的合作项目已有数百个之多，涉及航天、航空、电子信息、空军装备、火箭导弹、运输、火控、动力、后勤等多方面军事装备领域。由两国军技合作不断拓展深化而带来的双边军工企业、研究所、校际交流、专家技术人员往来等各层级、各种形式的合作也越来越多，为两国带来实实在在的好处。两国之间的军技合作关系至今仍在继续。

　　客观上说，中白两国的军技合作与中俄、中乌（克兰）之间的军技合作相比，不论是项目数量、内容成分还是涉及的规模领域，既少得多也小得多。但中白军事技术合作又恰恰不能用上述"数量"指标作为衡量的条件。中白军技合作作为两国军事安全合作关系的重要方面，其折射出的政治意义以及国际影响绝非能用金钱数量加以说明，也绝非很多国家可以比拟的。正如中国前驻白俄罗斯大使于振起所言，白俄罗斯是中国的好朋友、好伙伴，两国之间的友谊是经历国际风云变幻严峻考验铸就的。多年来，白俄罗斯一直处于美西方的打压、威胁之下，不管美西方如何诋毁卢卡申科总统和白政府，如何攻击污蔑白的社会制度和发展道路，就冲白俄罗斯政府和领导人坚

2008 年 7 月，白俄罗斯紧急情况部长巴利耶夫少将（右 1）参观中国汶川抗震图片展。

决捍卫国家的主权、尊严，坚决反对和抵制美西方的"颜色革命"，坚持走白俄罗斯人民自主选择的社会发展道路，我们就要支持白俄罗斯。

说到中白军技合作关系，从工作的层面，我不会忘记两位恪尽职守、废寝忘食、为中白军技合作不断发展付出辛勤劳动的白俄罗斯朋友——白俄罗斯军事工业委员会军事技术合作局局长亚历山大·弗拉基米洛维奇·雅茨科维奇和副局长亚历山大·尼古拉耶维奇·希拉博科夫。我在白俄罗斯工作的四年间，我们一起共同完成了近百次的具体工作协作。他们虽说是局长、副局长，可手下能调动的在编和临时借调人员也就五六个人。根据白军工委的工作规则，中白双方所有互访交流合作的正式团组，都必须经军事技术合作局上报下达、审批、沟通联系，大多数情况下他俩都必须亲力亲为，大到接待我中央军委首长、省市长及军工集团领导人来访，安排会见会谈，组织参观考察，准备各类材料，撰写起草报告、纪要、协议等文件；小到报批我各研究所人员来访、联系协商合作单位，甚至连租车、安排陪同人员、食宿及迎来送往都要想到做到。此外，他们还要负责组织安排白俄罗斯与其他国家的军技、军贸合作事宜，工作量之大、任务之多、责任之重可想而知。但是，就是这两位局长，在涉及中白军技合作的所有大事小情上从未出现过丁点差错。说起来，他们都是在军队干到服役最高年限后转到军工委工作的，也都是 50 多岁的人。他们的职业操守、工作作风以及对中白军技合作认真负责的态度，真的令我和我的同事们肃然起敬。

2016 年 9 月，卢卡申科总统第八次访华。习近平主席与卢卡申科总统举行会谈时指出，中白是肝胆相照的好朋友和真诚互助的好伙伴，当前两国交流合作的紧密程度超过历史任何时期，双边关系发展正在迈向更高层次。习主席强调，中白要加大相互支持力度，筑牢政治互信基石。习主席还特别指出，双方要加强安全合作，维护共同安全利益。卢卡申科总统也表示，中国是白俄罗斯亲密、可信赖的朋友，作为全面战略伙伴，双方有着广泛的共同利益和合作领域。卢卡申科总统还强调，白方愿加强两国金融、人文、执法、安全、地方等领域合作。中白两国元首决定，建立相互信任、合作共赢的中白全面战略伙伴关系，发展双方全天候友谊，携手打造利益共同体和命运共同体。

少林寺方丈的礼物

阿利娜·塔杰夫舍夫娜·格里什克维奇

（白俄罗斯国家通讯社白俄罗斯共和国总统报道组评论员，白俄罗斯—中国友好协会副主席，白俄罗斯妇女联合会理事）

石晓燕 译

中国是一个令人惊讶、让人赞叹的神奇国度。中国古老的传统文化与现代文明的交融给人留下惊人的印象。2001 年、2007 年、2011 年，我三次来到中国，每次都能感受到这惊人之美。

第一次到中国算是开启之旅。第二次踏上中国领土已时隔五年，我似乎到了另一个国家，北京和上海变得难以辨认，也许是因为我对中国的认识和理解更加深刻与清晰了吧。第三次来北京是为了参加白俄罗斯—中国经贸合作委员会会议，这次会议确定了两国双边关系新的发展方向。

下面就说说中国给我留下的最深刻印象。

上海巨龙

上海是新中国的象征之一，它是一座现代化的国际大都市，是国际金融和运输中心。与历史悠久的北京不同，这里到处都透射着最现代的潮流。

我所前往的上海浦东新区让人惊叹不已。浦东新区政府的官员在政府高楼内接待了我们。我们在极具现代风格的漂亮大厅内饮茶。从浦东的发展指标以及房间内部的装饰，处处能感受到它的宏伟和壮大。

　　政府官员向我们介绍说，浦东新区的建设历史充分反映出中国发展的历程。上世纪70年代末，中国开创了新的发展纪元，国家政策的基础是实行改革开放。80年代起，中国经历了几个重要时期——创立经济特区、开放沿海城市和内陆地区。从1988年起，中国对世界的开放度已经延伸到长江沿岸城市和内陆省份。90年代，这类地区成为深化改革的基础。

　　浦东新区创立于1990年。当时，中国政府决定在上海创建浦东新区以吸引外资，同时，还开放了一些长江沿岸的城市，而浦东则成为发展"龙头"。

　　中央和地方政府仅仅用了六年时间，就在黄浦江东岸的村庄和荒地上建立了浦东新区。很快，浦东就成为中国对外资最具吸引力的地区之一。

20多年来，浦东已成为中国改革开放的象征。在这个地区，有着最贵的住宅和最高的生活水平。

浦东新区设立了几个功能区域，例如张江高科技园区、外高桥自由贸易区、陆家嘴金融贸易区。

张江高科技园区包括技术创新区、生物医药产业区、集成电路和软件产业区。推广工业高科技是中国发展经济的首要任务之一。外高桥自由贸易区是中国第一个大型自由贸易区。这里有出口和转口商品加工企业，实行进出口免税，无须进出口许可证。这里建有外贸企业，能使用外汇。

位于浦东中心的陆家嘴金融贸易区是个现代化的金融中心，这里设有中国和外资银行分支机构、证券交易所、金融保险公司、政府管理机构。

陆家嘴是新中国历史上首个由外国专家参与建设的城区。据说，规划陆家嘴时，借鉴了巴黎、伦敦、纽约的城市建设经验，建设时则使用了最现代化的建筑技术，采用被认为是世界最好的建筑方案。1992年建设方案竞标时，不仅有中国，还有法国、意大利和日本的专家递交了未来城市模型。来自10个国家的专家组利用一年时间仔细地研究了城市建设方案，考虑到了所有细节，包括大厦外形和立交桥。

我不得不承认，正是由于各国代表以及中国中央和地方政府代表的共同努力，陆家嘴金融贸易区以及整个浦东新区才成为高效经济活动的典范。

很多上海游客都喜欢漫步在黄浦江畔。我非常喜欢这里展现出的城市新面貌。正中央是上海东方明珠电视塔，这是个与众不同的建筑，晴天从高塔上能尽览整个城市的美丽风光。从高处能清晰地看出，城区是分片规划的：商务区有摩天大厦、办公楼、贸易楼；休闲区有公园、音乐厅、体育馆；居住区的建筑风格则各式各样。

最好的药是食物

当然，到中国，不仅要了解中国的成就，还要了解她的传统，包括她的饮食。最好的药是食物，这种说法我在中国听了不止一次。中国人对待食物的这种独特态度让人惊讶，他们认为食物能带来健康、体力，让人精力充沛。在烹调中国饭菜时，不仅要美味，还要有益于健康。

我想说，早中晚餐已不仅是要填饱肚子，它更是一种神圣的仪式。在这里，午餐时间是不能省的，必须专时专用。这个时段，饭馆里的餐桌几乎总是满的。

在北京的第一顿晚饭就让我见识了中国朋友的热情好客。当菜的数量超过 20 道，而且一个比一个好吃的时候，你就会明白，中国饮食可谓中华文化特殊的篇章。

顺便说一下，在中国，多人聚会会选用带转盘的圆桌。饭菜可以从桌子的另一边转到自己跟前，这样就很容易够到菜。

绿茶是中国最流行的饮品。在饭店接待客人时，交谈间隙可少不了绿茶。人们在瓷壶或者直接在瓷杯里泡茶，喝时不加糖。通常，中国的宴请从喝茶开始，以喝茶结束。当客人到达时，主人总是用一杯新沏的茶水来接待。

在中国，饮茶不仅仅用于解渴和消遣，它还是一种非常重要的古老传统。

在中国古代，由皇帝主持的一系列宫廷庆典中，与食物直接相关的仪式是最重要的。一切都有严格规定：上菜的顺序、餐桌的摆放、侍者的衣装、随菜而起的音乐。

中国厨师喜欢说："没有做不好的菜，只有做不好菜的厨师。"也许，这就是中国饮食奥秘之所在。

厨师们都有一些他们绝对遵守的规则。北京饭店的一个厨师告诉了我一些厨艺秘诀。他说，所有食材必须仔细加工，三分之一的烹饪时间都用在加工食材上。

通常的加工方法有蒸、烤、煮，这可以保持食材自然的味道和颜色，避免有益物质的流失。因此，要使用大火和各种锅。为了保持食物的品质，每道菜的各类食材都要单独加工。每道菜只要烹饪几分钟，这样所有营养物质才能最大限度被保留住。

各种佐料、调味香料和调味汁的使用非常关键。中国饮食中要使用300多种各式调料。有一个黄金原则，就是保证色、香、味俱全。在挑选配料时，要注意它们之间须相容，这可是整个烹饪技艺的关键之所在。大约40种配料进行不同组合，就可以做出上千道菜。

独特的烹饪方法、大量的调味料、漂亮的菜品摆放和特殊的配料搭配——所有这些烹饪规则构成了中国饮食的独特性，使中国饮食极具吸引力。除了中国，没有任何一个国家拥有如此精湛的烹饪技艺。这是中国古老文化不可或缺的一部分，是中华民族的传统。

北京烤鸭代表了中国烹调技艺的巅峰，是每个中国人都喜欢的一道菜。我有幸在北京和上海品尝了这道菜。戴着白色手套的厨师当着客人的面片鸭肉。端上桌的是带硬皮的一片片鸭肉，配菜有黄瓜丝、葱丝和甜面酱，用透明的薄饼包裹起来吃。

中国人认为中国饮食是非常健康的。例如，蛤、鱼、虾类食物能补充人体所需的蛋白质和矿物质；豆类，首先是大豆蕴含丰富的植物蛋白，能促进大脑发育。看来，中国人取得如此巨大的成就，难道就是因为他们善于利用大自然的馈赠为健康谋利？当然，还要加上他们的勤劳和努力，以及对祖先传统和经验的尊崇。

中国饮食包括很多地方特色菜系，这些地方位于完全不同的气候带。气候条件对饮食传统、食材都有所影响，这就造成了饮食的差异。

让我惊讶的是，几乎每个省份都有着自己独创的饮食。

四川地区是中国物产丰富的地区之一。这里有很多晒干的、腌制的、熏制的食材和辣味食材。川菜善用蒜、茴香、香菜、八角。川菜是最辣的饮食，是我最喜欢的口味。菜品用火烧制，想要降火就喝上口绿茶。

北京菜或是北方菜传统上善用羊肉以及胡麻，常食用面条和馒头。在这里，人们通常喜欢往食物里添加浓郁的醋，做菜喜欢用糖醋汁。北京菜融合了普通菜肴与皇宫菜肴。

上海菜或东部菜的特色是各式各样的汤、海产品、鸭制品。上海独到的烹饪技艺是：使用大量酱油，并添加米酒。

顺便说一下，广州菜受到 1644 年明朝灭亡时从北京逃难至广州的御厨的影响。发达的渔业成就了广州菜。广州菜对食物的要求是：食材新鲜，调料要少。广州菜代表作有炒饭、鱼翅汤，以及用蛇肉和龟肉烹制的特色菜。

中国菜的食用顺序与我们完全不一样。汤在中间上或放在最后。主菜不是一道接着一道上，而是一起上。

正是这些地方差异造就了中国多样的饮食风味，以及中国的多样化。而关于食物的治疗效果，最具说服力的是我在北京藏医院听到的。这正是我接下来要说的。

健康的圣殿——藏医院

北京藏医院是北京的一家独特的医疗机构，是真正的健康圣殿。藏医院不仅在中国闻名，来这里就医以及取经的还有其他国家的人。

藏医院里的气味甚至都很特别：这里弥漫着煎制草、草根和其他植物草药的香气。

我们首先来到藏医院接待来宾的办公室。这是一间用中国人最喜爱的红色和金色装饰的大房间。墙上的大幅彩色画反映出健康、幸福和长寿的哲学。画上画着每个藏族家庭都有的承载幸福的金杯。其他很多画反映出藏医理论的元素，就像是学校里的识字课本。

藏医认为，生活方式、行为、精神、饮食、环境甚至房间装饰对人的健康和治疗都有重要意义。藏医术治疗过程缓慢，藏医大夫也是这么说的。我们见到了近十位藏医名医，他们都在北京藏医院工作。其中有藏医院院长黄福开教授，他还是中国西藏文化保护与发展协会理事、中国民族医药协会常务理事兼副秘书长、中央民族大学客座教授；仲格嘉副主任医师，他是北京藏医院科研教学处主任；关嘉活佛，他是藏医院的一位资深医师，也是青海塔尔院的著名喇嘛，身材微胖，只会说藏语。

另外，医院还聚集了来自中国各省的少数民族医学精英。他们每个人都握有自古传下来的独门秘方。传统与现代诊断、治疗方法的结合，创造了医学奇迹。

黄福开先生说，近十年来，藏医院已经医治了约 100 万名重症患者，其中 95% 都已治愈。

此类医院在中国独此一家，它在其他省份设有两家分院。

北京藏医院成立于1992年，考虑到其重要性，1998年国家又拨款扩建。

黄福开先生称，该院聚集了中国大部分少数民族的杰出医学人才，是以藏医为主、多民族医与中西医相结合的国家级民族医院。这里还是藏医的传承之地。除了医治和提供医疗救助外，专家还从事科研、教学工作。医院与5家科研院所开展联合研究，还是中央民族大学临床教学医院。

医院设有门诊楼、住院楼、研究部、药学部，共有23个特色科室，以及藏药浴康复中心、肿瘤学研究中心、体检中心。中心实验室配备了中美和欧洲最先进的设备。在这家医院，一些诊治还结合了藏医、中医和西医。

藏族人民从祖先那里继承了代代相传的知识，有口头相传的，也有书册相传的，这些书册甚至没有因为时间的久远而发黄。这些白色的书册是数世纪以来的珍宝，被视为古老藏医传统的永恒见证，现在被珍藏在医院里。而医院办公室墙上到处挂着的数个世纪前的简单图画，则无须文字就能理解。图画详细直观地反映出胎儿以及生命的产生和发育过程。

藏医认为，人体是反映宇宙各种变化和现象的微观世界。在生命活动过程中，人类对周围环境产生影响，而宇宙也会反作用于人体。当平衡被破坏时，人体就会生病。藏医把人体和病症分别比作土壤和种子：为了生长，种子需要肥沃的土壤。

藏医植根于藏民族。在经典医书《无畏的武器》（该医书属于藏医形成过程中的早期著作）著就之前，藏医在发展道路上已经前行了很久。这条发展之路已有2100年历史——从产生、成熟到最终成立传统藏医学校。《四部医典》中称，藏医在世界整个传统医学发展中起到了特殊作用。很多学者将藏医与传统中医、古印度医学和古阿拉伯医学并称为四大传统医学体系。

藏医生说，古老的医学著作中指出了三种诊断方法：问诊、望诊和触诊，至今还在沿用。问诊即首先要询问患者的病史、居住条件和饮食习惯。望诊即观察患者在医生面前的状态（姿态和行动方式），以及查看患者的舌头和尿。触诊就是通过触摸分析脉搏。

我观察过，医生用三根手指搭在桡动脉上为患者诊脉。这样做，是要研究患者身体上的 12 个穴位。医生的手指依次按压在这 12 个穴位上，时间逐次增加，并记录下脉搏情况。在描述脉搏时，会使用下面的概念，例如"沉脉""浮脉""迟脉""数脉""洪脉""细脉"，更复杂的概念则如"像在风中飘扬的旗""像滴落的水"或"像跳动的青蛙"等。

仲格嘉在向我们介绍医院科室时说，治疗时会使用从草、矿物、矿石中提取的药物。古藏医方包含近 1000 种著名的藏药。藏医体系拥有庞大的纯天然药物宝库。治疗时，还会使用到植物的根、果实、花。

有一部藏医书记载："世界万物都可用作药物。"可能包含 20—70 种成分的制剂，配制时要极其细致。除了植物药、动物药外，藏医还会用各种盐、矿物、宝石和金属入药。例如，"珍珠丸"的成分正如它的名字一样。有些制剂还会用到绿松石。

藏医常用的治疗方法有：针灸、火灸、药浴、药油擦涂。治疗包括外治疗法（按摩、针灸、药浴）和仪式法（念咒、各种冥思）。中国各地区的医生采用不同的治疗方法，但最重要也最普遍的治疗方法是草药疗法。

"头疼医脚"，这种说法在中国很流行，也揭示了中国医学的实质。重要的是作出正确的诊断，找出病因，然后再进行治疗。

北京藏医院院长黄福开称,每名藏医都有自己的治疗秘方。但是,所有中国医生都认为排在药物首位的是食物。正因为如此,中国饮食具有种类如此丰富的菜品。藏医认为,饮食均衡、生活方式健康是治疗的最初方法。如果这两种方法不起作用,再服用自然界原料如草、根、矿物制成的药物。

仲格嘉说,生活方式、思想文化以及气候条件对人的健康具有非常重大的意义。人与自然的和谐非常重要,干净的环境本身就会对人产生良好影响。另外,中国现在社会发展的总体方向是为子孙后代保护好环境,促进人与自然的和谐,因为很多疾病都是因为水、空气的污染引发的。正是城市环境的污染催生了各种疾病。

仲格嘉说:"人类生活在大自然中。健康、疾病和药物也存在于大自然中。"藏医认为,饮食均衡非常重要。吃得过饱有害健康,饮食有节是身体健康的保证。藏医将胃比作碗。当你用餐后,胃应该是四分之三被填满:一半是食物,四分之一是水,剩下四分之一应该是空的。这个黄金原则应该无条件遵守。

吃饭是为了健康,而不是为了解饿。食物能治愈很多疾病。

我们在医院接待贵宾的宴会厅吃午餐。好客的主人点了很多菜招待我们,一个接着一个不停地上菜。我开玩笑说,今天我们肯定要破坏饮食均衡了。但是,正如我已写到的,好客是中国的传统,应该让客人们尝到所有最好的。

藏医们向我们介绍了每道菜的益处。顺便说一下,这里的厨师很特别,都是藏族人,就像药剂师一样。他们熟悉所有食材和调料的特点,这些食材可是美味健康食物的基础。在这里,饭菜品质要经过特别的检查。因此,藏医院的病人(其中有很多外国人）通过食用美味有益的饭菜增进了健康。另外，藏医认为人依靠味觉直观地确定食物的好坏。

做虾时添加特殊的调味汁，再混合植物的根和一些种子，将非常有益于女性。添加大量青菜和香料的豆类食物，以及用梨做的美味有助于缓解咳嗽。我们经常用于泡茶的薄荷叶在这里浇上了调味汁后，就成了单独的一道菜。

藏族人也食用猪肉和牛肉，他们可以用调味汁和调料做出很多种肉菜。

我特别喜欢金莲花泡的茶。美丽的金色花瓣在透明的杯中漂浮，散发出幽香。我品尝过很多种中国茶，最特别的就是这种金莲花茶。这是一种夏季饮品，能解渴、滋补、提神、缓解疲劳。藏医建议冬天多饮红茶。

酒宴上不喝杯 65 度的藏酒是不行的，要用小的高脚玻璃杯饮用。这种酒还可用作药物。仲格嘉告诉我们，这种酒的酿造秘方是藏族人代代相传的，是绝对保密的。

顺便说一下，中国还有个传统——酒宴时可以用酒杯边缘轻触餐桌，而不是像我们传统的叮当碰杯。当从餐桌另一边够不到同座人时，这种方式非常方便。

宴席上还有一种藏啤——这是一种透明美味的饮品，用西藏的纯净水源酿制，含有丰富的微量元素。在北京可买不到这种啤酒，只有在西藏才有。

仲格嘉说，水是上天赐予的礼物。藏族人对待这种健康的源泉态度非常特别。他们建议早上空腹喝纯净的水，晚上最好不要喝太多水。

藏族是真诚热情的民族。他们会帮助那些取得他们好感的人们。藏医的哲学在于生活方式、日常饮食文化。在西藏，人们常说，没有精神就没有力量。

记得与医院资深医师关嘉活佛会面时，他赠送给我一条白色丝质的哈达。这是典型的藏族礼物，象征着长寿、幸福、健康。

少林寺

少林寺数个世纪的历史蕴含着很多传说。这座有名的寺庙位于河南省登封市的山中。为了去少林寺，我们先乘飞机前往郑州——有着约 1 亿人口的河南省的省会。人们都说，如果你了解了河南，也就了解了中国。

就这样，我们又开始了一段惊人之旅。这段旅程给我们留下难以忘怀的印象。新华社河南分社办公室主任雒应良在机场迎接我们，他是个热情开朗的人。在旅社休息了一小时后，我们在路上吃了午饭。这里距少林寺还有 100 公里路程，路上茂密的丛林有点像白俄罗斯——这种地形我在中国是第一次见到。渐渐地，窗外由平原地形变为不高的群山。

嵩山是断层山，尽管不高，但非常新奇别致。山峰、山脊、平坦的顶部和陡峭的悬崖勾勒出的轮廓就像一条睡龙。

雄伟的嵩山总是吸引着人们，早在古时候这里就居住着和尚和隐于自然、喜欢冥思的隐士。中国很多著名的诗人在到过嵩山后，都被这里罕见的美景吸引。根据中国的神话传说，嵩山山谷是大禹的杰作：从前，大禹治水时化身为巨熊疏通河道。有一次，大禹的妻子看到丈夫如此可怕的模样，被吓得固化成了石头。据传说，现在这块石头就在山谷中。

少林寺南门正对着卧佛山。这座有着平坦延伸峰顶的大山像是一尊佛像。这尊卧佛似乎在保护着少林的居住者们，并提醒他们必须勤加练习。

山谷的入口处，有一尊合掌欢迎姿势的铁制和尚像迎接着游客们。这就快到达我们的目的地了，距少林寺还有大约 2 公里。车就停放在这里，接下来的路要步行。一路上，能看见数百个练武的少年和成年男子。绿色的林荫道将我们带向美丽的雕花大门，上面的匾上刻着三个有名的汉字"少林寺"。这个大门背后就是武术传奇的起源。这里的一切都充满了神秘感。

一位 22 岁的少林和尚杨彪（音）向我讲述了少林寺的历史和僧人们的生活。他从 9 岁起就在少林寺。这个帅气的年轻人穿着僧服、袈裟、黄芥末色的轻质袍子，袍前襟随意塞着，从袍子下面可以看到裤子。他中等个头，衣着整齐，神态端庄，透出一种安静和自信、友好和不寻常的力量。

少林寺于公元 495 年在北魏孝文帝的支持下由印度僧人跋陀主持修建。寺庙远在山中，人们以山名来命名寺院。

顺便提一下，跋陀是少林寺第一任住持，在少林寺翻译经书。他有很多弟子。少林寺第二任住持是菩提达摩（下面简称"达摩"）。据说，他是南天竺皇室的王子，但为了研习佛法放弃了世俗享乐。他的师父是天竺国佛教禅宗第 27 代祖师般若多罗。菩提达摩学道得法后游历了三年，之后在少林寺后面的嵩山小山洞中修行了九年。菩提达摩是中国禅宗的初祖。

让人惊讶的是，少林历史上经历过几次大火，一些房屋被烧毁，完好保留下来的只有几座佛塔。唐朝初年，少林寺得到皇室的极大垂青。原因是 620 年 13 个少林和尚帮助李世民（唐朝第二位皇帝）巩固了皇位，于是，少林寺得到最高层的首肯，允许设有僧兵。朝廷还赐予少林寺大量钱财、土地，帮助其建造佛塔。从那时起，少林寺开始作为武术圣地享誉中国。

1983 年，少林寺被确定为国家重点佛教寺院。

隐匿在山中的少林寺从外面看非常美丽和雄伟。古老的壁画记载着少林寺的历史、武术的发展。向游人开放的内院朴素淡雅。少林和尚的真正生活是避开外人的，很少有人能见到他们真正的练功情景。

至今，社会上还流传着有关传奇的少林武术大师、不可战胜的伟大少林僧兵的传说。在这里你能感受到，传说和现实交织在一起，以至于有时很难分清哪个是传说，哪个是现实。对于自己上千年的历史，中华民族已经学会保护和发展古老的艺术。同时，这也不会阻碍中国快速吸收最新的技术并将其推广至生活的各个领域。

在寺院修行的和尚有着非常严格的作息时间表。他们每天早上4点起床晨跑，沿着古老的石阶跑上山，然后趴着下山，继续跑步至5点。他们每天练功6小时。

但是，练功和武术还不是最主要的。他们大部分时间都用来诵经、祷告、冥思。这是居住在寺院里的和尚要做的事。他们极其严格地遵守着所有主要的寺院禁令，包括不能吃肉和喝酒。有些和尚居住在寺院外的登封市，他们也是寺院团体的成员，会参加团体所有事务。

上世纪90年代初，在少林寺附近建成一项宏伟的工程，即所谓的少林武术学校，它是特殊的少林武术研究院，主要用于招收外国学员。今天，武校已成为繁华的武术中心，条件要比真正少林和尚练武的那些小院落好得多。

少林寺是反映中国武术传统的鲜活传奇。我看到，少林寺很多殿堂都承载着关于传说中人物的记忆。例如，紧那罗殿就是为了纪念其护法神所建。

传说，1351年红巾军围攻少林时，山顶突然出现一个身高10米、手拿火棍的和尚。看到他后，红巾军都被吓跑了。后来，之前被认为是普通和尚的紧那罗被敬为少林护法。明朝时，他的故事被刻在石碑上，这块石碑从那时起就保存在少林寺内。据说，和尚们就是在位于少林寺入口右侧的紧那罗殿前练习棍法。殿内是手持火棍、高大威猛的紧那罗神像。

文殊殿 20 世纪初被焚毁，1983 年重建。文殊是超群德才和成功的化身，通常被描绘为坐在莲花宝座上或骑着雄狮手持宝剑，象征着智慧和力量。殿内的石头上刻着："震旦虽阔别无路，要假儿孙脚下行，金鸡喜衔一粒米，供养十方罗汉僧。"

另外，和尚在外游历修行必不可少的随身物品、著名的少林手杖数世纪来已演变为兵器。手杖总是拿在手中，特别是在远行时。14 世纪，福居禅师创立达摩杖法，将其引入武术中。传说他用这套神奇的达摩杖法，将三个手持利刃之徒打趴在地。

少林寺大殿墙上的古老壁画中描述了这场战斗的情景。

知道少林的人，一定听说过神奇的"罗汉堂"或"木人巷"。这是少林弟子练武功成接受考验的地方。

石头地板上可以站入两条腿的盘洞让我感到惊讶。这些盘洞是僧人在此练功形成的。所练的功是"脚踩在地上施力发功，对地产生 1000 斤的力量冲击"。少林寺的武僧至今还在使用这种"入地功"。可以想象一下，这么多年来需要练多少功、需要多少功力才能让石块变形。

有传说记载，少林弟子需要通过考验才能离开少林寺。只有通过所有考验的人才能从少林寺正门出去，未通过考验的人则只能走偏门。最难的是最后的终极考验：巷口堵着一个重约 80 公斤、烧得通红的巨大香炉。少林弟子要用前臂紧紧抱住香炉，将其移到一边。此时，在其前臂上就会印上两个图案——交缠的老虎和龙，这是少林武僧的象征。只有将香炉移开的胜者，才能从少林寺正门出去。

少林和尚们骄傲地历数着参观过少林的贵宾，其中有国际奥委会主席、中国奥委会主席。到过少林寺的还有俄罗斯总统弗拉基米尔·普京。河南省官员说，当时本来还想举办一场少林和尚与总统安全部门代表的比赛，但是后来中国政府取消了比赛，只为贵宾进行了武术表演。据说，这场武术表演给来自莫斯科的人们留下极深的印象。

少林寺方丈释永信是个富有同情心、开朗的人，他给我讲述了和尚们的生活情况、健康的精神和生活秘诀，回答了我的问题。他认为最重要的是精神与肉体的和谐。我们交谈了约1个小时。

1981年，16岁的释永信出家到少林寺。这个智慧出众、勇敢、强健的人在6年之后成为最年轻的少林长老。1999年，他荣升为方丈，成为少林寺1500年来最年轻的方丈。其间，1995年9月3日，少林寺喜逢建寺1500周年，举行了盛大的庆祝活动。

少林寺大约有300名和尚。他们中很多人不仅会武功（少林和尚们会使用30种兵械）、哲学和佛法、人文科学，还会医学。长期的冥思帮助他们领悟到事物的本质，丰富的古藏书帮助他们获取知识。当然，在这里，他们也不拒绝汲取现代知识。我就见到过坐在电脑前的和尚。

这里还有着上千年的医学传统，并被和尚们不断地改进完善。他们掌握着医治很多疾病的古方，这些古方的核心就是草药。他们还会积极利用大自然的力量。例如，这里的山中有一处泉水能缓解关节痛。

据说，少林和尚还参透了长寿的奥秘。我就此还询问了释永信。他说："不是说能延长多少寿命。其取决于心灵的和谐，以及健康的习惯、饮食和睡眠的质量。"

我想知道，那些想要领悟武术奥秘的人需要在少林寺内习武多长时间。释永信回答说要9年。

　　很多父母把孩子送到少林寺。想到这里来可不是件简单的事。抛开其他不说，强健的体魄、毅力、信念是一定要有的。顺便提一句，那些领悟到武术精神的人中也有白俄罗斯人。

　　少林寺外的山中还有座尼姑庵，那里现有30个尼姑。想要当尼姑，必须得到父母的同意，还必须成年。

　　少林寺武术学校距少林寺不远，是国家公办的武校。校长高慧峰说，最小的学生只有5岁，年龄最大的学生30岁，大部分学生都是17岁。

　　例如，我认识的来自四川的一个6岁孩童就在这里学武。这名小武者体现了真正的奇迹。

　　孩子们的武术表演给我们留下不可磨灭的印象。这些孩子们经过长期顽强的训练，已完全学会了武功。劈掌、搂摔、地功、翻跳、劈腿、猛扑、少林擒拿手、剑术、枪术——所有功夫如此精湛，以至于你都来不及看清手和枪快如闪电般的出击。真是一场奇妙的表演！这群年轻的少林武校学生练就了超强的弹跳力、蛇一样的柔韧性、强壮的体魄，真是无人能敌。这场精彩表演的导演也是这个学校毕业的。

　　孩子们训练时会采用各种锻炼方法，使身体各部位（如手指、肘部、膝盖）得到全面的锻炼，并培养他们的内部力量。每次练习约8小时。

　　这所学校还招收外国人，日收费20美元（对中国人收费则便宜得多）。不过，外国人的生活条件比他们同龄的中国人要好得多，要求则松很多。外国人只要待3个月，而中国人则要学3年。学生中也有来自白俄罗斯的孩子。

　　我们离开少林寺时，朦胧的暮色已笼罩着整个山峰。我的中国朋友们一脸神秘，急匆匆地赶路。原来，是有一场神奇的晚会在嵩山中等着我们——音乐大典《禅宗少林》，它每天都能给观众带来精彩。夜间实景演出重现了古老少林寺的传说。观看这场演出是我 2007 年在中国旅程的尾声，是少林方丈赠予的礼物，而我还没来得及对他表示深深的谢意。

在距少林寺几公里的山中，在短暂时间内呈现出的壮观实景演出规模非常宏大，演绎了关于少林寺的神话传说。群山、瀑布、小河就是演出的舞台，道具是真正的月亮和星星。

大量光束穿过环绕观众的山坡，观众就坐在山坡的天然座位上。一切如神话般，如在虚幻中。突然，隆隆的雷声在山中激起阵阵回声，演出宣告开始。轻柔的中国旋律刚停息，又响起雷鸣般的行军声。歌舞变为交战的场景。

武术的魅力和威力在激战中展现。飞跃在山上的和尚似乎来自古老的传说。这场演出的主题是人生哲学：信善的力量、必胜的信念。如此规模宏大的实景演出，在中国有很多。

这场少林和尚呈现的武术音乐大典，突出反映了我在中国看到的实质：中国人民力求将自己的生活变为美丽的童话，这在遥远的欧洲人眼中并不总是能理解的。中国数千年的历史使这个民族养成了勤劳、顽强、团结、自信的美德。

（本文原载《白俄罗斯人看中国》，世界知识出版社 2014 年 1 月版）

从事中白科技合作，领略白俄人民友情

李长华

（长春中俄科技园股份有限公司董事长，曾任中国科学院长春物理研究所副所长、研究员，中国驻俄罗斯、乌克兰、白俄罗斯等国大使馆科技一秘）

2003 年 1 月，科技部派遣我到中国驻白俄罗斯大使馆工作，任科技一等秘书。在白俄罗斯工作期间，我有幸亲眼目睹和经历了两国科技合作中的一些人和事，时间虽然已经过去十多年，如今一桩桩一件件还历历在目。

初到白俄罗斯的第一天

2003 年 1 月，正是东欧大平原天寒地冻、大雪纷飞的季节，我接到调令，从中国驻乌克兰大使馆科技处调到驻白俄罗斯大使馆科技处工作。要离开工作了四年的乌克兰，心里总有些恋恋不舍，这里有熟悉的工作环境、熟悉的朋友和同事！离任前的拜访、交接、告别之后，我就去明斯克赴任了。乌克兰首都基辅距离明斯克大约 600 公里，可以乘飞机或火车去，驻乌克兰使馆为了方便和安全考虑，直接派了一辆面包车送我到明斯克。开车的司机是外籍师傅谢尔盖，我的老朋友。还有一位同事随车送我。一路上有说有笑，倒也不觉得寂寞。

当天下午 4 点来钟就到了明斯克市区，白俄罗斯冬天白天很短，这时天已经黑乎乎的了。我们车上三个人都是头一次来明斯克，道路一点也不熟悉，在市里转了几圈也没有找到中国驻白俄罗斯大使馆。我们迷路了！于是，司机把车停在一个公共汽车站，我们下来问路。这里站着的一排人都是等车的，人们热情地告诉我们如何如何走，还有人用手比画着，但我们还是没有搞清楚。看到我们的窘迫，人群中一位老妇人对我们说：中国大使馆！我知道，我带你们去！我们当然万分高兴，请老妇人上车，坐到副驾驶位上。车开动了，我才看清这位老妇人，她60来岁，衣着朴素，手里拎着个大塑料袋，里面装着面包、香肠和一些蔬菜，就是一位到街上买菜回家做饭的家庭主妇。

有老妇人指路，车走得很顺利，不一会儿就到了中国大使馆。老妇人下车和我们道别，我们也是万分感谢。这时我问道，你家就在附近吗？你也到家了吗？她摇摇头说，我家不在这里，我得赶回那个汽车站，坐车回家。哎呀！我们原以为她家就在附近，给我们指指路也就搭车顺路到家了呢，没想到人家是专门为我们指路的，天这么晚了，还得回到那个汽车站！我心里的感激和敬佩油然而生，一扫几天来离开同事的惆怅和到新工作岗位的彷徨。这位老妇人真好！明斯克人真好！白俄罗斯人真好！

我的房东和邻居

我到白俄罗斯使馆工作后，出于工作方便和安全考虑，馆里决定在使馆附近的居民小区为我租房子住。没过几天，我就见到了房东。这是一对60多岁的白俄罗斯夫妇，丈夫大高个，退休前在一个研究所担任工程师，脸上总是挂着笑容；夫人退休前在商业部门工作。见面时，他们显得很高兴，嘴上说：好呀好呀，把房子租给中国人好呀！很好呀，还是中国的外交官！

签订租房合同之后，我就搬过来了。房东夫妇帮我搬家，还帮助安顿家具。在我租用期间，热水管坏了，房东马上赶来修好；照明灯坏了，马上来修好。只要有事，无论白天、夜里还是节假日，他们都会来帮忙。房东老夫人不停地问，你会不会腌白俄罗斯泡菜呀？会不会做野果子汁呀？会不会腌西红柿呀？我来教你做吧。她还对我夫人说，你在这里随任，没有工作做，会不会寂寞呀？我家老猫生小猫了，等过几天猫崽大了，我送给你一只你养着，也有个乐子。房东在明斯克郊区有一处"别墅"，其实，就是一两亩地的菜园。这是苏联时期留下的遗产——城里的居民在郊区都分配有一块地用来种菜、栽果树，周末和节假日可以来这里度假休息。现在，有钱人在这些土地上建起了两三层的漂亮的名副其实的别墅。我的房东的"别墅"比较简单，房子里没有供暖设备，只能夏天住，冬天住不了。有一次，房东邀请我和夫人到他家"别墅"做客，大家一起除草、摘果子、烤肉串、喝啤酒，其乐融融，像一家人一样。房东还经常把新摘的蔬菜瓜果送到我家，有黄瓜、西红柿、草莓等。

我家的邻居是一位 70 来岁的独身老妇人，她有子女，但退休后就自己过。她高个，身材好，经常穿着鲜艳的红衣服，很乐观。我们和这位邻居处久了，经常互相走动。她经常来我家串门，还常送来她自己做的蛋糕、面包、果酱。她对中国的事情很感兴趣，常说：中国好呀！中国发展快呀！我问她，你咋知道这些事的？她说，我天天听广播、看报纸、看电视呀。有时一见面，她就说，你们中国发射卫星成功了！有时说，你们中国哪里哪里发大水了，受灾了，唉！有时说，中国代表团访问白俄罗斯了，见了卢卡申科总统！

如今，我已经离开白俄罗斯回国十多年了，还常常想念他们。不知道我的房东夫妇一家可好，邻居老太太过得如何？我真希望他们健健康康、快快乐乐！

哈丁村遇到的拾金不昧者

哈丁是位于明斯克西南、距明斯克约 50 公里的一处遗址纪念群。二战前，哈丁村是一处宁静安详的白俄罗斯村庄。1943 年 3 月的一个夜晚，德军以搜查游击队为名，将 149 名村民不论男女老幼全部杀死。据说，只有一位老铁匠侥幸逃脱，他因前一天去邻村走亲戚才幸免于难。1969 年 5 月，在原哈丁村遗址建起了纪念馆和雕塑群，这里成为爱国主义教育场所。这是外地游人常来游览和凭吊的地方，大多数中国游客和来白俄罗斯访问的代表团也都会来此地。

2003 年夏天，我陪国内一个科技代表团来哈丁参观，大家仔细瞻仰了遗址，观看了纪念馆。在回明斯克途中，一位教授突然叫起来：坏了，我的手提包没了，不知丢哪儿了！他手提包里装有护照、钱、照相机等贵重物品。最重要的是，护照丢失在国外会很麻烦的。大家也都帮他回忆可能在什么地方丢的。因为我们在哈丁村一处休息地集体休息过，大家都认为可能是丢在那里了。于是，司机掉转车头回哈丁村寻找。包括我在内，大家都为能否找到手提包惴惴不安。

等我们赶回哈丁村，天色已晚，游人已经走没了。当我们找到曾经休息的地方，远远看到一个人站在那里张望，看到我们走近，他也朝我们走来。他手里拎着一个手提兜，一边走一边把手里的兜子扬起来给我们看。等我们到跟前一看，哎呀！这不正是我们丢的那个手提包嘛！大家喜出望外。

这时，我仔细打量了这位好心人：40 多岁，身穿一套老旧的、灰褐色、不时髦的西装，脚穿旧皮鞋，中等身材。据他讲，他是附近村庄的居民，今天也来这里参观。他捡到这个手提包后，在这里已经等了一个多钟头。他心里想，失主一定会来找的，于是就等到了现在。在异国他乡遇到了这样的好心人，大家都很感动。丢手提包的教授想给他点礼物作为酬谢，但他没要；请他留下姓名和电话，他也没留，只是说：好了好了，交给你们我也就放心了。他和我们握了握手，转身就走了。

到现在我还有点内疚，当时没请他留下电话，以至于到现在也不知这位普通的白俄罗斯人在哪里。

不畏"非典"搞合作

白俄罗斯政府、研究单位和科学家对于同中国开展科技合作的积极性和热情，给我留下了深刻的印象。我每到一处，白俄罗斯的朋友几乎都表示了与中方开展互惠互利科技合作的意向。所以，我在白俄罗斯使馆任职期间，积极为中白两国科技合作牵线搭桥，促进双方科学家的交流和互访，促成了一批互惠互利的合作项目。

有一件事至今让我记忆犹新。2003年春夏，中国正遭遇SARS（非典）病毒的袭击，中白两国的人员往来基本处于暂停状态。多项早就商定的科技合作活动，包括河南省与白俄罗斯科技合作项目的发布和推介等活动眼看无法进行下去，怎么办？双方为这些活动已经做了大量的前期准备工作。白俄罗斯的同志充分体谅中国当时的难处，在白俄罗斯国家科委主席支持下，国内单位紧密配合，利用网络、视频等手段，根据具体的情况采取灵活多样的形式，圆满完成了受SARS影响的科技交流活动，并取得了很好的效果。我想，只有好朋友之间才能做到互相体谅，国家之间也是如此。在 SARS 病毒流行期间，我接待了不少白俄罗斯医学专家和友人，他们都想通过使馆或使馆科技处向中国推荐防治 SARS 病毒的药方和方法。

我尽可能多地参加白俄罗斯研究单位和大学的各种活动，结识了不少科学家和工程师。有意思的是，在明斯克的大街上、公园或商店里，经常能碰见熟悉的人和我打招呼。在与白俄罗斯科技界人士打交道的过程中，我深深感受到，当时受到苏联解体、白俄罗斯经济调整的影响，白俄罗斯科技投入不足，科技人员的待遇整体上也不高，很多科技工作者工资较低，生活比较拮据，甚至在一些专业领域大名鼎鼎的教授的待遇也很一般，甚至可以说是清贫。但就是在这样一种相对艰苦的环境里，白俄罗斯的大多数科技工作者却保持了一种纯粹的对于科学真理不断探索的态度和创新精神，他们安于清贫，淡泊名利。这不仅是一种追求科学的精神的体现，更反映出白俄罗斯人坚韧、奉献的民族精神。

"白俄罗斯科技日在中国"

2004 年 7 月，吉林省和长春市的领导率团访问白俄罗斯，我作为驻白俄罗斯使馆科技处的工作人员负责接待。代表团拜会了白俄罗斯国家科委主席，参观了研究所、大学和企业。白俄罗斯雄厚的科技潜力及白方对华友好、积极合作的热情，给代表团留下了深刻的印象。在与白俄罗斯国家科委主席的会见中，了解到白方有意于 2005 年在中国举办"白俄罗斯科技日在中国"活动，我便向代表团建议争取这个活动在长春举行，借以推动吉林省、长春市与白俄罗斯的科技合作。代表团立即向国内有关领导汇报和请示，得到肯定和支持，并与白方草签

李长华（左1）随代表团访问白俄罗斯国立大学应用物理研究所，会见库琴斯基所长（左2）。

了合作意向。此后，经过双方多次协商，中国科技部与白俄罗斯国家科委决定于 2005 年 6 月在长春举办"白俄罗斯科技日在中国"活动。

2005 年 6 月 15 日，"白俄罗斯科技日在中国"活动如期在长春举行。白俄罗斯共和国第一副总理谢马什科、中国科技部副部长刘燕华等双方贵宾出席了开幕式和相关活动。

开幕式上，白俄罗斯第一副总理谢马什科说，白中两国是友好国家，自从 1992 年建立外交关系后，两国经贸关系发展迅速。白方对在贸易中提高科技比例非常关注，举办科技成果展览对于发展两国科技合作有重要作用，相信在吉林省举办科技日活动将对双方科技互利合作与友好发展起到积极作用。吉林省领导也致辞表示：科技合作不仅是扩大双方合作的"催化剂"，而且是实现产业结构升级和经济可持续发展的"加速器"，科技兴贸、贸促科技，两者相辅相成、相得益彰，开放的理念将成为战略投资者的一片热土；白俄罗斯科学家对吉林省老工业基地建设作出重大贡献，此次科技日活动将成为中白科技合作的一个新起点。

在此次展会上，白方展出了光电子技术、微电子技术、机械制造、新材料、生态农业、生物制药、信息技术、节能环保等领域的科研项目 300 余项。

我也应邀出席了开幕式并参与了一些活动。想到此次活动能在长春举行，看到双方高层领导的重视、双方进一步达成一系列协议并签订一些合作项目，我的心情非常激动。

创建中国和白俄罗斯科技园
（吉林园）

2005 年底，应国内要求，我结束在使馆的工作，回国参加长春中俄科技园建设，担任长春中俄科技园主任、长春中俄科技园股份有限公司总经理。长春中俄科技园旨在扩大和推进对俄罗斯及独联体其他国家的科技合作和产业合作。由于我在白俄罗斯有比较广泛的人脉关系，几年来，长春中俄科技园与白俄罗斯的合作不断发展。

2009 年 11 月，我随吉林省代表团访问白俄罗斯。访问期间，代表团拜会了白俄罗斯国家科委主席沃伊托夫。沃伊托夫高度评价了白中两国的科技合作，得知我是长春中俄科技园主任时，他指出，近年来长春中俄科技园与白方开展了一大批互惠互利的合作，白俄罗斯是一个独立的国家，白中两国有着非常友好的国家关系，为何我们总要与长春中俄科技园合作，不能办一个中白科技园呢？沃伊托夫的话引起了我们的重视，回国之后，我们立即向科技部、吉林省、长春市有关领导汇报，并建议创建中白科技园，进一步推动科技合作。这个建议得到科技部的批准。

2010 年 8 月，在北京召开的中国—白俄罗斯政府间科技合作委员会第九次例会上，中白两国政府签署了在长春市建设"中白科技园（吉林园）"的协议，白俄罗斯国家科委主席沃伊托夫与中国科技部副部长曹健林分别在协议上签字。

白俄罗斯方面对筹建中的中白科技园（吉林园）极为重视，时任白俄罗斯共和国驻华大使托济克特地来长春考察，并会见了吉林省、长春市政府的领导。吉林省常委、长春市委书记高广滨在会见托济克时高度评价了中白科技合作的意义，并表示吉林省和长春市政府全力支持中白科技园（吉林园）的建设，将在长春高新区划拨土地用于该科技园的建设。

2010 年 10 月 10 日，白俄罗斯共和国总统卢卡申科访问上海世博园时，在吉林馆专门为中白科技园（吉林园）揭牌。白俄罗斯媒体对此作了大量报道。

目前，中白科技园建设进展良好，园区内一条主要大街被命名为"明斯克路"。一大批中白合作项目在此落户。

我在白俄罗斯国家创新大会上发言

2011 年，我随代表团参加白俄罗斯国家创新周的系列活动，并应邀在大会上发言。作为六位发言嘉宾之一，我排在白俄罗斯总理米亚斯尼科夫、俄罗斯科学院副院长和诺贝尔奖获得者阿尔费罗夫之后发言。我主要介绍了中国与白俄罗斯科技合作的情况和经验，并高度评价了白俄罗斯的创新能力和发展潜力，希望白俄罗斯能与中国有更多的科技合作，对中国国家创新能力有更大的帮助。

我的发言多次被掌声打断。我心里明白，这个掌声既不是为我的俄语发言，也不是给我个人，而是给中国的，表达了白俄罗斯科技界对中国的友好感情和对推动中白科技合作的热情。

中白科技合作的有心人

马拉申科教授

马拉申科是白俄罗斯戈梅利国立大学教授，著名激光专家。2003年，我组织中国科学院一个激光专家组访问戈梅利国立大学，参观了他的实验室。他主持开发的激光眼科显微手术设备很有特色，受到中国专家的重视，双方达成向中方转让该技术的合作意向。2005年，他随团参加"白俄罗斯科技日在中国"的活动。期间，我们组织双方专家进行了多次交流。他高水平的研究成果、严谨认真的学风、对华友好热情的态度，受

李长华（左2）在白俄罗斯国家科学院会见阿尔罗维奇院士（左3）。

184

到中方专家的好评。2008 年 10 月，我们邀请他专程来长春洽谈并签署合作协议。他愉快地接受了邀请，并准备了两场学术报告。我方也为其订好机票、办好签证并预订了下榻的宾馆。可是，就在马拉申科教授预期抵达长春的前两天，我接到了白俄罗斯国立技术大学科技园总经理阿列克谢耶夫的电话，他用低沉痛苦的声音告诉我：马拉申科教授昨晚突发心脏病，经抢救无效去世了！听到这个消息，我简直不敢相信自己的耳朵：一位德高望重的科学家就这样走了，我失去了一位好朋友，中白科技合作也失去了一位热心人！至今，马拉申科教授的音容笑貌还常常浮现在我眼前。

扬切夫斯卡娅教授

2006 年 9 月，长春中俄科技园与白俄罗斯国家技术转移中心签署了在长春中俄科技园设立白俄罗斯技术转移中心常驻代表处的协议。该代表处负责沟通双方科技信息交流，组织签署各项协议。2007 年 5 月，白方派出国家科学院植物生理研究所扬切夫斯卡娅教授担任第一任常驻代表。扬切夫斯卡娅教授是一位非常严谨的科学家，也是一位对中国怀有深厚感情的好朋友。她在任期间，不但积极推动白方人员来访，开展各种交流活动，而且亲自主持了马铃薯育种无毒人工培养基等项目，与吉林省蔬菜研究所、内蒙古呼伦贝尔农科所等单位合作，取得了良好的经济和社会效益。她回国后我才得知，在中国工作期间，她的丈夫在白俄罗斯身患癌症，急需亲人照顾，但为了代表处的工作，她忍受巨大的痛苦和压力，坚持工作，为中方与白俄罗斯的科技合作牵线搭桥。她完成工作卸任回国时，丈夫已到了癌症晚期，不久就去世了。每每想到这件事，我的心情都非常沉痛，也为扬切夫斯卡娅教授的敬业精神而深深感动。

拉赫曼诺夫教授

我在白俄罗斯工作期间，拉赫曼诺夫教授是白俄罗斯国立大学主管科技合作的副校长，也是我们工作中重要的对口联系人。拉赫曼诺夫教授是位严谨的科技工作者，给了我非常大的帮助，我们的私人关系也很好。2005 年，我奉调回国之前，拉赫曼诺夫教授为我举办了一场欢送会，邀请了多位白俄罗斯科技界朋友参加。欢送会上，拉赫曼诺夫教授表达了对中国的情谊，也对我的离任表达了依依惜别之情，并流下了眼泪。2011 年，我到白俄罗斯访问，刚到明斯克就接到了拉赫曼诺夫教授的电话。他告诉我，他刚刚被任命为白俄罗斯共和国驻日本大使，就要赴任了，不过他最希望去的还是中国。他希望我有机会路过东京时，一定不要忘记看望老朋友。

古列维奇教授

古列维奇教授是白俄罗斯最大的激光设备制造商——索拉尔激光公司的总经理，我在白俄罗斯工作期间就与他有过较多接触。2006 年，我邀请古列维奇教授来华参加长春中俄科技园组织的交流活动。我将长春的一家激光器生产企业介绍给他，双方就技术转让及建立合资企业进行了多次的接触和考察。在双方最后一次谈判中，一天晚上，古列维奇突然来到我住的酒店房间，就双方的合作再次征询我的意见后，说："我信任你，你说我能跟他们合作，我就跟他们合作！"在得到我的保证之后，第二天，索拉尔公司与中国企业签署了合作协议，向中方企业转让激光技术，并建立合资企业。几年过去了，这家中白合资的激光企业发展良好，在医疗、美容用激光器领域成为国内的龙头企业，我总算没有辜负这位老朋友的信任。同时，索拉尔公司也获得了丰厚的回报。这也让其他一些白俄罗斯企业家看在眼里，我们后来开展国际科技合作和技术引进工作的时候，就比之前顺利得多，甚至有白俄罗斯企业家主动找到我，希望我帮助他们在中国寻找合作伙伴。2010 年，时任白俄罗斯驻华大使托济克专程参观了该合资企业，对企业取得的成绩和未来的发展表示了肯定。

阿列克谢耶夫先生

阿列克谢耶夫是白俄罗斯国立技术大学副校长、国立技术大学科技园总经理、中白政府间科技合作委员会白方委员、中国政府外国专家"友谊奖"获得者。2011 年我访问白俄罗斯时，阿列克谢耶夫热情地接待了我。大家畅谈友谊合作的时候，他匆忙搬来一把凳子，然后站在凳子上，从他办公室的墙上摘下一幅用金属框嵌饰的大照片，捧到我面前给我看。我一看，是温家宝总理接见荣获中国政府"友谊奖"的外国专家的合影。他兴奋地告诉我，他获得了中国政府"友谊奖"。我向他表示祝贺。他又说：你仔细看看这张照片！他看出我的惊讶和茫然，就指着照片对我说，他就坐在温家宝总理身旁！而且，他是唯一在颁奖大会上代表获奖者发表感言的人！这使我想起了许多往事。

2003 年，我刚到白俄罗斯工作不久，在白俄罗斯国家技术大学的一次研讨会上认识了阿列克谢耶夫。之后，我们一起参加了几次活动，特别是我请他帮助接待了几个来访的中国团组，他都安排得井井有条。看得出来，他是一位很好的合作者，热心、守信并善于沟通。2003 年春天，国内流行 SARS，致使中国和白俄罗斯之间的国际航班暂时中断，原来商定的科技交流活动也取消了。河南省政府和白俄罗斯国家科委已商定举办的一场大型科技项目推介会眼看将流产，大家都很焦急。

我和阿列克谢耶夫商量了好几次，决定科技项目推介会如期召开，采用视频会议方式进行。他为此四处奔走，安排会场、准备视频器材、组织专家，花费了不少精力。推介会如期召开，视频会议上，白方有近100名专家参加，白国家科委副主席和河南省副省长出席，双方科学家进行项目推介和对接。这次会议效果挺好，商定了十几个合作项目。

2005年10月，我奉调回国组建长春中俄科技园。一年后，长春中俄科技园股份有限公司成立，我任董事长、总经理。这期间，我们与白俄罗斯也开展了一系列卓有成效的互利互惠的合作。2007年9月，阿列克谢耶夫率团来访，出席长春中俄科技园白俄罗斯常设技术市场挂牌仪式。他展示了100多项白俄罗斯科技成果。2009年7月，我去白俄罗斯访问，他安排我和时任白俄罗斯国家科委主席沃伊托夫会见，商讨在长春建立中白科技园。2010年9月，我们共同参加在北京召开的中国—白俄罗斯政府间科技合作委员会第九次会议，签订了《关于在长春建立中白科技园的协议》。

现在，中白科技合作如火如荼，硕果累累，正是因为有许许多多像阿列克谢耶夫这样的人在辛勤工作！

在上海打开一扇
朝向白俄罗斯的窗户

贝文力

（华东师范大学白俄罗斯研究中心主任）

在华东师范大学理科大楼的四层，有一个以浅色基调装饰的房间。推门而入，会看到身着白俄罗斯民族服装的亚麻娃娃朝你微笑，草编的鹳正展开翅膀，仿佛要拥你入怀。橱中摆放着大量关于白俄罗斯的书籍和画册，墙上悬挂着明斯克、格罗德诺、莫吉廖夫等地的照片，电视在播放介绍弗朗齐斯科·斯卡林纳的专题节目。仔细观察的话，还会发现柜子里放着斯巴达克牌巧克力和白俄罗斯餐桌上的必备品："土豆"伏特加。

这便是中国第一家白俄罗斯研究中心。

白俄罗斯研究中心的创立

2010年6月，白俄罗斯教育部第一副部长亚·茹科率团访问华东师大，俞立中校长与客人亲切会见。基于华东师大在苏联与东欧、俄罗斯、独联体、上海合作组织研究方面数十年的历史和丰厚的学术积累以及与白俄罗斯教育文化界的广泛联系，为增进对白的了解和友谊、加强对白研究、完善已有的交流规模与结构，会谈中，形成了在华东师大建立白俄罗斯研究中心的设想。经过讨论和论证，华东师大于2011年作出了成立白俄罗斯研究中心的决定。学校为此在寸土寸金的中北校区划拨了专门的场所。中心于2012年4月正式揭牌。

揭牌仪式上，几个细节引人瞩目。

首先是嘉宾中有中国前驻白俄罗斯大使、参赞和武官，他们担任中心的特邀研究员。这从一个侧面体现了中心研究队伍的构成特色。除华东师大等高校和研究机构的专家学者外，一批在对白交往和研究中有着丰富实践经验和深厚理论造诣的资深外交官也加盟中心，将为中心对中白交流合作形势的准确分析、把握和判断，为理论与实际的有效结合提供有力的支撑与保障。

其次，主持人用了较长时间宣读来自白俄罗斯的贺信。白俄罗斯国立大学、经济大学、科技大学、明斯克国立语言大学、音乐学院、总统管理学院、白俄罗斯—俄罗斯大学等白俄罗斯主要高校都表达了热情洋溢的祝贺，展现了中心与研究对象国广泛而紧密的联系。

再是播放了一段录像，是对校内学生和校外路人的采访，问题是："白俄罗斯位于哪里？"答案各种各样，但正确的几乎没有。而这，也预示着中心的工作任重道远。

即使在上海这样一个现代化、信息化程度都非常高的大都市里，人们对白俄罗斯的了解在当时也是相当有限的。而且，人们常常把白俄罗斯、白俄罗斯人与上世纪三四十年代流亡在上海的"白俄"混淆。

中心的成立，被比喻为打开了"一扇朝向白俄罗斯的窗户"。

自成立以来，中心在研究发表、国情推介、人员互访、学生培养等方面积极努力，取得了一系列成果，受到了中白双方的关注和肯定。2014 年，华东师范大学与白俄罗斯教育部签署了《华东师范大学与白俄罗斯高等教育机构建设华东师范大学白俄罗斯研究中心的合作纲要》，白俄罗斯教育部下属院校

白俄罗斯高校向华东师范大学白俄罗斯研究中心赠送的图书

由此都成为华东师范大学的合作单位，双方的交流合作更加系统化、机制化。2015 年，华东师范大学进入中白政府间合作委员会教育分委员会中方成员单位行列。

研究是中心工作的重中之重

苏联解体以后，白俄罗斯走的是一条与原苏联各加盟共和国不同的发展道路。它以总统制为核心，建立"统一的、民主制社会的法制国家"，将公民的社会保障体系维持在一个较高的水平；抑制民族主义的膨胀，严厉打击犯罪；以"社会市场经济"为目标，没有采取休克疗法和大规模私有化，保存了高度集中的出口型工业生产；主动把军队人数削减至 6.5 万人；倡议并建立了俄白联盟。独立以来，白俄罗斯保持了社会政治局势的稳定和经济持续增长。尽管有外部力量的支持，反对派始终未能在国内形成气候。由于执行独立、独特的内外政策，在很长一段时间内，白俄罗斯被西方国家视为原苏联空间中

"最僵化和保守"的国家。其内外政策不断遭到西方指责，政治和经济上多次受到制裁。近年来，白俄罗斯注重实施多元平衡务实外交，灵活利用国际形势变化产生的机遇，发挥作用，争取主动，提高国际影响力；与欧美国家的关系有所改善；竭力破解经济困局，出台多项措施保障民生。白俄罗斯与俄罗斯具有长期的共同发展历史和认同。在高度重视与俄罗斯特殊关系的同时，白俄罗斯又强调加强"非俄罗斯"方向的外交，以捍卫自身国家利益。中白友好关系源远流长。2013 年两国建立"全面战略伙伴关系"。2014 年，双方启动实施全面战略伙伴关系五年发展规划。2016 年，两国宣布建立"相互信任、合作共赢的全面战略伙伴关系"，发展双方全天候友谊，携手打造利益共同体和命运共同体。白俄罗斯将中国视为最可依赖的战略伙伴之一，愿成为中方"一带一路"倡议的重要支柱。白总统还首次专门为发展同一国的双边关系颁布了深化白中关系的总统令。当前，两国关系已经进入定位高、基础牢、机制顺的新阶段。白俄罗斯的内外政策和发展道路日益受到世人关注，被称为"白俄罗斯现象"。

中心把白俄罗斯政治文化作为主要对象进行基础性研究，以深化对白俄罗斯政治体系与政治文化间的相互关系、"白俄罗斯现象"的来龙去脉和国际格局复杂性的认知与理解，填补相关研究领域的空白，并为探索中白交流合作的新形态、开发交流合作的新资源提供学理上的支持。

中心学者发表了《白俄罗斯思想政治和思想文化探微》，这也是国内首篇以此为题的论文。文章梳理了白俄罗斯政治思想的流变：团结与统一的思想、人道主义和热爱自由的传统、对丧失民族独特性的忧患、民族与革命、独立与联合；分析了白俄罗斯政治文化的特征："宽容性"与"联盟性"、与欧洲和俄罗斯的政治与文化联系；考察了白俄罗斯独立以后社会转型的形势。在此基础上，中心申报了教育部 2017—2018 年国别与区域研究课题"白俄罗斯政治文化研究"，将集老中青三代学者和白方合作伙伴的力量，较全面地研究影响白俄罗斯政治文化及其特点形成的各种因素：自然、地缘、生活、生产、民俗、宗教等；结合对白俄罗斯历史演进的全面梳理，分析白俄罗斯政治文化与国家和民族性格的形成、社会的变迁、意识形态的构建、政治行为的设计与实施间的相互影响和作用；着重分析当代白俄罗斯政治文化在白俄罗斯身份确认、国家思想重构、内外政策的制定与调整中的作用；从政治文化角度分析、研判影响白俄罗斯对华政策的驱动因素和现实考量。

中心申请开展的应用研究为"中国—白俄罗斯经济社会发展规划战略对接研究"，将分析研究中白两国未来五年经济社会发展规划并找出两者的可对接之处，以确定两国经济合作的着力点，解决两国因国情不同、文化差异、信息不畅以及市场经济发展程度不同带来的问题，推动两国经贸关系朝纵深方向发展。主要研究内容有：中白两国经济社会发展战略规划出台的背景，包括两国各自面临的内外部发展调整及未来发展目标；中白两国经济社会发展战略规划的主要内容；两国经济社会发展战略规划内容对比分析，从中找出两国合作的契合点；未来五年两国经济社会发展战略对接合作的重点领域及优先方向；对两国战略对接合作领域的具体政策建议。

中心学者参与《中国外交官看白俄罗斯》文集（于振起主编、王宪举执行主编，新华出版社，2016 年 12 月）的写作，通过对白俄罗斯美丽神奇的大自然、承载国家形象塑造功能的城市建筑、传递历史观和价值观的博物馆和各行各业人物情态的描写，勾勒白俄罗斯的风貌、文化和民族性格。

学术研讨是中心开展研究的另一个重要平台。成立至今，中心举办过的重要研讨活动有：

"中白关系 20 年"国际研讨会（2012）。资深外交官和中白专家学者就白俄罗斯研究的意义及其学术和实践价值，建交 20 年来中白关系发展的成就与存在的问题，中白人文、教育和军事领域的合作前景等问题进行了深入讨论。

"外语教学中的突破：趋势、战略、革新与技术问题"国际研讨会（2015）。与白俄罗斯明斯克国立语言大学联合举办，汇聚了来自华东师范大学、明斯克国立语言大学以及复旦大学、东南大学、上海外国语大学、苏州大学、上海师范大学、上海工商外国语学校的数十名专家学者。与会者交流分享了新的社会和技术条件下外语教学实践的心得，并从语言学、文化学、社会学、心理学、哲学等角度对外语教学的新理念进行了阐述。

"'一带一路'倡议实施背景下中白青年学生的培养"（2016）研讨会。在这个与上海市欧美同学会、白俄罗斯驻沪总领事馆联合举办的研讨会上，与会的中白专家强调，"一带一路"倡议的实施为中白教育合作提供了新的机遇和条件。新形势下青年人才的培养尤为重要。中白双方都把中白工业园建设作为合作重点，努力把园区项目打造成丝绸之路经济带上的明珠和双方互利合作的典范。园区大量岗位需要的不仅是语言人才，更是掌握经贸、法律、技术等各方面专业知识的综合性人才。专家建议，将园区建设与两国国家发展战略相结合，在园区内建立协调管理机构，采取留学生定向培养模式，需要设计"语言＋专业知识"的新型语言人才培养模式。青年学者代表回顾了在白俄罗斯留学的经历，对白高校留学生、进修生的培养模式进行了梳理与分析，并就中国留白学生的培养、管理等问题，结合个人心得与思考，提出了一些切实的建议。

中心学者积极参与在其他院校和机构举办的中白关系研讨会，并结合研究就相关问题发表意见，建言献策。在2016年11月北京第二外国语学院举行的研讨会上，中心学者在总结中白教育领域交流合作取得的成就的同时，也指出存在的问题：（1）教育分委会的作用只集中体现在年度会议准备和召开期间；（2）对教育合作对政治关系、战略伙伴关系的支撑程度的具体考察和评价不够充分；（3）中白间缺乏独创性的体制和项目；（4）合作培养和联合培养的规章制度不够健全；（5）友好学校的建立更多是凭借地缘和人缘；（6）信息渠道不够丰富，包括互联网在内的资源利用与分享的程度有限。另外，还有在学生培养过程中的一些具体问题，如留学人员的语言不够理想，双方教学理念、管理方式上的差异，跨文化交流中出现障碍，等等。中心学者强调，从另一个视角来观察的话，问题的出现或许正说明交流合作在日益深入，而没有停留在浅表层次上。同时，针对这些问题，中心学者建议：（1）在分委会下双方建立起固定的制度性建构和灵活多样、高效便捷的工作系统；（2）构建有吸引力的政策机制和动员手段，以使业内外人士自愿、持续、创造性地参与到扩大与深化中白教育合作的工作中来；（3）健全相关规章制度，激励凭借学科优势建立校际合作关系，根据学校和学科特色寻求合作伙伴；（4）充分利用高科技成果，积极开发互联网资源，用于信息的传播、知识的分享；（5）加强留学人员出国前的心理、语言、综合知识和能力的辅导培训；（6）鼓励融入留学国生活，不是浮光掠影，而是深入深刻地了解对方的历史与文化。

这些建议也于2017年6月在明斯克举行的中白教育合作分委会会议上提出，受到中白双方与会领导和专家的重视。

促进中白教育合作的平台

对于中国人来说，中心是"一扇朝向白俄罗斯的窗户"，通过它，能够感受白俄罗斯的民俗风情，了解她的历史文化和现代化进程。对于白俄罗斯人来说，这是一个在遥远上海的"白俄罗斯之角"，有着他们熟悉的气息和氛围，同时，又是一个与中国伙伴沟通交流的理想场所。

落成以来，中心接待了很多白俄罗斯客人。每次友好愉快的会面之后，都会有新的建议设想开始付诸实施，将合作向前推进。

2013 年 9 月，时任白俄罗斯教育部长马斯凯维奇结束在中国其他城市的活动后，特意来到中心。这是一次计划外的访问。时任华东师大校长陈群接待了马斯凯维奇。原本礼节性的会面变成实质性的会谈。双方就全球化条件下培养具有国际视野的新型人才、国际教育合作的理念和实践、合作建设白俄罗斯研究中心等问题进行了深入的讨论。这次会谈的后续，便是 2014 年陈校长率团访问白俄罗斯，签署"纲要"，双方合作由此更上层楼。

2016 年 8 月，白俄罗斯驻华大使鲁德履新不久就来中心访问。如何发挥中白高校优势，在国际化、跨学科建设过程中，通过合作研究、联合培养等形式，加强务实合作，对接实施"一带一路"倡议和发展上合组织等战略需求，为中白人文交流作出新的贡献，成为华东师大党委书记童世骏与白俄罗斯大使会谈的主题。不久，华东师大与白俄罗斯科学院、白俄罗斯师范大学建立起了务实的交流合作关系。

明斯克国立语言大学校长巴拉诺娃曾三次访问中心，华东师大代表团也三次回访。经过反复讨论和充分准备，2017 年

6月，在中白两国教育部长的见证下，两校签署了建设明斯克国立语言大学中文系的合作协议。2018年3月2日，明斯克国立语言大学中文系正式成立，这也是白俄罗斯高校里的第一个中文系。

白俄罗斯国立音乐大学校长，白俄罗斯国民议会教育、科学、文化和社会发展委员会常务委员会委员杜洛娃两次访问中心。2017年9月，两校在明斯克签署了合作协议，华东师大与白俄罗斯高校的合作由此开始向艺术领域拓展。

民心相通的桥梁

中心的设立、研究的展开，目的之一是为了增进两国人民之间的相互了解和友谊，促进"民心相通"，夯实两国民间友谊的基础。

中心通过举办各种形式多样、受众面广的活动，介绍宣传白俄罗斯的历史、文化、民俗和当今的建设发展，让各界人士认识了解白俄罗斯。

举办过的活动包括：

纪念白俄罗斯诗人扬卡·库巴拉和亚库布·科拉斯诞辰130周年研讨会暨诗歌翻译比赛（2012年12月）。中心的学者和白俄罗斯留学生（华东师范大学是上海地区白俄罗斯留学生最多的大学）介绍了诗人的生平、创作、意义和影响。诗人作品翻译比赛的结果也在会上揭晓。获得一等奖、二等奖的中国学生声情并茂地朗诵了自己的译作。白俄罗斯驻沪总领事夫人则用白语朗诵了对应作品。两种语言，通过诗歌深广的内涵，汇成美好的交响，动人心弦。

"热情好客的白俄罗斯"主题日（2014年3月）。2014

年是白俄罗斯的历史文化年，白俄罗斯举办了冰球世锦赛、维捷布斯克第二十三届国际艺术节、白俄罗斯庄园开放日等一系列活动。中心在早春时节以"热情好客的白俄罗斯"主题日作为全年活动的开篇，使大家进一步了解白俄罗斯的历史文化，感受白俄罗斯人民的热情好客。在用白俄罗斯人民"面包和盐"的最高礼仪向领导嘉宾表达敬意和欢迎之后，白俄罗斯留学生向大家介绍了白俄罗斯丰富而曲折的历史、著名人物的事迹，播放了关于白俄罗斯自然风光和名胜古迹的影片，演唱了白俄罗斯歌曲，多方位地展示了白俄罗斯历史文化的魅力。曾在白俄罗斯国立大学进修的中国学生也回顾了在白俄罗斯度过的美好时光。

"中白友谊之源"图片展（2014年12月）。规模不大但内容丰富的展览，介绍了不同历史时期中白两国人民之间的真诚友谊和互相支持与帮助。身为历史学家的白俄罗斯驻沪总领事马采利先生亲自为参观者作讲解。

中国人民抗日战争暨世界反法西斯战争胜利70周年纪念活动（2015年5—9月）。为了纪念共同的胜利，中心与白俄罗斯、俄罗斯驻沪总领馆合作，举办了系列活动，包括报告会、文艺晚会、苏联卫国战争题材影片放映等。其中"白俄罗斯人民英勇抗击德国法西斯侵略"图片展引起很大的反响。

纪念中白建交25周年系列活动（2016年9月—2017年12月）。从2016年下半年起，中心就与白俄罗斯驻沪总领馆、白俄罗斯相关高校联合举办活动，纪念中白建交25周年："'一带一路'倡议实施背景下中白青年学生的培养"圆桌会议、与白俄罗斯戈梅利大学孔子课堂联合举办的"中国和斯拉夫文明比较研究研讨会"、白俄罗斯女子体育运动员与上海各界代表

白俄罗斯学生在华东师范大学白俄罗斯研究中心举办的"白俄罗斯日"活动上。

见面会……系列活动的高潮之一是白俄罗斯国立音乐学院大学生合唱团在华东师范大学举办的音乐会。学生们演唱了白俄罗斯民歌、白俄罗斯作曲家创作的歌曲和特意为访华而准备的中国歌曲。最后，演员们在欢快的歌曲声中走下舞台，来到观众当中，邀请大家共唱共舞，场面非常感人。

"白俄罗斯日"活动（每年7月）。自2010年起，华东师范大学每年举行"上海合作组织成员国、观察员国大学生暑期游学"。白俄罗斯高校每年都会派遣优秀大学生参加。在游学框架内的"白俄罗斯日"里，白俄罗斯学生通过影像、叙述、歌曲、舞蹈和自制的具有民族特色的食物，向中国师生和参加上合游学活动的其他国家学生介绍白俄罗斯。这一天是属于白俄罗斯和白俄罗斯文化的节日。

新征程任重道远

2017年，中心迎来了建设发展的第五个年头。

3月，根据白俄罗斯总统办公厅代表团访沪期间与中方达成的协议，白俄罗斯国家法律信息中心在华东师大白俄罗斯研究中心开设了其在中国的第一个分中心。借助高科技手段，在这里能够检索查阅到几乎所有的白俄罗斯法律信息，包括苏维埃时期的文件，为研究提供了更全面的资料支撑。

6月，在明斯克举行的中白教育合作论坛开幕式上，白俄罗斯教育部长向中心主任授感谢表彰状。

7月，中国教育部将中心列入国别和区域研究备案名单。

9月，又有优秀青年学者正式加入中心研究队伍。

像揭牌仪式上那几个细节一样，这几件事也受人瞩目。但对于中心而言，这更多的是鼓励、鞭策和继续前进的条件与动力。

中心制订了新的五年工作方案。在科学研究方面，计划继

2017年6月26日，华东师大党委书记童世骏与明斯克国立语言大学校长巴拉诺娃签署合作建设中文系的协议。

2017 年 6 月，在"中白大学校长论坛"上，贝文力获颁"白俄罗斯教育部表彰感谢状"。

续以白俄罗斯政治文化为主题深化研究。同时，与中国国际问题研究院、国务院发展研究中心欧亚社会发展研究所、白俄罗斯国立大学、白俄罗斯国立科技大学和明斯克国立语言大学等单位合作，进一步加强对白俄罗斯历史、文化、外交、经济等的基础研究和中白关系、白俄罗斯与俄罗斯、白俄罗斯与大国关系的问题研究。研究成果以翻译、专题报告、专著的形式呈现。根据年度特点和热点问题，中心与国内外相关领域重要机构和有相关重要成果与积累的学者合作，形成开放、多元和高效的研究模式。借助中国驻白俄罗斯使馆、白俄罗斯驻华使馆、白俄罗斯驻沪总领馆的支持与配合，邀请白俄罗斯以及俄罗斯、哈萨克斯坦等国专家学者、青年才俊参加，更多研究热点难点问题。注重吸收来自不同国家、不同立场、不同层面、不同学科有关白俄罗斯的意见和建议，作出客观判断和科学预测，形成更新、更翔实的资料和数据，使研究更加动态、及时、深入，涉及学科更加宽广，更具全球视野和高质量。

在队伍建设和人才培养方面，中心将努力锻造素养扎实、善于运用以多学科研究为代表的先进方法论的白俄罗斯研究队伍。中心继续开放性建设的做法，优化专兼职结合、互动机制，促进专职研究队伍的成长，力争在聚集国内、国际优秀的白俄罗斯研究人才方面有所突破。依托华东师范大学已有的基础与力量，力争形成白俄罗斯研究人才培养机制；打造一两门精品课程；通过吸收研究生全面参与中心科研活动，加强学、研结合。

在社会服务方面，中心计划充分利用、积极扩大国内外各层次的联系渠道，强化为决策咨询服务的意识；继续加强对白俄罗斯历史、文化、国情的推介工作，为国内相关部门和有意与白交流合作的单位、企业提供信息服务；扩大"上海合作组织成员国和观察员国大学生暑期游学"活动的品牌效应，在切实推动中白人文交流方面起到更大的作用。

在国际交流方面，中心把不断扩大和提升对外交流，使之成为高水准国际平台的重要途径继续作为努力追求的目标和切实开展的主要工作。充分利用与白俄罗斯主要院校及俄、哈等国相关院校和研究机构建立起来的务实有效的合作伙伴关系，充分利用华东师大与白俄罗斯教育部签署合作纲要带来的交流合作常态化、机制化，合作对象全覆盖的优势，继续拓展对外学术合作交流，注意发展核心合作伙伴，开展高层次、深度的国际合作。

白俄罗斯，我的第二故乡

薛 斌

（中兴通讯股份有限公司副总裁兼独联体区域总裁）

学习篇

1998年8月，我踏上白俄罗斯的土地，从此一去就是18年。没有太多的原因，就是因为对这片土地的热爱和眷恋。我清晰地记得，当年我和那一届大多数学生一起乘坐北京飞往明斯克的直达航班，从现在的首都机场二号航站楼启程，带着对陌生国度的向往和一探究竟的兴奋心情，飞往这个当时还不够了解的神秘国家——白俄罗斯。

由于图-154飞机的载油量不足以直接飞抵明斯克，中途需要在俄罗斯新西伯利亚着陆加油。8月的夜晚，新西伯利亚的气温只有6摄氏度。我不禁想，白俄罗斯的气温是否也这样低？

抵达明斯克是凌晨时分，满天的繁星让人觉得距离天空是那么近，仿佛每一颗星星都举手可得。空气中已经有了秋天的味道，清爽而透彻。就从那一刻开始，我成为一名留学生，生活在洁净的城市里，呼吸着清新的空气，感受着人们的热情，体会着老师的关爱，和同学们一道感受着异国的文化和风情。

通过一年的语言学习，我以全科5分的成绩考入白俄罗斯国立大学应用数学系。

白俄罗斯国立大学是白俄罗斯综合性最强的大学，大学主楼与政府大楼遥遥相望，主楼和政府大楼中间是明斯克最大的广场——独立广场。政府大楼前耸立着一座列宁像，列宁向前

眺望，正对着白大主楼。应用数学系就在主楼里，明亮的阶梯式教室的窗户正对着列宁像，仿佛列宁正眺望着这里。坐在明亮宽敞的教室里，听着著名教授精彩的授课，看着窗外的列宁像，我有一种神圣的感觉。

年轻时的自信和张扬使我在选择专业的时候直奔白俄罗斯国立大学理科王牌系，也是最难的一个系——应用数学系，入了系才体会到数学专业之难。由于生活在一群高智商的同学中间，我有了更强的自信，决心把专业学好。功夫不负有心人，五年后我顺利毕业，成为我们那一届坚持到最后的四个中国学生之一。

记得入学刚到宿舍报到的时候，同屋的两个白俄罗斯学生惊呆了：竟然进来一个中国人和他们同住！可是没过一会儿，他们的惊讶就烟消云散。奥列格和廖沙拿出他们的相册，开始一一给我讲解他们的照片。他俩是中学的同班同学，一同考入白大同一个系，现在又同住一个房间。现在，宿舍又来了一个外国人，但他们一点也不拘谨，完全没把我当外人，而是像多年的老友。没等我介绍完自己，他们就把左邻右舍的朋友们都叫过来与我认识。满满一屋子人嘻嘻哈哈地聊着，我连他们的名字都没来得及一一记住。由于性格相投，我们很快成了朋友，无话不谈。这在语言锻炼上给了我巨大的帮助。夏天我们一起去郊游烧烤，冬天一起滑雪溜冰，过年的时候一起做中国菜，生日的时候一起庆祝……就像兄弟一样亲密无间。

白俄罗斯的大学生满 18 岁以后是可以结婚的。好友别佳在大一的时候就邀请我们参加了他的婚礼，他的妻子也是我们系的同学。婚礼在格罗德诺州的一个小镇上举行，这里是别佳的家乡，我们一帮学生坐车长途跋涉来到小镇，受到村民们的热烈欢迎。尤其是我——一个外国人来到小镇上参加婚礼，在当时也是件稀罕事，村里的小朋友都追着我询问有关中国的问题，中国对他们来说真的是个神秘的国家。别佳的家人友好热情地款待我们，安排我们住下。

按照白俄罗斯的习俗，婚礼一般持续两天。第一天早晨，新郎和亲友团一起从男方家出发去接亲。一群人马浩浩荡荡到了新娘家之后，新郎要"过关斩将"才能娶到新娘。新娘的亲友团将新郎的亲友团挡在闺房外，提出各种问题让新郎回答，大家帮衬着制造气氛，直到新郎的所有表现都让新娘的亲友团满意，才允许进入新娘家里。见到美丽的新娘后，新郎为新娘穿上漂亮的婚鞋，两人给对方戴上戒指，在父母和朋友的祝福下，一对新人到婚姻登记所登记。去婚姻登记所的时间是提前预订好的，在证婚人的见证下，新郎新娘宣誓并在结婚证书上签字。伴娘伴郎也签名为证。在亲朋好友的祝福下，大家举杯庆祝。然后，一对新人来到一座烈士纪念碑前，追怀先烈，感谢现在的幸福生活来之不易，并照相留念。傍晚，大家在餐厅会合，婚礼晚宴正式开始。晚宴在司仪的主持下格外热闹，亲朋好友纷纷祝酒，跳舞唱歌，一直延续到深夜……第二天，一对新人和双方亲友继续一同庆祝，共进午餐，活动一直持续到晚上。

2005年6月我硕士毕业，顺利考上本系博士研究生。我的导师亚历山大·尼古拉耶维奇·库尔巴茨克是国家功勋科学家，我很幸运碰到了这位好导师。他是信息通信科技领域的权威专家，曾任白俄罗斯国立大学副校长，也是信息科技发展战略专家，为国家信息科技发展作出过重要贡献。

记得硕士毕业后，我到学校博办咨询考博的事情，博办核查了我的成绩，答复说：成绩上没有问题，但是按照系里要求，我要去找我喜欢的导师谈，如果有人愿意接受，就可以办理手续。这样，命运完全掌握在自己手里，不过风险也很大，

就像面试一样，需要了解每一位博导的情况和研究方向，然后一一见面。如果努力不够，没有一个导师愿意接收的情况也是可能的。于是，我就先约了系主任了解系里面每一位博导的情况。根据我的专业，系主任给我建议了三位教授，他们分别负责三个研究方向。我在网上和图书馆查看每一位教授的文献和资料，然后一一与他们见面。我去库尔巴茨克教授办公室见他时，先作了自我介绍，他很客气随和，听着我的介绍，中间没有打断和提问，听时若有所思，还在本子上记录着。等我说完，他问了我几个问题：你的硕士研究生毕业论文是什么题目？导师是谁？你在白俄罗斯几年了？除了学习还参加过什么社会活动？我一一作了回答，对最后一个问题的回答还突出了在学生会工作的经历。听完我的回答，他很平静，给我介绍了他带领的研究方向，然后对我说：小伙子，如果你认为可以胜任程序技术这个方向，并对语义网感兴趣的话，就请加入我的团队吧！我当时简直既兴奋又惊讶。兴奋的是，面前这位教授是绝对的学术界泰斗；惊讶的是，他竟然这样平易近人，通过这么简单的聊天就决定接受我。我的天啊，简直太幸运了！

以后的四年，我一直跟着库尔巴茨克教授，按部就班地完成博士生的所有课程：发表文章、撰写论文、完成考试和答辩。直至今日，业界凡是认识库尔巴茨克教授的人，对他的评价都非常高。的确，他是一个善良的人、严谨的人、德高望重的人。中国有句俗话，叫"一日为师，终身为父"。我在博士论文答辩综合阐述的时候说，库尔巴茨克教授既是我的导师又像我的父亲，为我指导学术创作，纠正做事的偏颇，指点做人的道理……作为他的学生的四年，是我收获最多的四年。即使博研毕业后，我在工作中依旧时常得到库尔巴茨克教授的许多建议和教诲，这使我在工作中也充满自信和热情。

薛斌留学期间和同学合影

库尔巴茨克教授是一个很忙的人，与他会见至少需要提前三天预约。可作为他的学生，我却一直享受着特殊的待遇，每次我遇到难题需要求助时，他都会抽出时间为我面授机宜。我真是幸运，就这样一直享受着做他学生的特殊待遇。我发自内心地说："谢谢您，库尔巴茨克教授！是您教育和培养了我，帮助我成长为一名对国家和人民有用的专家，用我的所学报效祖国的现代化事业。"

工作篇

2009 年，我进入中兴通讯股份有限公司，作为外派常驻白俄罗斯代表处的职员，开始了长期的海外市场拓展工作。作为公派留学生，毕业以后进入企业工作需要向使馆汇报备案。21 世纪初，中国政府对公派留学生的政策要求放宽，由"学成之后回国服务"改为"学成之后为国服务"，之前是"回国"，现在是"为国"，正是这一字之差，使一大批留学生留在国外报效祖国成为可能。我正是这个政策的受惠者，很幸运地可以在中国企业的驻外代表处发挥作用。使馆领导对我在中兴公司的工作给予指导和肯定，这更激发了我不遗余力投入工作、报效祖国的情怀。

借助长期的海外留学经历和学生时期在学生会工作的锻炼，通过数年的工作积累，2012—2014 年，我担任了中兴通份股份有限公司驻白俄罗斯和波罗的海三国的总代表，常驻在白俄罗斯。这是一份既有压力又面临各种挑战的工作，每年要完成公司下达的任务指标。在白俄罗斯，我们的合作伙伴主要有白俄罗斯有线、无线运营商和企业，比如白俄电信、Velcom、Life 和 MTS 等。

薛斌在白俄罗斯国立大学学生会工作期间，作为学生代表在中国使馆举办的活动上发言。

中兴通讯于 2002 年进入白俄罗斯，2004 年成立白俄罗斯代表处，随着业务量的增长和业务内容的不断拓展，2009 年成立中兴白俄子公司，工作人员达到 120 人，本地化率达到 65%。经过团队 15 年的努力，截至 2017 年，中兴通讯在白俄罗斯电信市场上已经取得良好成绩，与各大电信运营商、政府企业等都建立了合作关系，市场规模逐渐扩大。中兴通讯生产的通信设备和终端产品在白俄罗斯得到了广泛应用。截至 2017 年第三季度，中兴通讯在白俄罗斯市场累计销售总额达到约 7.5 亿美元，电信市场占有率接近 45%。中兴在白俄罗斯成功执行的主要项目有：

白俄电信 IPTV 项目。自从 2009 年中兴公司和白俄电信签署 IPTV 项目合作协议以来，至今用户已接近 140 万家庭，覆盖白俄全境，提供基于 IP 协议的电视网络服务。作为白俄罗斯国家数字电视发展项目，该项目使白俄罗斯的百姓通过 IPTV 网络看到了更多喜爱的电视节目，包括近年来不断增加的高清频道。

自 2011 年起，公司和白俄电信合作建设 GPON 项目，为用户提供宽带无源光接入服务，有效提升了网络带宽和传输速度，为民用和商用用户提供了高速的网络体验，大幅提升了网络工作效率。截至目前，该网络还在不断从城市向广大的农村延伸。

Promsvyaz 本地化生产项目，是由白俄国营企业 Promsvyaz 作为加工企业，把我公司的散货零部件加工为白俄电信宽带业务需要的终端产品的成功案例，为白俄电信扩展宽带用户提供了物美价廉的产品，使更多白俄百姓享受到了宽带上网的服务。同时，我公司协助 Promsvyaz 的产品出口，实现双赢。

从 2004 年至今，中兴通讯的手机和数据卡在白俄市场上已经销售近 130 万只。作为世界第三大手机生产商，中兴通讯和白俄罗斯无线运营商 Velcom、Life 和 MTS 合作，使很多白俄人用上了物美价廉的手机。

白俄 Life 无线项目开始于 2009 年，由中兴通讯和白俄无线运营商 Life 合作进行戈梅利、莫吉廖夫和布列斯特三个州基站的替换和扩容服务，累计超过 1000 个基站，实现了这三个州的 2G、3G 网络覆盖。这是白俄罗斯第一张 3G 网络，它真正使运营商的数据服务质量得到巨大提升，让用户体验了高速无线网络服务。

Velcom 是白俄罗斯最大移动运营商之一，也是白俄网络覆盖最好的运营商。自 2016 年起，中兴通讯在白俄独家执行 Velcom 全网的设备搬迁和网络新建，涉及 4000 个站点改造，为该客户提供网络交付和维保双重保障。该项目已成功完成交付。

2004 年，薛斌在中国
驻白俄罗斯使馆春节
晚会上与于振起大使
合影。

2016 年，中兴通讯携手 Velcom 完成核心网的全网替换，
为 Velcom 打造出全球首个全业务虚拟核心网，使其成为目前
虚拟核心网的样板点，吸引大批欧洲及独联体区域运营商前来
参观。

Life 项目的执行经历了数个春秋，期间，白俄罗斯的美景
和人民的质朴勤劳给我们的工程执行人员留下了美好的印象
和诚挚的感动，让我们永远不能忘怀。深秋可以说是白俄罗斯
最美丽的季节，回想当时在布列斯特州的施工地点，有时收工
早了，我们这群 IT 青年踏着夕阳，在司机阿廖沙带领下走进
森林学习采蘑菇。当有人连根拔起那干净的蘑菇时，阿廖沙就
皱着眉头叹息，然后马上给我们这群门外汉讲授辨别和采摘的
本领，以及怎样享受采摘过程的快乐。我们在宁静的森林里漫
步，踩在松软的落叶上，呼吸着清新的空气，迎着从针叶林高
耸的树干间洒进的阳光。阳光那头是湛蓝的天空，树林中偶有
鸟叫，我们仿佛和大自然融为一体，感觉是那样的和谐。阿廖

沙总是会苦口婆心地说："我们已经打扰了森林的宁静，应该把蘑菇的根茎留下，给森林留下种子，只有这样，明年大自然才能赋予我们新的果实。"我们被他的话深深感动了。的确，我们和大自然应该是一体，你中有我，我中有你，互不分离，只有用心呵护，大自然才会为人类创造更美的奇迹。

在从外省赶回首都的路上，夜晚沿途的风景更是令人心醉。皎洁的月光照进深邃的林中小路，道路尽头是那若隐若现的点点湖泊，远处湖面微微闪烁的波光和天空中的繁星融为一体，分不清遥远的天际在哪儿，像是大自然正奏响美丽宁静的"湖光曲"，每个人都沉醉其中不能自拔。坐在车里，可以看到矗立在森林边的路牌上画着各种各样的动物，有小鹿、浣熊、狐狸，还有笨重的大黑熊。阿廖沙多愁善感地告诉我们，白俄虽然有大片的森林，但是土木的开发还是让这些可爱的动物失去了自己的属地，现在它们已经迁徙到了森林更深处，即使偶尔遇到，留给它们的也只是惊恐和孤独……

漫长的寒冬袭来，外省的施工条件越发艰苦，特别是边远地区，放眼望去，白雪皑皑。我们走进村子里，租住在施工地点附近的农家。施工开始，本地工人们不畏严寒，争先登塔安装设备，还总是强调自己耐冻抗寒的优势。话虽这么说，但毕竟户外是零下十几度的严寒，看到这个场景，大家心里都流淌着一股暖流。白俄人民勤劳热情的特点在每一个人身上都有体现。到了晚上，农家老大妈腾出房间，烧暖壁炉，送来土豆，一遍又一遍地嘘寒问暖，直到大家都不住地点头，她才放心。当她深一脚浅一脚地踏着积雪离开，随着那渐远的吱呀吱呀的脚步声，我望着她的背影，感觉此景就像一幅油画，画里慈祥可爱的老大妈的形象越来越清晰……

工作是辛苦的，也是幸福的，因为能欣赏到白俄罗斯美丽的自然风光，体验着大自然带给人们的欣喜和快乐。当项目完工时，想到更多的人将用上我们公司的设备、实现远距离高质量的通信互动，我们更感觉到这里生活的美好与和谐！

公司里，和我们一同工作的白俄本地同事们都像阿廖沙一样热情、淳朴、善良，除此之外，他们还具备很高的专业素质和责任心。他们受过良好的高等教育，在技术和市场方面都表现出令人敬佩的素质。大家在一个团队工作，互相配合，互相帮助，互相鞭策，互相支持，为达到共同的目标发挥着自己的能力和价值。

中兴通讯作为集技术和研发为一体的设备和解决方案供应商，还一直积极投入企业和政府项目的规划合作。在白俄罗斯工作是一件让人愉快的事，与白俄同事们一同奋斗实现工作目标的过程令人回味。

生活篇

儿子一岁半那天，妻子拿到了硕士毕业证，还不知道这个红色本子是什么的儿子仿佛也为此而感到高兴，拿着它举过头顶冲着母亲傻笑。的确，学业的完成对于带着孩子的妻子来说实属不易。

妻子是白俄罗斯国立音乐学院钢琴专业的学生，因为同在学生会工作的机缘，我们走到了一起。妻子按照中国的传统给孩子取了一个既"结实"又好"养活"、同时又具有白俄特色的名字："土豆"。很多人问为什么，妻子总是半调侃地说，土豆和洋葱、圆白菜、胡萝卜是白俄罗斯的四大土产菜，它们结实耐冻，尤其土豆更是白俄人的主食，在生活中就像中国北方的面食或是南方的米饭一样重要，土豆给人的直接感觉就是朴实。

　　妻子怀孕期间，在学校里受到了老师的优待，也得到了每一位老师的祝福。尤其是临产之前，学校同意她在生完孩子后将耽误的课程和考试补齐就可以继续学业，而不必休学。白俄罗斯人性化的教育环境使这里的学生都能轻松地接受高质量的教育，但是老师对专业水准的要求却丝毫不会降低。妻子在产后必须抽时间拼命练琴，因为照顾孩子耗费了大量精力，练习耽误比较多。一边是孩子，一边是专业，为了确保每天能有三四个小时的练琴时间，我们专门请了保姆带孩子。终于，在专业老师的细心指导下，经过一大段时间的刻苦训练，妻子圆满通过了考试。颁发毕业证那天，透过妻子高兴的神情，我看到的不只是对完成学业的喜悦，更是在专业老师阿拉的严格要求下取得专业上进步的喜悦。的确，老师人性化的教育观念和对专业水平要求的执着是不矛盾的，相反，正因为人性化的教育体制使学生主动学习的积极性更强，从而更容易培养出更多优秀的学生。

　　提到培养，我想起妻子在疲于练琴备考的同时，得到了一个意外的收获，那就是儿子的俄语听力飞速提高。因为和保姆柳德米拉每天在一起，儿子虽然还不会说话，但是柳德米拉的话他似乎全能听懂，在街上见到小朋友就会主动伸出手和他们握手，见到漂亮的白俄阿姨时还会冲着她们眨眼睛。柳德米拉是个非常有责任心的人，对土豆的启蒙教育起了重要作用。她教给土豆儿歌和顺口溜，教他识字数数，带他在小区里和小朋友们一起玩耍，还用俄式礼仪教他讲礼貌。在柳德米拉的教育下，土豆慢慢成为一个勇敢、善良、热情的"小伙子"。现在，土豆已经快六岁了，在本地幼儿园上学。幼儿园里虽然只有他一个外国人，但他却感觉不到和其他小朋友有任何不同。

我和妻子结婚的时候，在白俄只举办了一个简单的仪式，但是按照中国传统，亲人们提出一定要在国内举办一场婚礼。我的白俄朋友们都一直期待着这场中国婚礼的到来，因为他们早已约好组团到中国参加我们的婚礼。这件事成为我们每次聚会或者参加别人婚礼时大家必定商量的话题，因为我在这帮朋友中结婚算晚的。我们婚礼的时间正巧赶上他们不是小孩太小需妻子照顾，就是有些人的妻子正在孕期，很遗憾，不是所有朋友家庭都能到中国来。但即使这样，仍然有 10 个家庭共 11 人到中国参加了我们的婚礼。也正因为有了他们，我们的婚礼在家乡备受瞩目，无论走到哪里，这一行外国人都是焦点，为婚礼增加了亮丽的特色。参加婚礼的亲朋好友们看到我和这帮白俄朋友像兄弟一样亲密相处，真正了解也感受到了我们在白俄罗斯生活、学习、工作的历程和成果。他们认为，我们的生活已经和白俄罗斯紧密相连，融为一体。

　　婚礼、朋友、我和妻子，我们一同给国内的亲朋好友展现了一个更大的家庭，这正是和白俄朋友们朴实无华的友谊和亲密无间感情的写照。大学时我们在一起学习生活，毕业后我们在一个城市工作，成家时我们参加彼此的婚礼相互祝福，有了孩子以后，我们聚会看着孩子们一同玩耍。

　　十几年过去了，现在，看着我们的孩子一同成长，回想在白俄学习、生活、工作的经历，一件件往事清晰得就像昨日刚发生过一样，历历在目。我对白俄罗斯的感情，正是在这一个个故事中不断加深！

怀念在白俄罗斯学习的日子

张 建

（中国外交学院外交学与外事管理系博士、教师）

我的导师高飞教授经常对我们说，你们这代人很幸运，国家正在欣欣向荣地发展，要抓住机会多出去走走，锻炼自己。2015 年 1 月 8 日，外交学院派我到白俄罗斯国立大学国际关系学院短暂访学，提高业务水平，并为博士论文的撰写收集资料。

我乘坐飞机从北京到莫斯科，从谢列梅捷沃机场国际航站楼转到国内航站楼，再经过一个多小时的飞行，到了白俄罗斯首都明斯克。天空飘着小雪，从俄罗斯入境白俄罗斯竟然不需要任何手续，体现了俄白两国在一些方面较高的一体化水平。

到了明斯克，对我来说，这里是崭新的城市，认识的都是新朋友，很快，我就认出了白俄罗斯大学派来机场接我的志愿者维克托。夜幕降临，沿着机场公路进入城市，刚刚过完东正教圣诞节的明斯克大街上亮着五光十色的霓虹灯，到处可以见到高高的圣诞树，一派节日的喜庆。

维克托沿途给我讲解所看到的国家图书馆、国家马戏团、共和国宫等建筑，这些建筑都十分气派，有浓郁的苏联特色。

学校安排我住在一号宿舍，维克托带我到住处后，简要介绍了第二天的安排后就离开了。宿舍的住宿条件很好，每个套间有独立卫生间、厨房、收音机、冰箱等基本电器。窗外的雪花不停地洒落，我的白俄罗斯留学生活就这样开始了。

第二天一早，维克托就来接我去学校。从宿舍步行到学校只有十几分钟的路程，沿途经过汽车站、火车站，就到达白俄罗斯国立大学国际关系系。白俄罗斯国立大学曾是苏联最著名的四大高等学校之一，也是目前白俄罗斯最顶尖的学府，而其中国际关系系又是该校最优秀的专业之一。整个国际关系系在一栋新修建的现代玻璃建筑里，呈一个半圆的拱形，共有 12 层楼。维克托带我见了系主任沙杜尔斯基教授，他和蔼可亲，带着我拜访了图书馆和主要的几个我要学习的教研室，还到楼顶欣赏整个明斯克市的风貌。最后，他带我去外办那里办手续。

　　学校并没有给我安排固定的年级和班级，而是把选择权交给了我。我可以自由选择感兴趣的俄语课程和专业课程来学习，这也更有利于博士论文的构思。经过考虑，我选择了俄语课程、外交学课程、俄罗斯外交、俄白关系以及独联体国家研

张建在白俄罗斯访学
期间留影

究等业务课，这样，我能够在逐渐适应学习环境的情况下吸收和掌握所学知识。由于硕士阶段我已经在俄罗斯外交部外交学院交换学习过，而白俄罗斯国际关系、外交学专业课的设置与俄罗斯极为相近，这次我将重点放在毕业论文的写作以及提高外交俄语口语方面。这段时期，为我上业务课和俄语课各门课程的老师都十分热情友好，并没有因为我是短期学习而放松对我的要求，反而在课上会主动询问我的想法。特别是外交学教研室的卢萨科维奇老师邀请我去独联体总部参观，讲授外交文书的老师是白俄罗斯首任驻意大利全权大使，她还让我给同学们介绍中国的外交文书风格。俄语老师们都能应用熟练的教学法，充分突出外交特色，以最新国际新闻和要事为例讲解分析。我在交谈、翻译、回忆、总结中愉快地上完了他们的课程。与此同时，通过系统地学习，我做到查漏补缺。此外，国际关系系还专门安排我为学习白中关系的同学作了专题报告，系统介绍当代中国外交政策。我阐述了中共十八大以来中国在外交理

论方面的新理念、新思维，以及当代中国正逐渐走向世界舞台的中央，坚持走和平发展道路体现出了负责任的大国风范。

在白大国关系学习期间，我受邀参加了白俄罗斯—欧盟"东方伙伴"对话、"白俄罗斯的外交学理论现状与发展研讨会"等一系列学术活动，让我认识到白俄罗斯的国际问题研究除了沿袭苏联特色，即重视国际关系史的研究之外，也有自己的风范和特点。很多学者在探索当代白俄罗斯与独联体、俄罗斯和外部世界的关系，以及白俄罗斯在变化世界中的国家利益。学术会议除了有本国学者参加之外，还有来自别国的学者、外交官等，非常有利于各个国家的学者交流和学习，我也利用这样的平台了解到白俄罗斯学界对中国"一带一路"倡议和中白工业园的期待。

学习之余，国际关系系还经常举办绘画比赛、舞蹈会来丰富学生的业余生活，系主任也会亲临现场观看。

张建为白大国际关系系学习白中关系的同学作专题报告。

明斯克的生活丰富多彩。那里的人们温和善良，街道宽敞漂亮。我经常去国家大剧院、共和国宫观看高水平的芭蕾舞、音乐会，很多芭蕾舞演员和音乐家都是从莫斯科学习归来的。明斯克作为在二战中具有重要标志性的城市，还有很多博物馆。此外，白俄罗斯受到波兰和波罗的海国家影响，还有天主教的存在，是文化的"混合体"。明斯克市内既有天主教堂也有东正教堂，我经常利用业余时间参观博物馆、教堂。

白俄国家图书馆是明斯克的地标性建筑，也是白俄罗斯全国人民引以为傲的建筑。整个图书馆像一个巨大的地球，晚上灯光亮起来非常好看。白俄罗斯政府对图书馆的投入从侧面反映了这个国家对教育和文化的重视，图书馆前的人物塑像是为了纪念第一个在白俄罗斯印刷图书的人。人们还可以登上图书馆的顶楼欣赏明斯克的市容。我经常坐地铁来国家图书馆，在这座宏伟、漂亮、现代、开放的图书馆里学习、工作过许多个日日夜夜，搜集到了很多博士论文要用的有价值的一手俄文材料。

了解一个国家的风土人情，就要深入民众之中。学习之余，我用几天时间参观了国际关系史上著名的布列斯特要塞。1941年6月，德国法西斯正是从那里开始向苏联发起进攻的。布列斯特要塞至今仍是白俄进行爱国主义教育的重要地点。在那里，我看到了历史的痕迹、苏联人民的英勇顽强以及为反法西斯战争付出过巨大牺牲的史实，这些也激励我努力学习，珍惜和平。

短期访学结束之际，我对白俄罗斯依依不舍。这个国家人民勤劳友善，很有自己的特色，有很多优秀的中国人毕业于这里。2015年晚些时候，白大国关系系主任沙杜尔斯基教授来中国开会时，我全程接待了他。他第一次来中国是上世纪80年代，在近30年后，当他再次来到中国，亲眼看到中国的发展成就和翻天覆地的变化时，感到很震惊。他说很看好中国和中国的年轻人，中白两个国家的友好关系一定会持续下去，造福两国人民。

两个多月在明斯克的生活，每一天都让我收获颇多，我的思想在不断碰撞出"火花"。这段访学经历是我最珍贵的记忆之一，它激励我不断前行，追寻自己的理想。时光飞逝，如今我已经博士毕业，在中国外交学院外交学与外事管理系任教。外交学院因培育了众多外交官而被誉为"中国外交官的摇篮"，作为一名外交学专业的教师，我甘为人梯，让祖国未来的外交官攀登上知识的山峰，为蒸蒸日上的中国外交事业贡献自己的力量。

人物
篇

白俄罗斯的"中国通"记者——
舍曼斯基和阿利娜

（中国人民大学—圣彼得堡国立大学俄罗斯研究中心副主任、
研究员，曾任驻白俄罗斯使馆参赞）

2005 年 7 月，我来到中国驻白俄罗斯使馆任新闻参赞。由于我年轻时当过新闻编辑和驻外记者，对记者们有一种特别的感情、特别的了解，深知要当好新闻参赞，最重要的事情是要与白俄罗斯新闻记者们交朋友，尽可能为他们的报道工作提供好的服务。

白俄罗斯最了解中国的记者——
舍曼斯基

第一天上班，使馆负责新闻工作的三秘孙福忠带着我拜访使馆各位领导和同事：于振起大使、董春风参赞及其夫人马吉霞一秘、殷卫国武官、陈代文一秘、负责科技处的李长华一秘，等等。令我印象深刻的是，几乎在他们每个人办公室的书柜里，我都看见了三本关于中国的书：《你好，中国！》《开放的中国》《亲近的中国》，作者是米哈伊尔·尼古拉耶维奇·舍曼斯基。我好奇地询问：舍曼斯基何许人也？

使馆同事们笑着说：白俄罗斯男人一般不是"司机"，就是"围棋"或"懦夫"。舍曼斯基是"司机"（因为白俄罗斯人的姓大多以"斯基""维奇""诺夫"结尾，所以中国人幽默地称他们为"司机""围棋""懦夫"）。

　　舍曼斯基是白俄罗斯最负盛名的新闻记者之一，白《共和国报》总编辑阿纳托利·列梅肖诺克称他为"白俄罗斯的新闻泰斗"。舍曼斯基1935年出生于白俄罗斯布列斯特州别列佐夫区佩什基村一个贫农家庭。1945—1955年在小学和中学读书。15岁时给苏联报刊投稿而被采用，这对他后来从事新闻工作具有很大影响。1955—1958年他在军队服役期间，开始为部队报刊撰稿。1958年进入白俄罗斯国立大学新闻系学习，同时担任白俄罗斯国防部机关报《红星报》的编外记者。

　　1970—1994年，他担任苏联政府机关报《消息报》白俄罗斯记者站记者。在这25年中，他声名鹊起，被誉为"报道白俄罗斯最多、最精彩的记者"，1985年荣获"白俄罗斯功勋文化工作者"称号。

　　苏联解体后，1994年他转到白俄罗斯政府机关报《共和国报》任国际部主任。到2010年，他从事新闻工作已有半个世纪，撰写了数百万字的报道。由于对新闻工作的杰出贡献，舍曼斯基曾获得白俄罗斯"荣誉"勋章、白俄罗斯工会奖、白俄罗斯新闻工作者协会"金笔"奖等各种荣誉，并多次在白俄罗斯新闻作品大赛中获奖。1998年，他在国际新闻节上被评为年度伦理道德新闻作品最佳记者。

除新闻报道外，他还著书22本，其中三本是关于中国的。1999年中华人民共和国成立50周年前夕，舍曼斯基应邀访华，这是他第一次访问中国。在中国的所见所闻使他激动不已，回国后，他很快就撰写出版了关于中国的第一本书《中国，你好！》（2001年）。这也是白俄罗斯最早出版的关于中国的图书之一。2002年，他关于中国的第二本书《开放的中国》在明斯克出版，他在序言中写道："中国取得的巨大成就令世界瞩目。这些成就是由勤劳智慧的中国人民取得的，也是中华人民共和国领导人执行明智政策的结果。坦率地讲，中国对我个人有一种神奇的难以抗拒的吸引力。中国和中国人民以其悠久的文化传统丰富了全人类。因此，我是怀着一种激动的心情和对中国及中国人民充满热爱和尊重的感情写这本书的。我殷切地希望，本书的读者在自己的心中也能够产生类似的感情。"此书出版后引起很大反响，舍曼斯基因此获得当年白俄罗斯最高文化艺术奖项——总统特别奖。

2005年，舍曼斯基关于中国"三部曲"的第三本书《亲近的中国》出版，好评如潮。人们惊叹：在不到五年内就撰写并出版三本关于中国的著作，这需要付出多大的热忱和精力啊？！

如果要问：白俄罗斯记者和作家中谁撰写中国最多？那非舍曼斯基莫属！可以说，舍曼斯基是新独立的白俄罗斯国度里对中国最了解、最友好的记者之一。

我急切地想见到这位如雷贯耳的"名记"（著名记者）。

几天后，我就来到位于明斯克市赫梅利尼茨基大街的白俄罗斯新闻大厦（ДОМ ПРЕССЫ）拜访舍曼斯基。

新闻大厦是一座白色建筑。白俄罗斯官方主要报刊——以俄文出版的《苏维埃白俄罗斯报》《共和国报》《人民报》《白俄罗斯田野报》《星报》《为了祖国的荣誉》《青年旗帜报》等报刊的编辑部都设在这座楼里。主要报社占一个楼层，有的报社占半个楼层。我乘电梯来到《共和国报》所在的第六层，舍曼斯基在他的办公室门口迎接我。他头发雪白，留着短发，中等个儿，一米六五左右，身体比较胖。他面带微笑，和蔼可亲，一双眼睛炯炯有神。

落座后，我作了自我介绍，其中谈到，1976—2000 年，我先后在新华社、《中国青年报》和《光明日报》工作 25 年，与他是同行；现在作为中国驻白俄罗斯使馆第一任新闻参赞来明斯克工作，希望在今后工作中得到他的支持和帮助。

舍曼斯基说，中国大使馆增加一名新闻参赞，这充分说明中国政府高度重视作为公共外交一部分的对外新闻工作。在白俄罗斯获得独立不久、中白两国人民尚缺乏相互深入了解的今天，这是很有必要也非常及时的。他相信，由于我具有新闻工作的经历，我们一定能够合作得很好。

过了不久，8 月 1 日前夕，中国驻白俄罗斯大使馆武官殷卫国在明斯克环球饭店举行庆祝中国人民解放军建军节招待会，嘉宾如云，高朋满座。舍曼斯基作为中国使馆的好朋友和中白友好积极分子也被邀请参加。席间，他主动把新闻界一些精英介绍给我，包括总统新闻局局长帕维尔·廖赫基、白俄罗斯国家通讯社社长德米特里·茹克、《人民报》总编辑弗拉基米尔·安德里耶维奇和副总编辑利季娅·佩雷瑟普金娜、《苏维埃白俄罗斯报》国际部主任尼娜·罗曼诺娃。一下子认识了这么多新闻界名流，这让我非常高兴，也对做好新闻参赞的工作增强了信心。

一晃就到了 2006 年 5 月，一年一度的白俄罗斯国际媒体展在白国家展览中心举行。中国使馆将参加展览并布置一个展台。我请教舍曼斯基，白俄罗斯观众对中国的哪些新闻和文化题材感兴趣。舍曼斯基说，介绍中国名胜古迹的各种画册、俄文杂志《中国》在白俄罗斯读者中颇受欢迎，可以多放一些。为此，我特地向《中国》杂志编辑部申请多给驻白俄罗斯使馆几百册杂志。

展览开始后，《中国》杂志确实很抢手，有的老年参观者甚至多次来索取，供不应求。

正如舍曼斯基所说，吸引人们到中国展台的还有中国文化和新闻方面的其他展品，如秦始皇兵马俑、八达岭长城画册和中国民族音乐等影像资料。舍曼斯基用俄文撰写的关于中国的"三部曲"，也为我们的展台增色不少。

作为中国人民的好朋友，舍曼斯基痛中国人民之所痛，急中国人民之所急。2008 年 5 月 12 日，四川省阿坝藏族羌族自治州汶川县发生 8 级地震，6.9 万余人遇难，37.4 万人受伤，17923 人失踪。世界各国政府、民间团体和个人纷纷伸出友谊之手，帮助中国人民克服地震造成的困难。白俄罗斯政府决定向中国援助 20 吨帐篷和棉被等救援物资，由白紧急状况部派专机运往四川。

舍曼斯基获悉后，立即给我打来电话表示慰问。5 月 19日至 21 日中国全国哀悼日期间，我们大使馆降半旗致哀，并设立吊唁簿。马丁诺夫外长、舍曼斯基和他的同事们也前来吊唁，与我们分担痛苦。吴虹滨大使在白俄罗斯国家新闻中心就汶川地震举行记者招待会，介绍地震灾情和中国政府采取的举

舍曼斯基回忆录《我的信仰——我的白俄罗斯》书影

措。舍曼斯基参加记者招待会并作报道。

每逢中华人民共和国国庆、中国驻白俄罗斯大使馆举行重要活动，舍曼斯基不顾年迈，总要来采访中国大使或报道活动。他发表在《共和国报》的报道或文章，成为人们了解中国和中白关系发展的一个"窗口"。

2011 年 7 月 27 日，舍曼斯基应邀来中国大使馆参加鲁桂成大使为我离任和新的参赞到任举行的招待会。一见面，他就把一本书送给我。我接过来一看，只见封面上写着：《我的信仰——我的白俄罗斯》。这正是舍曼斯基在自己 75 岁生日、从事新闻工作 50 周年前夕出版的回忆录。他在扉页上写道：

尊敬的王宪举！我荣幸地把自己的书赠送您。让它成为您对白俄罗斯的美好记忆。您在中国驻白俄罗斯大使馆这样卓有成效地工作，令人难忘。我感到幸运的是，命运赠予我与您这样出色、具有很高的专业水平、非常勤奋、善良和负责任的人建立了友谊。而我，像所有白俄罗斯新闻工作者一样，和您——我们的好朋友一起工作感到很愉快。非常感谢您所做的这一切以及您对白俄罗斯的热爱！向您致以最美好的祝愿！

米哈伊尔·舍曼斯基

2011 年 7 月 27 日

于白俄罗斯明斯克

很多白俄罗斯新闻界朋友都来参加招待会，这让我非常感动。我十分动情地谈了自己的感想："我在美丽的白俄罗斯工作了六年。这六年，是白俄罗斯清洁的水、干净的空气和生态的食品养育了我。是你们——亲爱的白俄罗斯朋友们，支持和帮助我克服各种困难，做了一些力所能及的工作，以加强我们两国在新闻、文化等领域的合作。今天，我再次向你们表示真挚的感谢！如果没有你们的帮助，我是很难做好自己作为新闻参赞的工作的。虽然我即将离开白俄罗斯，但是你们将永远留在我的心里、我的脑海里、我的记忆中。回国以后，我将继续努力，为发展中白友好合作而尽自己的绵薄之力！"

在我发言后，《人民报》总编辑安德里耶维奇、白俄罗斯国家科学院哲学研究所所长拉扎列维奇和舍曼斯基即兴发言，对我离任表达了依依不舍的心情。舍曼斯基说，王宪举参赞在明斯克工作期间组织了很多新闻活动，为扩大中国在白俄罗斯的影响、促进中白关系发展做了许多工作，他是外国驻白俄罗斯新闻官中最积极的一位。白俄罗斯新闻媒体人士视他为自己的好朋友。

我没有想到舍曼斯基会临场发言，更没有料到他会称我为"最积极的新闻官"。我为中白友好事业做了一些工作，得到白俄罗斯新闻界朋友的肯定，这使我感到高兴。然而，我更高兴的是结识了像舍曼斯基这样的白俄罗斯杰出的新闻工作者，正是由于他们的支持和帮助，我才能较好地完成使馆新闻官的工作。

光阴荏苒，日月如梭。离开白俄罗斯六年以来，我依旧关注着这个国家的形势以及中白关系的发展进程。我高兴地看到，舍曼斯基虽已耄耋之年，仍老当益壮，笔耕不辍。2011年中华人民共和国国庆节前夕，他采访了鲁桂成大使。鲁大使向白俄罗斯读者介绍了我国和平发展的近中期目标，重点谈"十二五"规划。2013年10月1日，白俄罗斯政府机关报《共和国报》又以"白中两国人民走在同一条道路上"为标题，整版刊载了舍曼斯基对中国驻白俄罗斯大使宫建伟的国庆专访文章。宫建伟大使重点就中共十八大精神的落实情况、中国经济发展状况、中国梦的内涵、中白两国关系及务实合作等问题回答了记者提问。

舍曼斯基先生热爱祖国，努力工作，为发展中白关系添砖加瓦的精神令我感动不已，他值得我永远学习！

最积极报道中白关系的记者——阿利娜

白俄罗斯国家通讯社记者阿利娜·格里什凯维奇是我最先认识的白俄罗斯记者之一。我刚到使馆工作，就听使馆同事们说，白俄罗斯国家通讯社记者阿利娜对中国很友好，多年来积极报道中国和中白关系的各种活动，是我们使馆的老朋友。

阿利娜·塔杰乌舍夫娜·格里什凯维奇1984年毕业于白俄罗斯国立大学新闻系，2005年又以优异成绩毕业于总统管

229

王宪举与白俄罗斯记者阿利娜合影

理学院对外政策和外交专业，现在还在攻读白俄罗斯国立大学国际关系系研究生课程。2001 年以来，她担任白俄罗斯国家通讯社总统活动报道组特派记者和评论员，经常跟随卢卡申科总统外出并对其活动进行报道。

由于出色的报道工作，她曾荣获一系列奖章和荣誉称号，如功勋新闻工作者、白俄罗斯新闻工作者协会奖、第十一届白俄罗斯新闻媒体大赛"金笔"获得者。

我到使馆后不久，就接到阿利娜·格里什凯维奇打来的电话，要求采访中国新任驻白俄罗斯大使吴虹滨。我请示吴大使后回复她：卢卡申科总统即将对中国进行国事访问，最近吴虹滨大使将在中国大使馆举行记者招待会，特邀她参加并提问。

记者招待会那天上午，阿利娜提前来到中国大使馆。她 30 多岁，身材不高，一米六〇左右，桃型脸，杏核眼，浓密的栗色头发，端庄的举止，给人以善良、精干的印象。

阿利娜在大厅前排坐下，以便提问。

吴虹滨大使首先简略地谈了中国和白俄罗斯关系发展的现状和前景。他说，卢卡申科总统这次访问是在中白两国关系持续发展的背景下进行的，是中白两国关系符合逻辑的发展，将把两国关系推到新的高度。中国正认真准备这次访问，将热情接待白俄罗斯人民的友好使者和中国人民的老朋友。

　　为了使记者招待会更有针对性，吴大使马上请记者们提问。

　　阿利娜第一个站起来：请问大使先生，白中关系发展的主要动力是什么？您认为两国关系应在哪些领域优先发展？

　　吴虹滨大使说：中国重视发展同白俄罗斯的关系，把白看作可靠的朋友。这是因为，我们两国在当代世界面临的主要问题，如和平与发展、建立多极世界等问题上有相同的立场；两国在关系到对方根本利益的重大问题上一贯相互支持。白是首先支持中国通过《反分裂国家法》的国家之一。中国在联合国人权委员会会议上历来反对一些国家以保护人权为借口干涉白俄罗斯内政。中白一直在平等互利的基础上发展全面关系，中国历来把白看作平等的伙伴，尊重白俄罗斯人民的政治选择，从不对白内政说三道四。中国政府支持白政府为维护社会稳定、发展国民经济和捍卫国家主权所作的努力，认为白政府的政策有利于地区的稳定和发展。

　　关于卢卡申科总统访华，吴大使说，中白最高级会晤将给两国经济、科技合作奠定更加坚实的基础。可以预见，今后几年两国贸易额将大幅度增加，达到 10 亿美元是完全可能的。为了保证经贸合作过程的健康发展，我们应注意以下几点：

　　（1）在确定合作项目时要有科学的态度，要量力而行；

　　（2）要在市场经济规律的基础上开展合作。政府不应过多干预企业的商业行为；

　　（3）鼓励两国企业建立直接联系。现在有好的势头，但是还不够。

谈到文化交流，吴大使说，我们两国的文化交流还远远不能适应两国政治关系的水平。对彼此的文化和历史了解不够，直接影响两国人民的相互理解。新闻界的往来也很少。希望今后两国能有更多的文化艺术团体互访，新闻记者更多地交流。

接着，记者们踊跃提问，问题涉及中白关系各个方面。

记者招待会结束后，阿利娜对我说，吴大使对白中关系的评价非常中肯和务实。她特别注意到大使指出要加强两国新闻记者之间的交流与合作，她希望自己能有机会再次到中国采访。

阿利娜是报道中国和中白关系各种活动最积极的记者，凡是在明斯克举行的有关中白关系的活动，一般都能见到她的身影，看到她的有关报道。和舍曼斯基一样，她也是采访中国大使最多的记者之一。每逢中华人民共和国国庆、中白两国领导人互访或两国关系的重大事件，阿利娜都要采访中国大使。后来，她又把采访对象扩大到大使夫人。2015年2月16日，在中国传统佳节春节前夕，阿利娜采访了中国驻白俄罗斯大使夫人李爱民，请她介绍中国春节传统文化、习俗、食品以及妇女如何参与春节的准备和庆祝活动。这一专访报道受到白俄罗斯读者的特别青睐。

为了促进中白两国新闻工作者的合作，我一直努力推动两国新闻记者互访。我一直留心是否有机会邀请阿利娜访华。

这样的机会终于来到了。为让国际社会了解2008年北京奥运会筹备情况，国务院新闻办公室邀请一批白俄罗斯记者访华。我负责具体落实这个计划。2007年8月，阿利娜和其他几位白俄罗斯记者一起，来中国进行了采访报道。他们访问了北京、上海和河南少林寺。

这次中国之行使阿利娜兴奋不已。回国后，她写了很多专题报道，并在白通社周报《七日》上发表连载文章，从各个方面介绍中国。她曾对我说，想把这些文章以及多年来她所撰写的关于中国和中白关系的其他文章结集成书出版。我期待她的愿望成真。

2012年初，为了纪念中白建立外交关系20周年，由白俄罗斯前驻华大使阿纳托利·托济克挂帅的20位白俄罗斯友人合作编撰出版了图文并茂的文集《白俄罗斯人看中国》。其中阿利娜撰写了题为"少林寺方丈的礼物"的文章，回顾了2007年她访问北京、上海和少林寺的情景和体会。她对八达岭长城、天坛、藏医院、浦东新区和陆家嘴的描写，生动逼真，给人以深刻印象。尤其是对访问少林寺并与释永信方丈会见的介绍，充满热情、尊重和友谊。她在文章结尾写道："中国人民力求将自己的生活变为美丽的童话，这在遥远的欧洲人眼中并不总是能理解的。中国数千年的历史使这个民族养成了勤劳、顽强、团结、自信的美德。"

文如其人。阿利娜的文章切实反映了她对古老而生机蓬勃的中国及其伟大人民的深情厚谊，体现了她对发展白中关系的真诚愿望。为了编辑出版此书，2011年大半年，阿利娜除了上班，几乎把所有业余时间都用在编辑文章和选配图片上了。

由于对发展中白关系所作的积极贡献，阿利娜被选为白中友协副主席、白俄罗斯对外友好和文化联络协会副主席、白俄罗斯妇女联合会理事。

自从习近平主席提出"一带一路"的倡议后，报道和研究中白在"一带一路"上的合作成为阿利娜的一个重要课题。她认为，习近平主席关于"一带一路"的倡议具有重要意义，中白两国开展这方面的合作将深化两国"相互信任、互利共赢的全面战略伙伴关系"。近年来，她经常参加关于"一带一路"的各种研讨会，就此发表自己的观点，为推动中白在"一带一路"特别是"巨石"工业园建设上的合作而贡献自己的力量。

友好的白俄罗斯新闻界

对中国热情友好、积极致力于中白合作的舍曼斯基和阿利娜只是白俄罗斯新闻界的两位代表而已，在他们的背后，是对中国抱着友善态度和促进中白关系发展的白俄罗斯新闻舆论界。如果与独联体其他国家相比较，白俄罗斯新闻界对中国的友好程度恐怕是最高的。

白俄罗斯共有约 1255 家报刊。其中，发行量和影响最大的报纸是《苏维埃白俄罗斯报》，1927 年创刊，总统办公厅机关报，用俄、白两种文字出版，发行量约 40 万份。该报社有一位总编辑和五位副总编辑，下设政治新闻部、国际政治新闻部、文化部、研究部、记者部、特别项目部、发展部、广告部等。该报社还出版《明斯克时报》、《谈话者报》（每周一期）、《联盟报》（每周一期）和《白俄罗斯》杂志（月刊）。该报每周一至周五发行，每天 24 版，包括政治、评论、经济、生活、社会、健康、文化、体育等栏目。该报驻北京记者伊内萨·普列斯切卡切夫斯卡娅曾长期活跃在中国，是白唯一的驻华记者。可惜，2013 年她离任回国后，该报没有再派记者常驻中国。

白俄罗斯的另一家政府机关报是《共和国报》，它也是日报，1991 年创刊，混用俄、白两种文字出版，发行量约 9.4 万份。《人民报》创刊于 1990 年，原来是议会机关报，现改为政府机关报，混用俄、白两种文字出版，发行量约 2.8 万份。

《星报》是议会机关报，有工作人员 80 人，每周出版五天，只用白俄罗斯文出版。《为了祖国的荣誉》是国防部机关报，混用俄、白两种文字出版，发行量约 1.7 万份。《青年旗帜报》是国家青年事务委员会和白俄罗斯青年爱国联盟机关报，混用俄、白两种文字出版，发行量约 1.9 万份。《白俄罗斯田野》是政府所属农业报，混用俄、白两种文字出版，发行量约 3.5 万份。《新闻球》报创办于 1991 年，属私人办报，有工作人员 41 名；每周出版三次，周二出版 24 版，周四和周五各 16 版，以体育新闻和评论为主。该报不仅报道比赛结果，而且采访教练、运动员等人物，分析比赛胜败原因，把读者当作专家、内行，力求报道使他们满意，所以是白俄罗斯最受欢迎的体育报纸，订户约 2.53 万。《体育全景报》是日报，属白体育和旅游部机关报，创办于 1951 年 6 月 1 日，有工作人员 37 名，订户大约 7600。《白俄罗斯实业报》是独立报纸，用俄文出版，发行量约 1.1 万份。《人民意志报》是反对派的报纸，混用俄、白两种文字出版，发行量约 2.8 万份。

除了纸质媒体外，白俄罗斯主要通讯社是白俄罗斯国家通讯社（白通社），其前身是 1921 年 1 月成立的俄罗斯电讯社白俄罗斯分部，1931 年 3 月正式改称白通社，现隶属总统办公厅，共有 176 名工作人员，其中记者 55 人，向白及其他独联体国家的 220 家新闻单位提供白语、俄语和英语新闻。

白俄罗斯国际文传电讯社隶属于俄罗斯国际传媒集团"国际文传电讯社"，1994 年成立。该通讯社凭借专业和客观的报道赢得了声誉，成为白俄罗斯最具权威性的新闻媒体之一。

独立通讯社"别拉潘"成立于 1993 年，约有 70 名工作人员，其中记者 35 人。该通讯社不仅报道白俄罗斯的重大事件，而且发表自己的评论。其评论不完全与官方一致，经常有自己独特的分析和观点，很多评述显示出倾向于欧盟的立场。

白国家广播电视公司直属总统管辖，公司主席、副主席由总统任免。公司下辖新闻部、电视台、电台、无线电技术中心和商业广告部，在各州设有分部，其广播电视服务覆盖全国。该公司共有约 3000 名专业人员。

白俄罗斯广播电台创建于 1925 年 11 月，现有专业人员420 名，在两个无线电波段上用单声道和立体声播出四套节目：第一套节目每天播出 19 小时；第二套节目每天播出 16 小时；"首都"广播电台每天播出 12 小时。以上三套节目混用俄、白两种语言广播，乌克兰、波兰、立陶宛、拉脱维亚与白相邻地区及俄罗斯乌拉尔以西地区可收听到。"白俄罗斯"国际电台每天用白语、俄语、德语、英语对美国、加拿大、澳大利亚及 20 多个欧洲和非洲国家广播 4 小时。

白俄罗斯国家电视台创建于 1956 年，现有各类专业人员890 名，下设电视节目管理处及社会节目、少年儿童节目、科普与教育节目、电视片和体育节目五个创作联合体和青年节目、文艺节目、音乐与娱乐节目三个编辑部；混用白语和俄语播出，日播出时间约 20 小时。

公共电视台，也叫白俄罗斯国家电视二台，是国家控股的股份公司，国家占 51%，其余 49% 股份由白俄罗斯国家银行等一些国有大公司购买。该台自制节目较少，多采用其他电视台摄制的节目。

由于白俄罗斯总统卢卡申科奉行对中国友好合作的方针，白俄罗斯新闻媒体单位都执行这一方针。可以说，白俄罗斯新闻媒体是独联体国家中对华最友好、最积极报道中国的媒体。它们对促进中白两国关系的发展起到了重要作用。舍曼斯基和阿利娜正是白俄罗斯这种友好报道方针的积极执行者和生动体现者。此外，在我担任使馆新闻官的六年里，我的工作还得到白俄罗斯其他新闻单位及其领导的支持和帮助。

2008年3月14日，西藏拉萨发生了打砸抢烧严重暴力犯罪事件。这是由达赖集团有组织、有预谋、精心策划煽动，由境内外"藏独"分裂势力相互勾结制造的。他们企图把事件闹大，从而破坏即将在北京举办的夏季奥运会。4月24日，白俄罗斯最大的报纸《苏维埃白俄罗斯报》刊登了吴虹滨大使就西藏和北京奥运对该报记者发表的长篇谈话。

吴大使介绍了拉萨发生的打砸抢烧严重暴力犯罪事件的真相，他指出，达赖集团和西方国家的部分人士称此次暴力犯罪行动是"和平示威"，而把中国政府依法惩治暴力犯罪的行动称为"镇压和平示威"，这是颠倒黑白、歪曲事实。他对白俄罗斯外交部完全支持中国政府在西藏问题上的立场表示感谢。

吴大使讲述了西藏的历史和发展现状。他说，西藏自古以来就是中国领土不可分割的一部分。自13世纪起，中国中央政府就一直对西藏实施有效的管辖。他引用一些统计数字说明，1959年实行民主改革以来，西藏在经济、社会、文教、医疗等各领域都取得巨大成就。

在阐述中国政府对达赖喇嘛的立场时，吴大使指出，达赖曾是西藏最大的农奴主和最高统治者，现在是西藏分裂势力的"精神领袖"，是"3·14"事件的幕后策划者。"西藏流亡政府"下属的"西藏青年大会"是一个恐怖组织，直接参与了包括"3·14"事件在内的所谓"西藏人民大起义"的策划。吴大使强调，中国人民反对分裂、拥护祖国统一、维护社会稳定的决心是坚定不移的，任何破坏西藏稳定、制造分裂的图谋都注定要失败。

关于北京奥运，吴大使说，奥运圣火是和平、友谊、和谐、合作与光明的象征，属于全人类。破坏奥运火炬传递是对奥运精神和全世界爱好和平人民的挑战。他感谢白俄罗斯总统卢卡申科发表声明坚决支持北京奥运会。

4月20日，白俄罗斯国家电视一台也播放了该台记者就北京奥运会等问题对吴大使的采访。

2008年6月5日至7月20日，中国驻白使馆和白《人民报》联合举行名为"让北京奥运会离我们更近"的知识竞赛。有关北京奥运会的13个问题在《人民报》刊登后，该报编辑部收到了大量来自白全国各地的参赛答卷。参加知识竞赛的不仅有中小学生，而且有各行各业的体育迷、奥运迷和对中国感兴趣的人士。中国驻白使馆和《人民报》编辑部经过认真评选，确定了知识竞赛的两个第一名、两个第二名和三个第三名。8月5日，这些获奖者从布列斯特、维捷布斯克、莫吉廖夫等地赶到中国驻白使馆参加颁奖仪式。有些获奖者的父母也陪同参加。

象征"北京欢迎你"的充气福娃在中国使馆内热情地迎接来宾。大厅幕布上悬挂着印有北京奥运会会徽的旗帜，旁边矗立着祥云火炬。反映北京奥运会的图片和本次知识竞赛部分获奖者的答卷陈列在几张桌面上。来宾们高兴地与充气福娃、祥云火炬合影。大厅内洋溢着热烈喜庆的气氛。

颁奖仪式上，我们还放映了介绍2008北京奥运会的宣传片集锦《同一个世界，同一个梦想》。

在成功举办北京奥运会知识竞赛的基础上，为庆祝中华人民共和国成立60周年，中国大使馆和《人民报》从2009年3月28日到7月30日举行了"关于中华人民共和国的知识竞赛"。参赛者非常踊跃，数以百计的答卷来自白俄罗斯各个州，不仅有大中小学生，而且有不少中年和老年人。9月25日下午，

王宪举参赞在使馆三八节招待会上表演中国传统乐器葫芦丝。

在新中国迎来60岁生日前夕，驻白俄罗斯使馆和白俄罗斯《人民报》联合在使馆举行新中国60周年知识竞赛颁奖仪式。大使夫人敬明女士及使馆部分人员参加了此次颁奖仪式。在一片悠扬的中国古典乐曲声中，此次竞赛的九名获奖者以及来自明斯克第12中学、第23中学等四所教授汉语中学的小朋友们兴致勃勃地来到使馆大厅，一声声"你好"表达了他们激动的心情和对中国的热爱之情。

敬明女士致辞说，举办关于新中国的知识竞赛是一项很有意义的活动，它起到了促进两国人民特别是青少年文化交流的作用。中国大使馆的任务之一就是尽力促进两国人民之间的相互了解。希望今后有越来越多的白俄罗斯朋友更加关注中国，成为中白文化交流的桥梁。

敬明女士与《人民报》副总编辑向获奖者颁发了奖品，全场气氛热烈。一等奖获得者冈恰罗夫发表感言说，非常荣幸能参加这次知识竞赛，从中学到了更多关于中国的知识。他衷心地祝福中国生日快乐。另一位获奖者巴什科说，为了实现妈妈的愿望，他参加了这次知识竞赛，也正是通过这次参赛，他深深地爱上了中国这个伟大的国家。

来自明斯克市的萨沙小朋友已经是第二次参加知识竞赛了，他不仅正确地回答了问题，而且精心制作了竞赛答卷，获得三等奖。12岁的萨沙在父亲陪伴下来到了颁奖现场，他说，有关中国的一切都令他感到惊奇，令他向往。

颁奖仪式持续了一个多小时，大厅内到处都在谈论着有关中国的话题。颁奖仪式结束后，大家意犹未尽，记者们争相采访敬明女士。敬明女士笑容可掬，高兴地回答了中国语言和文化、中白文化交流等方面的问题。

由于有了举办这两次竞赛的经验，2010年4月，中国驻白俄罗斯使馆、中国国际广播电台、白俄罗斯国家电视广播公司和白俄罗斯政府机关报《人民报》共同举办了上海世博会知识竞赛。竞赛的有关问题在白俄罗斯《人民报》上分四次刊登，并由白俄罗斯广播电台不断播发。竞赛参加者的答卷直接邮寄或用电子邮件发给负责判题的中国国际广播电台。

2010年8月23日，四家主办单位在明斯克举行上海世博会知识竞赛优胜者颁奖仪式。白俄罗斯国家电视广播公司总裁齐莫夫斯基、《人民报》总编辑安德里耶维奇、中国国际广播电台副总编辑李忠尚出席仪式并讲话。

我代表竞赛组委会宣布了优胜者名单：白俄罗斯国立大学建设处处长普里戈季奇荣获特等奖，他将获得中国国际广播电台提供的国际旅费，于2010年10月赴上海参观世博会。79岁的诺沃日洛夫获得一等奖。软件设计师雷兹瓦诺夫获得二等奖。工程师卢戈夫斯卡娅、新闻记者沃雷涅茨、大学教师伊万钦和11岁的库钦斯基等5人荣获三等奖。

白国家通讯社、国家电视台、《人民报》、"别拉潘"独立通讯社等媒体对这一颁奖活动进行了报道。

2010 年夏，白俄罗斯文的儿童杂志《快乐》与我们使馆联系，希望共同编辑出版一期关于中国的图集专刊。使馆提供了万里长城、秦始皇陵兵马俑、熊猫、孙悟空、无锡泥人福娃等图片，并撰写了图片说明。使馆和《快乐》杂志编辑部在明斯克"友谊之家"举办了这一期杂志的发刊仪式，邀请了 100 多名小学生参加，并向他们赠送杂志。少年儿童是国家的未来，为了使中白关系持续长久发展，积极培养中白两国青少年之间的友好感情，增加相互了解，是十分必要的。

鉴于电视在现代社会具有巨大的影响力，我们十分重视开展中白两国电视台之间的合作。2007 年 1 月，中国中央电视台到白俄罗斯访问，摄制纪录片《白俄罗斯纪行》。5 月 30 日，中国驻白使馆举行电影招待会，放映这部《白俄罗斯纪行》。纪录片以高超的摄影艺术和丰富多彩的实景，生动介绍了白的悠久历史、传统文化、自然风貌和名胜古迹，特别是首都明斯克、英雄城市布列斯特、别洛韦日国家森林公园等。白国家广播电视台、公共电视台、国家通讯社、国际文传电讯社、"别拉潘"通讯社、《共和国报》、《田野报》等媒体的数十名新闻工作者兴致勃勃地观看了影片。《共和国报》评论员罗斯季可夫说："与某些国家总是戴着有色眼镜看白俄罗斯不同，中国中央电视台摄制的专题片客观、真实地反映了白俄罗斯的现实生活，使中国观众增加了对白俄罗斯的了解。希望白中两国新闻媒体加强交流与合作。"

2011 年春，由中国香港凤凰卫视记者鲁韬、杜德基组成的摄制组也来到白俄罗斯采访。他们采访了卢卡申科总统及其家乡莫吉廖夫、副总理（前驻华大使）托济克、切尔诺贝利核事故灾区、布列斯特英雄要塞、别洛韦日森林公园等反映白俄罗斯历史和现状以及中白关系发展的典型人物和场景。几个月后，凤凰卫视播出了四集电视纪录片《白俄罗斯》，受到各国观众的关注与好评。

2008 年，白俄罗斯国家电视台也应邀访问中国，采访了北京、上海和泰山、曲阜等名胜古迹。节目播出后，在白俄罗斯观众中引起很大反响。

与此同时，中白国家广播电台之间的合作也顺利展开。2009 年 10 月 19 日，中国国际广播电台在明斯克举行"国际在线"白俄罗斯语网站推介仪式，宣布该网站正式开通。驻白俄罗斯大使鲁桂成、中国国际广播电台副总编辑尹力和白俄罗斯国家电视广播公司主席齐莫夫斯基、第一副主席萨拉马哈等出席。

尹力副总编辑和齐莫夫斯基主席首先分别介绍了两家媒体的基本情况与业务，并共同向观众推介"国际在线"白俄罗斯语网站。他们表示，启动白俄罗斯语网站合作项目为中白增进互信、获得双赢创造了一个良好的渠道。通过该网站，受众能够用自己的母语获取关于中国及世界的各种信息。白语网民不仅可以借此了解中国文化和旅游信息，还可以学习中文，更客观全面地认识一个真实的中国。中国国际广播电台俄语广播部主任孙宇峰现场介绍了"国际在线"白俄罗斯语网站的情况。

鲁桂成大使应邀致辞。他说，在白俄罗斯工作一年来，很高兴看到中白关系在两国领导人的直接关怀下健康、稳步发展。中白是友好国家，虽地理上相距遥远，但人民间的心灵贴得很近。两国人民渴望获得大量的对方信息，加深相互了解。在白国家广播电视公司和其他有关部门大力支持下，中国国际广播电台白俄罗斯语网站得以顺利开通，这是两国在信息领域合作的一次重要尝试。相信该网站将使中白两国人民的心灵贴得更近，成为增进两国友谊的桥梁，巩固中白全面发展与战略协作关系的精神与社会基础。中国驻白使馆将一如既往地支持中白新闻信息领域深化合作。

推出白俄罗斯语网站是中国国际广播电台开展对白新闻合作的重要举措。在白新闻部、国家电视广播公司的大力支持下，该网站历经半年多筹备而得以顺利开通，成为目前中国主要新闻机构开通的第一个白俄罗斯语信息平台。随着双方合作的深化，"国际在线"白俄罗斯语网站将成为白民众了解中国的重要渠道。

有人说，新闻舆论是国家的"第四政权"，是"软实力"的重要方面，在培养和塑造国家形象、促进与发展国家和人民之间关系方面起着重要作用。

我衷心希望中白两国新闻舆论界的工作者进一步加强交流，加深合作，为不断发展中白两国的友谊与合作发挥更大作用！

认真负责、友好热情的
白俄罗斯人

张惠芹

（北京第二外国语学院白俄罗斯研究中心主任，教授）

由于历史的原因，白俄罗斯、俄罗斯这两个国家对于中国人来说，是分不太清楚的。甚至那些长期从事俄语工作的人，当你问白俄罗斯和俄罗斯有什么区别时，恐怕他们也很难非常准确地说出一二三来。随着习近平主席对白俄罗斯的访问、"巨石"工业园的建立，以及白俄罗斯总统卢卡申科和他的小儿子尼古拉不断在中国媒体上露面，白俄罗斯对于中国人来说，已变得并不陌生。我们知道了白俄罗斯不是我们通常所说的"白俄"。"白俄"是指在俄国大革命和苏俄国内革命战争爆发后离开俄罗斯，20 世纪上半叶在我国的上海和东北等地居住的俄裔居民；而白俄罗斯是原苏联加盟共和国之一、1991 年 8 月 25 日宣布独立的主权国家。

我个人对白俄罗斯的深入了解是从我校 2014 年建立白俄罗斯研究室开始的。随着"一带一路"倡议的逐步落实，2016 年，我们又首先开始了白俄罗斯语的教学工作。在筹建白俄罗斯研究室及准备开设白俄罗斯语专业的过程中，我有幸与很多白俄罗斯人合作，其中有高级官员，也有普通教师。在和他们的交往中，我都看到了白俄罗斯人在工作中认真负责的精神，感受到他们对待中国人热情友好的态度。

维克托·布里亚大使（前排左 3）参加北京第二外国语学院白俄罗斯语专业开班仪式。

维克托·布里亚大使——白俄罗斯文化传播和语言教学的积极推动者

2014 年，白俄罗斯驻华大使馆酝酿在北京建立一个研究白俄罗斯问题的中心，于是王宪举校友建议在他的母校开展这方面的工作。是年正值北京第二外国语学院成立 50 周年，在学校领导的大力支持下，经过北京市外事办批准，在我校成立了"白俄罗斯研究室"。研究室成立后，时任白俄罗斯驻华特命全权大使布里亚先生非常关心该机构的建设和发展，多次到学校访问，督促白俄罗斯驻华大使馆工作人员对学校提供的场地进行考察，并亲自到中心视察。研究室（后改名为白俄罗斯研究中心）成立后，我们每年召开一次关于白俄罗斯问题的研讨会，布里亚大使都来参加并致辞。

2016 年，我校开设了国内首个白俄罗斯语教学班，在开班仪式上，布里亚大使鼓励学生们学好白俄罗斯语。他强调

指出，虽然"大家已经学习了俄语，对大家来说与白俄罗斯人民交流并不存在任何困难，但掌握白俄罗斯语能够使大家的知识体系得到提升，更加受到白俄罗斯人民的尊重。我认为，开设白俄罗斯语班是大家认识白俄罗斯的第一步。我很高兴你们有意愿学习白俄罗斯语并了解白俄罗斯共和国。所以，我也希望大家不要停留在语言的学习上，在不久的将来，大家还应将自己学到的知识与积累的经验应用到两国人民的合作活动中去"。

为了促进中白两国高校的交流，他还给我校校长写信，促成我校与白俄罗斯师范大学的交流与合作。

作为白俄罗斯驻华特命全权大使，布里亚先生不仅在政治、经济、外交领域为自己的祖国作出贡献，在白俄罗斯文化传播和白俄罗斯语言的推广方面也投入了很多精力，使得中国对白俄罗斯的了解更加深入全面。

阿列克西·卡尔留科维奇——中白文化交流的积极推动者

阿列克西·卡尔留科维奇现任白俄罗斯信息部部长，他曾经担任"星辰"出版社社长，多次来中国采访，发布了大量关于中国的报道。得知我们学校成立白俄罗斯研究室的消息后，他找到我们，希望双方能够在中白文学领域进行合作。每次来北京，他都会在百忙之中抽出时间，和我们交流中白文学互译的问题。他还向我校白俄罗斯研究中心赠送书籍；在他的大力推动下，名为"中国诗人——崇高标志"的图书翻译出版项目在白俄罗斯进行得非常顺利。该项目旨在将中国古代和现代（唐朝至 20 世纪）诗词作品译成白俄罗斯文出

版，向白俄罗斯读者介绍中国文化和历史。典籍翻译系列"中国诗人——崇高标志"是一个国际性的项目，编辑委员会由三个国家的代表组成：白俄罗斯（6位）、中国（5位）、阿塞拜疆（1位）。我作为编委会中国代表之一，与卡尔留克维奇先生保持着比较密切的联系，除了和他当面交流外，每次给他发邮件，他都会及时回复。现在，"中国诗人——崇高标志"翻译项目已经出版了多部白俄罗斯文的中国诗歌作品。我校白俄罗斯研究室也翻译了部分白俄罗斯经典作家的简介，与此同时，还将中国部分作家的简介翻译成俄文，与白俄罗斯"星辰"出版集团交流。这些工作的开展，都得益于卡尔留克维奇先生的积极推动。

玛丽娜·卡莉茨卡娅——在中国的白俄罗斯语教学开拓者

习主席提出"一带一路"倡议后，白俄罗斯积极响应。在中白两国领导人的共同关心下，在白俄罗斯建立了中白工业园。随着"一带一路"倡议的落实，需要越来越多的了解白俄罗斯的人员投入到促进中白友好关系的工作中。为了培养更深入地了解白俄罗斯民族文化和历史的人员，2016年我校开设了白俄罗斯语辅修专业。来自白俄罗斯的教师玛丽娜·卡莉茨卡娅承担起在中国教授白俄罗斯语的重任。这是我国首次开设白俄罗斯语专业，教学资料是空白。为了更好地开展教学工作，在很短的时间里，玛丽娜制订教学大纲、编写教学资料、组建教师队伍。在她的努力下，白俄罗斯语的教学工作顺利开始了。在上课的同时，玛丽娜还着手编写白俄罗斯概况教材，指导学生撰写关于白俄罗斯的论文。在她的策划和组织下，2015年我校举办了第一届关于白俄罗斯的大学生学术研讨会。

外教玛丽娜（左1）

在和玛丽娜老师的交往过程中，我们可以深深地感受到她对于传播白俄罗斯语言文化的极大的责任感。她通过讲述优美的白俄罗斯语言和文化，激发起学生对白俄罗斯的兴趣，引起了学生们对白俄罗斯问题的关注。玛丽娜教授在我校的第一批学生，今天已经能够用标准的白俄罗斯语进行日常交流。

其实，玛丽娜是我们学校聘请来的俄语外教，她学习的是对外俄语教学专业。在工作中，她将自己所学的专业与教学实践结合起来，采取了很多科学有效的方法，效果非常好。她对工作认真负责，她的课最受学生欢迎；她还经常给教师答疑，对教师们提出的问题，她总是作出非常专业的回答。在指导本科生论文时，她也付出了很多努力。她指导的学生论文选题新颖，写作质量高，其中两个学生的论文被推荐在大学生学术研讨会上宣读。

玛丽娜老师很快就要结束在中国的教学工作，中国学生和老师们都感到依依不舍。衷心祝愿玛丽娜老师回国后一切顺利，继续为中白友谊作出贡献！

我本人自 2013 年开始与白俄罗斯各界人士接触，参与了白俄罗斯研究中心的建设和白俄罗斯语专业的开班工作，参与洽谈和签署了与白俄罗斯国立师范大学、明斯克语言大学的合作协议。2016 年 10 月，我还有幸陪同我校的朱光好副书记到白俄罗斯访问。这是我第一次到白俄罗斯，访问期间，我们受到白俄罗斯国立师范大学和明斯克语言大学校领导及相关部门负责人的热情接待。此次访问加深了我对白俄罗斯的认识。在和白俄罗斯朋友的共同工作中，我感受到了他们对工作的认真负责、对中国人民的友好热情。我将继续为中白友谊作出自己的努力。

2017 年暑假，应白俄罗斯教育部邀请，北京第二外国语学院派出第一批学习白俄罗斯语的学生赴明斯克参加夏令营。他们领略美丽的白俄罗斯风情后，更加热爱白俄罗斯，更加喜爱学习白俄罗斯语。期待不久的将来能够在中白友好关系的发展过程中看到他们服务的身影。

愿中白友谊地久天长

赵会荣

（中国社会科学院俄罗斯东欧中亚研究所乌白摩波研究室
主任，研究员）

2015 年以前，我对白俄罗斯关注有限。2014 年乌克兰危机爆发，中国国内从政府到民间对乌克兰研究成果的需求直线上升，我所在的研究所决定加强对乌克兰及新东欧地区的研究，于是把我从中亚室调到乌克兰室并负责研究室的工作。这个研究室虽说叫乌克兰室，实际上研究六个国家，即乌克兰、白俄罗斯、摩尔多瓦和波罗的海三国。在这以前，我对新的研究对象和研究工作并没有作相应的准备。2014 年底，我结束在俄罗斯为期三个月的学术访问回国，立即着手新岗位的工作。没想到，这次工作变动把我与白俄罗斯紧紧联系在一起。

中白合作的关键人物——
斯诺普科夫先生

我第一次访问白俄罗斯，是 2015 年 4 月参加白俄罗斯教育部举办的第四届白俄罗斯青年分析人士科学实践研讨会"2015 日程：丝绸之路上的白俄罗斯"。会上，我作为唯一的中国客人作了《丝绸之路经济带：白俄罗斯迎来新的合作与发展机遇》学术报告。白方非常重视这次活动，总统办公厅副主任斯诺普科夫先生代表白俄罗斯政府致辞，他对"一带一路"和中白关系给予高度评价。明斯克国立外国语大学校长巴拉诺娃女士主持会议。这是我与他们第一次见面，因为当时与他们

赵会荣向白俄罗斯总统办公厅副主任斯诺普科夫赠送她翻译出版的中文版《白俄罗斯简史》。

并排坐在主席台上，会后我又被主办方拉去接受白媒体采访，没有与他们两位进行更多交流，所以印象并不深。后来，我才熟悉并了解，他们两位为中白两国合作做了很多事情。

第二次见斯诺普科夫先生是 2017 年 2 月，我作为中国社会科学院代表团的成员专门去拜访他。我们按照约定时间在他的办公室等他。他的办公室不大，简简单单，除了办公家具和基本的办公用品，没有什么特别之处。他因为公务耽搁比预定时间晚到了一会儿，一进来就向大家表示歉意。跟所有人问好后，他立即吩咐秘书准备茶点招待我们。他个子很高，也很魁梧，讲话吐字清晰，铿锵有力。他随身携带了一个小平板电脑，讲话时偶尔看一下，估计是事先列了谈话提纲。斯诺普科夫先生曾担任白俄罗斯经济部长，现在除了担任总统办公厅副主任外，还是中白政府间合作委员会白方主席。他简要介绍了中白工业园的情况，强调白政府以及他本人对这个项目非常重视。他说，如果中白工业园搞不好，他就只能失业在家了。他说的虽然有玩笑的成分，但也充分说明了白俄罗斯官方对中白工业园的重视。斯诺普科夫先生本人对中白发展分析中心寄予厚望，希望中心作为两国政府间合作的咨询机构，为两国政府合作提供政策建议，成为两国合作和共同发展的纽带。他还高度评价了习近平主席关于治国理政的思想，认为中国为世界的发展作出重要贡献。他非常坦率，也很幽默，会谈轻松而愉快。会谈结束后，我送给他由我翻译出版的《白俄罗斯简史》。他说，我记得你，这让我有些惊讶。此后，在中白发展分析中心监事会会议、中国驻白使馆举行的庆祝香港回归20周年招待会等一些场合，我也跟他见过面，他总是主动打招呼，没有一点官架子。尽管与他见面的次数并不多，但他饱满的工作热情、清晰的逻辑思维、得体的谈吐举止给我留下深刻印象。

思想者——马采维洛先生

斯诺普科夫先生有一个得力干将，就是马采维洛先生。他是第一个与我通信的白俄罗斯人，正是他邀请我参加上面谈到的研讨会。他担任白俄罗斯经济部一体化局局长，年轻有为，低调沉稳，有思想，是难得的人才。他对中国国情比较了解，积极致力于中白合作，经常访华。他极少客套，话不多，却很有见地，与他的对话总能令我感到有趣和受益。他瘦瘦高高的，皮肤白皙，头发略黄，眉宇间缠绕着一丝抹不去的忧郁，言谈举止仿佛一位思想干净的牧师。有一天晚上，白方宴请中国代表团。席间，我们谈论起白俄罗斯人的性格。他说，白俄罗斯人是忧郁的。那天刚好是他的生日，他主动提议演唱一首白俄罗斯歌曲。他坐在座位上，一脸严肃认真地唱起来，时而显得很用力。他的声音高亢婉转，透着无尽的坚忍与忧伤。歌声在宴席上空飘荡回旋，原本有些喧闹的房间很快变得鸦雀无声。

我们因建设中白发展分析中心事宜多次会面。据我所知，建设丝绸之路研究院和中白发展分析中心的"点子"就出自马采维洛先生。2015年5月10日，中国国家主席习近平和白俄罗斯总统卢卡申科在明斯克发表《中华人民共和国和白俄罗斯共和国关于进一步发展和深化全面战略伙伴关系的联合声明》。联合声明指出："研究在白俄罗斯建立丝绸之路研究院、中白发展分析中心等教育机构，向白俄罗斯和相邻国家的国家机关代表教授与中国开展项目合作的方法和技术。"联合声明签署后，中国外交部立即委托中国社会科学院完成这项任务。而白方希望最好由两国政府部门负责落实，为此马采维洛先生多次与中国驻白俄罗斯使馆沟通。我本人也与马采维洛先生几次会面，向他介绍了中国社会科学院的基本情况以及中方开展"二轨外交"的经验。白方最终决定由白俄罗斯国家科学院负责与中国社会科学院对接，落实两国元首签署的联合声明。

2016年9月29日，中国社会科学院与白俄罗斯国家科学院在北京签署《关于建立中白发展分析中心的合作协议》。中国社会科学院俄罗斯东欧中亚研究所与白俄罗斯科学院经济研究所成为协调执行两院协议的授权机构，负责落实双边合作计划。我负责的乌克兰研究室涵盖白俄罗斯研究，自然责无旁贷。2017年2月22日，中国社会科学院代表团访白期间，双方签署《中白发展分析中心章程》。6月14日，中白发展分析中心在明斯克召开首届监事会会议，确定了中心的发展方向和年度工作计划。2016年11月27日，中国社会科学院举办"'一带一路'建设与中白合作研修班"开班仪式。白俄罗斯政府部门和学术机构的官员、学者等25人参加研修班。我陪同研修班学员一起考察了苏州工业园和漳州开发区。2017

年 4 月 17 日，中国社会科学院在俄罗斯东欧中亚研究所举办丝绸之路研究院成立暨"'一带一路'建设与欧亚地区联动发展"国际研修班开班仪式。白俄罗斯官员和学者受邀参加。中白发展分析中心和丝绸之路研究院为中白双边交流与合作提供了良好平台，必将有助于推动中白关系不断发展。

和蔼可亲的学术前辈——
科瓦列尼亚先生

科技合作是中白合作的重要内容之一。2015 年 5 月 10 日，习近平主席对白俄罗斯进行国事访问，推动两国科技合作掀开新的篇章。在两国元首的见证下，中国社会科学院院长王伟光与白俄罗斯国家科学院院长古萨科夫共同签署两院合作协议。协议的内容之一是，中国社会科学院组织专家学者翻译出版白俄罗斯科学院科瓦列尼亚先生主编的学术著作《白俄罗斯简史》。所领导随即把这项艰巨的任务交给我完成。2015 年 6 月，我拿到了这本著作。那是一本精装书，封面设计非常漂亮，既有白俄罗斯的元素，也透着现代气息。全书纸张考究，印刷精美，众多彩色插图清晰且珍贵。遗憾的是，书中多幅彩色地图因审核所需时间久，出版时不得不忍痛割舍。我翻译这本著作大概用了 6 个月时间，期间与科瓦列尼亚先生通过电子邮件联系，在版权、翻译、图片等很多方面与他和他的秘书进行沟通。2016 年 4 月，这本书在中国出版。同年 9 月 29 日，卢卡申科总统对中国进行国事访问。为了配合高访活动，我们与白俄罗斯驻华使馆共同举办了新书发布会。发布会非常成功，除了学术机构和媒体单位的代表，很多国家的驻华大使也出席了发布会。我的老朋友、阿塞拜疆驻华大使甘基洛夫先

赵会荣将中文版《白俄罗斯简史》赠送给该书主编、白俄罗斯历史学家科瓦列尼亚先生。

生非常激动，发表了即兴演讲。我因为忙于会务，没有听到。茶歇时，他紧紧拉住我的手说，不要忘记阿塞拜疆。我看到，他的眼圈已经红了。我非常理解，他希望阿塞拜疆的历史著作也能够在中国翻译出版。事实上，独联体地区的新独立国家都非常希望能够把本国历史著作介绍到中国。然而，除了白俄罗斯，中国社会科学院没有为其他任何一个独联体地区的新独立国家翻译出版国家历史著作，可见对白俄罗斯的重视程度。我把新书照片、发布会的信息通过电子邮件告诉了科瓦列尼亚先生，他非常高兴。

与科瓦列尼亚先生第一次见面，已经是 2017 年 2 月。作为译者，见到他本人的感觉很奇妙，有一点陌生，又不完全陌生。要知道，在从事翻译工作的 6 个月里，我与他没有见过面，但从未停止与他和诸位作者的"隔空对话"，字里行间，我总是极力揣测他们的想法，斟酌用怎样的词汇才能准确表达这些想法。他是一位和蔼的老人，年过古稀，个子很高，很瘦，差不多满头银发，红光满面，讲话气息十足。他也是一位备受尊敬的历史学家，担任人文科学部学术秘书、通讯院士，还曾任历史所所长。要知道，在白俄罗斯，人文科学的地位根本无法与自然科学相比，人文科学工作者要赢得自然科学工作者的尊敬并不容易。他对我这个晚辈充满关爱，无论在哪里，只要他在场，他总是要把我介绍给他的同事们，从不吝惜溢美之词。有一天下午，我们被告知白俄罗斯国家科学院领导希望与代表团成员会面。到了以后才知道，原来是副院长齐日克先生和科瓦列尼亚先生安排了一个仪式。齐日克先生代表科学院为李永全所长颁授了一枚精致的勋章，以表彰他为中白合作所作的贡献。科瓦列尼亚先生亲自为我颁发荣誉证书，以表彰我翻译出版《白俄罗斯简史》。他讲了很多赞扬和鼓励的话，我很感动，也很受鼓舞。

中白合作的"红娘"——白俄罗斯驻华外交官

转入乌克兰研究室的第二年，我申请了中国社会科学院创新工程项目"中白关系史研究（1992—2020）"。在搜集资料的过程中，我发现白俄罗斯驻华外交官们撰写了很多有关中白关系的文章和著作。最突出的当属白俄罗斯前驻华大使托济克、现任驻华大使鲁德和驻上海总领事马采利先生。例如，托济克大使在白俄罗斯国立大学获得历史学副博士学位，2007年在《白俄罗斯经济》杂志发表文章《中国与白俄罗斯迈向合作的新水平》。鲁德大使是白俄罗斯国立经济大学的博士，2010 年至今在《白俄罗斯信息报》和《白俄罗斯经济》杂志发表了很多有关中白经贸合作的文章。马采利先生在白俄罗斯国立大学获得历史学博士学位，早在 2004 年就出版了专著《中白友好关系纵览》。实际上，著书立说只是他们的"副业"。作为外交官，他们把更多的时间和精力奉献给了中白友好的伟大事业。

第一次见到托济克先生是 2017 年 2 月，他作为白俄罗斯国立大学孔子学院院长邀请我参加"'一带一路'：白俄罗斯的机会"国际学术研讨会。在那次会上，我谈到中白工业园建设面临的问题。在谈到工业园基础设施建设所需投资数目时，我口误漏掉了一个数字单位。他作为主持人立刻提醒我，我及时修正后解释道："我太担忧这一大笔钱从哪儿来了。"这个解释引来全场爆笑。至今，还有当时在场的白俄罗斯人不时跟我提起那次发言，他们笑着跟我说，我的发言充满激情，给人印象很深。

托济克先生在中白合作中发挥过重要作用，他曾担任中白经贸合作委员会白方主席、白俄罗斯副总理和驻华大使（2006—2011）。他担任大使时，中白关系恰好进入"全面发展和战略合作的新阶段"（2005 年 12 月 5 日中白两国元首签署的《中华人民共和国和白俄罗斯共和国联合声明》）。在他任大使期间，中白经贸合作面貌焕然一新。白俄罗斯获得中国优惠贷款，开始实施一系列大项目，包括在白建立移动通信系统、改造明斯克 2 号热电站和明斯克 5 号热电站、改造别列佐夫斯基国营发电站和卢科夫斯基地方发电站、改造三个水泥厂，以及铁路现代化项目等。中国企业第一次在白投资，双方成立合资企业，生产微波炉。此外，中白双方还研究并启动中白工业园项目和在白生产吉利汽车项目。托济克大使还带领使馆人员一起帮助白俄罗斯企业打开中国市场，推动矿用汽车专业生产商"别拉斯"扩大对华出口，在中白合资三江瓦力特特种车辆有限公司基础上，帮助白俄罗斯拖拉机厂、明斯克拖拉机厂和戈梅利农机厂等白俄罗斯企业在中国组建合资企业。2006年，中白双边贸易额首次突破10亿美元。托济克先生听说我在研究中白关系史，便把他主编的《白俄罗斯大使忆白中关系》赠给我。这本书我期待已久，因为所有白俄罗斯驻华大使都亲自撰写在华工作经历，对我的研究来说是非常重要的参考资料。

为了发展中白经贸合作，托济克大使到任后第二年就把经济学副博士鲁德调到使馆担任经济参赞。鲁德先生1978年出生，是白俄罗斯青年才俊，23岁获得经济学副博士学位，33岁获得博士学位。熟悉白俄罗斯的人可能知道，获得博士学位相当难，出版过学术专著才有资格申请博士学位，论文答辩要"过五关斩六将"。一旦获得，政府将每年提供相当于平均工资水平的额外资助。鲁德先生曾因才华出众出任总统助理，2016年接替布里亚先生担任驻华大使。赴任之前，他主编的学术著作《财务瘦身》在白俄罗斯出版，引起不小轰动。有传言称，他因为主张经济改革、敢讲真话而受到保守派排挤。鲁德大使应该说是临危受命，2015年白俄罗斯经济陷入危机，GDP降到435亿美元，通货膨胀率为12%，黄金外汇储备减少8.83亿美元，白俄罗斯卢布持续贬值，2016年1月外债增长到124亿美元，占GDP的22.7%，人均月工资降到655.16万卢布（约合325美元）。他到任以后，积极推动中白关系升级，提出中白两国是"铁哥们"，要发展"全天候友谊"（2016年9月29日中白两国元首签署的《关于建立相互信任、合作共赢的全面战略伙伴关系的联合声明》）。他致力于从中国吸引经济技术援助和投资，扩大对华出口，发展地方合作。2017年5月，白俄罗斯颁布有关进一步促进中白工业园建设的第166号总统令，大幅度提升工业园招商引资能力。2016年，白俄罗斯牛奶和牛肉获准进入中国市场。2017年，白俄罗斯推出新政，中国公民因公普通护照可免签在白停留30天，持旅游团体签证在白停留5天可免签。2017年4月，白俄罗斯驻华使馆邀请中国媒体代表团访白，推介白俄罗斯旅游资源。鲁德大使马不停蹄走访了很多省市和企业，宣传白俄罗斯投资优势，为地方合作、企业合作牵线搭桥。

在我从事白俄罗斯研究的短短两年多时间里，结识了不少致力于中白友好事业的白俄罗斯朋友。限于篇幅，不能一一表述。当然，中国致力于对白友好的朋友就更多了。无论是在白工作的外交官，还是工作在其他战线上的同仁，几乎都对白俄罗斯这个美丽的国家和生活在那片土地上的人民充满友好的感情。愿中白两国人民惺惺相惜，世代友好！

怀念和王叔叔、宫阿姨在一起的幸福日子

维罗妮卡·谢尔盖耶夫娜·吉姆金娜

（白俄罗斯驻华使馆二等秘书）

张严峻 译

1989 年，寒冷的 12 月

零下 20 摄氏度的刺骨寒风中走来三名身着冬大衣、头戴毛皮帽的苏联医生。这三名年轻人来自白俄罗斯的不同城市，被派往位于中国东北的辽宁省会沈阳市学习一年中医。

沈阳是中国十大城市之一，医疗水平发达，A 类医疗机构数量居全国第三，仅排在北京、上海之后，因此三名医生选择前往沈阳见习。

与医生们一起工作的还有经验丰富的俄语翻译、45 岁的王老师，以及辽宁广播电视大学的青年教师王崇岐。王崇岐学过几年俄语，对苏联时期的生活很感兴趣，不时和他们谈起美好的共同理想。

一年见习期间，白俄罗斯医生们掌握了推拿、针灸和身体疗法的基本技巧。在两位王老师的帮助下，他们掌握了中医基础知识。每周三次，医生们聚集到因清太宗皇太极陵墓而闻名的北陵公园，学习中医呼吸操锻炼养生法。一位老师傅给予系统性指导，确保他们准确和牢固地掌握动作。

除了近距离接触源远流长的中国文化，白俄罗斯医生们还与中国同行交流经验。王崇岐和来自维捷布斯克的谢尔盖医生成了好朋友。谢尔盖性格开朗，善良温厚，喜欢用吉他演奏苏

联著名歌唱家和演员维索茨基的歌曲。谢尔盖刻苦地学习针灸疗法和推拿技术，学习中文，甚至还努力学习书法。

王崇岐经常邀请谢尔盖来自己家里做客。他的家并不大，装潢简单，但收拾得井井有条。王崇岐的妻子为客人准备了中国传统美食。其中最受欢迎的一道菜是酸辣土豆丝。喝了二锅头之后，谢尔盖和王崇岐常常开玩笑说，王崇岐有个儿子叫王宇飞，正好可以跟谢尔盖的女儿维罗妮卡结个"娃娃亲"。

见习期间，谢尔盖把妻子卓娅和儿子伊万接到沈阳来度假。王崇岐一家热情地招待他们，表示任何时候都可以提供帮助。伊万只有8岁，中国朋友们都把他叫作"洋娃娃"，总想拉一拉他的金色头发。

一年的见习期结束后，青年医生们返回白俄罗斯，这时苏联已经解体，白俄罗斯成为一个主权国家。

此后，谢尔盖定期随白俄罗斯医疗团队飞赴中国进行短期培训，提高针灸和推拿技术水平。每次来中国访学期间，谢尔盖都和王崇岐见面。

几年后，白中两国关系开始迅速发展。王崇岐经常陪同中国

1990年，三位来华学习中医的白俄罗斯医生与翻译王老师（左2）、青年教师王崇岐（右2）合影。左3为谢尔盖·吉姆金。

商务代表团访问白俄罗斯城市明斯克和维捷布斯克，与白俄罗斯方面就今后可能的商业合作进行洽谈。谢尔盖总会邀请王崇岐来到位于维捷布斯克的家中做客，精心地招待远道而来的中国朋友。卓娅总会准备一桌丰盛的大餐，希望给客人们带来惊喜。

2006 年，浓雾笼罩的 8 月

此时的沈阳已成为大型交通枢纽城市和汽车产业中心，拥有从工业设备、运输工具到电动摩托等一系列制造行业。同时，沈阳也是中国卫生教育水平名列前茅的几大城市之一。全市共有 30 多所中等和高等学校。沈阳的高等教育水平在全国也居前列。

当三名来自原苏联地区的年轻学生来到沈阳时，迎接她们的不仅有街道两旁林立的高楼，还有穿过雾气洒下的一缕阳光。她们分别是来自俄罗斯巴什基尔共和国、头发浓密的斯维特兰娜，生在俄罗斯、长在以色列、身材高挑、仿佛从画中走出来的加琳娜，以及来自白俄罗斯的维罗妮卡。

王崇岐讲着一口流利的俄语，会说很多成语和谚语，最爱说的一句话就是"好久不见"。他为每个姑娘起了一个中文名字：三人中年纪最小的斯维特兰娜叫"王东娜"（"东"即东方，"娜"是外国女性名字的中译），金头发的加琳娜叫"王东美"（"美"即美丽），维罗妮卡则叫"王东方"（"方"即方向、方位）。三个姑娘就称呼这位经验丰富的翻译、"苏联通"为"叔叔"，称呼他的妻子官景芝为"阿姨"。

　　由于王崇岐经常出差，热情好客的官景芝承担起照顾三位年轻学生饮食起居的任务，帮助她们克服学习中遇到的困难并适应在沈阳的生活。一开始，她们之间并不是用汉语交流的，而三个年轻人居然神奇地听懂了她说的话。斯维特兰娜、加琳娜、维罗妮卡与官景芝很快就熟悉起来，甚至还学会了最简单的东北话。

　　对三个年轻人来说，沈阳已成为她们在中国的"第二故乡"，她们在这里亲身感受到东北人的豪爽和直率。至今，她

们仍清晰地记得沈阳最主要的商业街——中街和天元街上那些令人眼花缭乱的广告，随处可见的琳琅满目的商品足可与北京王府井和上海南京路商业街相媲美。周末，她们常常去沈阳最大的绿地——北陵公园玩耍，有时在林荫道上散步，有时在湖中泛舟，有时还会放风筝。

除了接触和了解中国传统文化，沈阳让三个年轻人重新明白了学习的意义。她们生命中最美好的一段时光就是在辽宁大学和老师、同学们一起度过的。当时和她们一同在语言班学习的还有勤奋好学的韩国同学，中学毕业后即来中国求学、乐观向上的塞内加尔同学以及富有责任心的 73 岁的日本同学。她们利用这个机会深入地了解各国传统和多元文化。

维罗妮卡时常想起在维捷布斯克第 39 中学读一年级时的女老师，也常常回忆起她的第一个中文老师——杨老师。这位年轻美丽的女老师善于巧妙运用词汇卡片、集体游戏或主题对话等各种方式教导学生学习汉语。尽管来自不同国家的同学都带有自己独特的发音，但他们都掌握了基础词汇和多种表达方式。有时候，他们的"普通话"只有同班同学才能听懂，而老师们完全不知道他们在说什么。

王叔叔和宫阿姨非常关心她们的学习，并总是与她们分享家庭般的温暖与惬意。

王崇岐在沈阳时，总是抽出时间和自己的"外国女儿们"见面，邀请她们去位于教师公寓的自己家做客。明亮的客厅里摆放着两件宝贝，一件是双面绣工艺品，绘有八条寓意富贵的金鲤鱼，另一件是一只五彩斑斓的大茶壶。

王崇岐常常给姑娘们讲述中国礼仪的深奥智慧，并时常纠正她们的"欧式"发音。当她们刚开始学习汉语的时候，王崇岐就多次强调，在语言学习过程中要注意音调和重音。在学习

参加辽宁大学运动会的部分留学生合影（右 3 为维罗妮卡）

星期几的说法，或学习如何同各个年龄阶段、不同辈分的人交流时，她们总闹出不少笑话。

宫景芝聪慧善良、通情达理。姑娘们来做客时，她们会一起准时守在电视机前，收看沈阳台 18 点 30 分的晚间新闻。宫景芝为她们解释不明白的语句词汇，和她们分享沈阳人生活中的大小事，并准备中国美食招待年轻的客人。宫阿姨做的东北菜堪称完美，即便已过去六年多，姑娘们至今还不时怀念阿姨亲手擀的面条和做的美味番茄炒蛋。

在漫长的寒假中，王崇岐夫妇总是邀请姑娘们共度春节。姑娘们和王崇岐的儿子王宇飞一家一起包饺子，收看春节联欢晚会。王宇飞和她们分享了中国年轻人的故事和中国流行文化中的新风潮，为她们解释流行用语的含义。

为感谢王崇岐一家，斯维特兰娜、加琳娜和维罗妮卡为他们准备了生日惊喜：演唱斯拉夫歌曲并献上即兴表演。

和王崇岐一家的交往使三名年轻学生熟悉了中国家庭的日常生活，了解了中国传统习俗、中国人的民族精神和人际交往特点。

一年的语言课程学习之后，她们进入了一个新阶段——在辽宁大学历史系攻读硕士学位。维罗妮卡至今仍清晰记得入学第一天的窘迫：整个教室坐满了 70 多个学生，但没有一个外国人。当维罗妮卡走进教室时，她感觉到空气仿佛突然停滞了，静得只听见窗外操场上的嘈杂声。很快，尴尬就被坐在第二排的一个叫潘天培的勇敢男生打破了，他和同伴主动来和维罗妮卡打招呼。后来，他们成为很好的朋友。

2011 年 6 月，天气炎热

气温高达 30 多度。辽宁大学留学生院热闹的休息室里挤

满了各国留学生，有活泼的塞内加尔学生、喜欢搞小圈子的韩国学生、来自佛得角共和国的腰身纤细的非洲姑娘。斯维特兰娜、加琳娜、维罗妮卡各自顺利地完成毕业论文答辩，即将从辽宁大学毕业。

三人的父母无法赶来中国，因此王崇岐和宫景芝代替她们的父母参加了毕业典礼。维罗妮卡代表全体外国留学生在典礼上发言，感谢亲爱的老师们，还特别向王叔叔和宫阿姨表达谢意，感谢他们的关心和照顾。王崇岐对她们谆谆教导，宫景芝待她们体贴入微，王宇飞帮助她们找到了属于自己的位置。从宫景芝洋溢着幸福的目光里，"女儿们"知道，自己没有辜负他们的期望。

维罗妮卡回国前，王崇岐介绍她和当年为三名白俄罗斯医生做翻译的王老师认识。王老师的几个孩子都会说一口流利的英文，一个女儿早已移民美国，另一个女儿正从事国际交流工作。王老师清楚地记得当年的几位白俄罗斯青年医生，尤其对维罗妮卡的父亲——谢尔盖·吉姆金印象深刻。

2017 年，平静的 8 月

斯维特兰娜跟随军人丈夫回到克里米亚，生了一个女儿，同时继续提高自己的汉语水平。加琳娜的丈夫在北京从事外交官工作，因此她生下孩子后回到了北京。好像冥冥之中有什么联系一样，加琳娜和斯维特兰娜同时给自己的孩子取了两个相似的名字：玛雅和胡玛雅。

从辽宁大学毕业已经很多年，斯维特兰娜、加琳娜和维罗妮卡三人至今仍然是好朋友。她们常常互相问对方的第一个问题是："王叔叔和官阿姨现在过得还好吗？"

王崇岐经常出远差，现在主要去的国家是"一带一路"沿线的乌兹别克斯坦和吉尔吉斯斯坦。

官景芝每天早晨都沿着北陵公园的林荫道散步，和其他中老年朋友一起在公园里跳广场舞。

王崇岐和官景芝有一个孙女，现在正跟着他学习俄语。

我们经常开玩笑说，希望十年后王崇岐的孙女去白俄罗斯读大学，延续两个中白家庭之间的友好情谊。

记忆中的白俄罗斯女性

韩 璐

（中国国际问题研究院副研究员，曾任驻白俄罗斯使馆三秘）

2009 年 2 月，初春刚刚来临，我离开祖国母亲的怀抱，独自踏上了白俄罗斯白雪皑皑的土地。白俄罗斯是我第一次出国常驻的地方，这片土地上留下了我太多的记忆。整洁大气的街道广场、清新怡人的空气蓝天、碧绿宁静的湖泊河流、郁郁葱葱的森林，这些景象时常在我脑海里不断浮现。当然，最让我记忆犹新的，应该是淳朴可爱的白俄罗斯人。

由于工作关系，我跟白俄罗斯各界妇女朋友交往比较密切，对斯拉夫女人的认识也有了一个新的高度。她们不仅仅有吸引人眼球的美貌，内心的美丽也同样"光彩照人"。在接触过的女性朋友中，时任白俄罗斯总理夫人西多尔斯卡娅、妇联副主席达维多维奇以及对外友协秘书娜塔莎令我印象特别深刻。从她们身上，能看到白俄罗斯女人所有的特点和优点：崇尚美丽、坚韧善良、勤劳能干、独立自信。更为重要的是，她们都有一颗爱华之心，在促进白俄罗斯与中国友好交往方面充分发挥了自己的光和热。

总理夫人西多尔斯卡娅

我给大使夫人做翻译时经常会遇到时任白俄罗斯总理的夫人西多尔斯卡娅。她给我留下的初次印象是高雅、年轻、漂亮。后来才知道，她已经是两个孙子的奶奶了。丈夫是这个国家的三号人物，西多尔斯卡娅女士却非常平易近人，一点架子都没

有。每次见面，她都会毫不吝啬地向你展开微笑，和你聊起家常。让我惊讶的是，她并不赋闲在家，而是从事她喜欢的艺术工作。只要是有关艺术方面的活动，经常能看到她的身影。她还经常主办一些服装发布会、画展。

西多尔斯卡娅女士对华友好，热爱中国文化。凡是中国使馆举办的文化艺术活动，她都一定出席。2010 年 6 月 17 日，大使馆和新华社联合举办的"2010 上海世博会图片展"在明斯克历史博物馆开幕。开幕式上，我们发现西多尔斯卡娅女士也"静悄悄"地来了。她说，听说上海世博园非常美，世博会举办得也很成功，想趁此机会一睹黄浦江畔世博园的风采！参观完图片展，西多尔斯卡娅女士赞不绝口，直说中国式的美令人流连忘返。也正是这次的契机，促成了我们下一次的合作。

2010 年冬季，使馆想通过举办一场关于中国丝绸的活动向白俄罗斯民众进一步推广中国文化。整台晚会由大使夫人敬明女士策划组织。西多尔斯卡娅女士得知这个消息后，非常热心地向我们推荐了白俄罗斯国家时装中心。在她的促成下，使馆和白俄罗斯国家时装中心共同努力，辛苦工作数月，终于于2011年1月在明斯克成功举办了中国民族服饰晚会。这场以介绍中华民族服饰为中心的晚会让白俄罗斯大众领略到中国丰富多彩的服饰文化，更为重要的是，这场由中白两国女性联合举办的活动已经不仅仅是一场文化交流活动，它象征着两国妇女间的友谊进一步深化。

晚会向来宾展示了中国古代的汉服和唐装、中国少数民族服饰以及由白俄罗斯国家时装中心设计师设计的丝绸服装。模特部分来自中国留学生，部分邀请了白俄罗斯国家时装中心的职业模特。整场晚会分为三部分，中间穿插中国音乐和歌舞节目。在两国女性的共同努力下，这场"中国民族服装秀"大获成功，并在白俄罗斯掀起了一场中国热。各大电视台、报纸、网站纷纷对活动进行了报道。时任白俄罗斯总理、议长和外长的夫人都出席了活动。在西多尔斯卡娅女士眼里，以中国丝绸为材质、由白俄罗斯服装设计师设计的丝绸时装展示是整场晚会的亮点，这些集东西方文化审美为一体的作品让人们看到了两种文化的交流与融合。晚会结束后，外长夫人马尔丁诺娃女士也向我们表示，这场晚会不仅为白中两国文化交流增色不少，也让两国妇女间的感情得到进一步升华。

值得一提的是，白俄罗斯国家时装中心在白服装界具有很高的地位。该中心从负责人到设计师基本上都是女性。在与女设计师们的交流和配合中，我们发现她们工作极其认真，极富想象力和创造力，对中国服装文化领悟也很快。白俄罗斯国家时装中心经理马努力克曾对我说，中国悠久的历史和灿烂的文化完全激发了时装设计师们无限的创意和灵感，希望通过她们的绵薄之力，将魅力无限的中国文化以及中国民族服饰介绍给白俄罗斯大众。

妇联副主席达维多维奇

白俄罗斯妇联副主席达维多维奇是一个娇小玲珑但精力充沛的老太太，她总是一副精神抖擞的模样，穿着鲜艳得体的衣服，画着精致的妆容，说话非常干练利索。达维多维奇女士对工作非常热情和投入，她告诉我，虽然她已经退休，但很热爱妇联工作，即使政府只给很少的补贴，她也愿意继续留在岗位上，为白俄罗斯的妇女工作贡献自己的力量。由于中白妇联关系友好，白妇联设有中国活动中心。达维多维奇女士多次邀请中国大使夫人及使馆女同志参观该中心，或邀请我们去体验白俄当地普通百姓的生活。值得称道的是，达维多维奇女士组织这些活动非常高效，基本上一周之内就把相关日程安排好，而且安排得非常周到。达维多维奇女士虽然工作中是女强人，但在家依然不忘扮演温柔妻子和母亲的角色。每次谈工作之前，她都要向我诉说家长里短，比如最近做什么好吃的了，家里发生了哪些趣事，都一一道来。有时我也不禁问她，工作这么忙，回家还要做家务，不累吗？她很惊讶于我的问题，表示，她觉得女性照顾家里是天经地义的事，自己很乐在其中。

2009 年 12 月，在达维多维奇女士的组织和安排下，使馆妇女小组在大使夫人敬明带领下，冒着严寒参观了明斯克州斯达罗宾区农业经济合作社。

在那个冬天最冷的一天里，我们参观了农村储蓄所、农村医院，做客合作社社员之家，与当地妇女进行座谈，近距离了解她们的工作与生活状况。我们仿佛来到了女儿国，因为迎接的队伍全是女性朋友。斯达罗宾区区执委会主席秘书、妇联主席列尼娜手捧面包和盐站在执委会大楼前笑盈盈地欢迎我们。她介绍说，斯达罗宾农业生产合作社主要经营养殖场和副食品

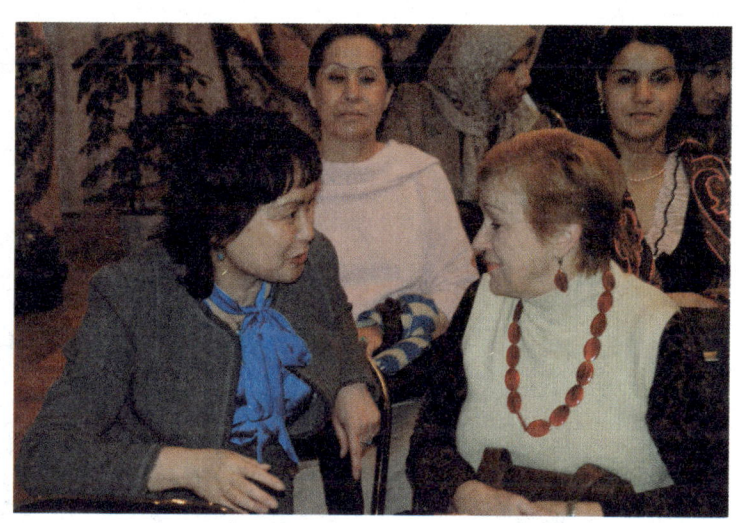

及农产品加工，是该区农业产品加工生产合作社中唯一由女性
领导的经济体。

使馆妇女小组一行还参观了斯达罗宾区医院。院长介绍说，
这所医院两年前才建成，对改善当地农村卫生条件和保障农民
身体健康发挥了重要作用。接着，我们又来到养殖场。令人感
到有意思的是，这里还有马术教练场，教授当地儿童马术。然
后，妇女小组成员们来到新农户住宅区，只见一座座带有小院
的小楼建造得非常精细。在马术教练塔吉亚娜的热情邀请下，
我们兴致勃勃地参观了她的住宅。在她整洁、温馨的家里，我
们品尝了女主人自制的开胃小菜和甜点，大家无不赞扬她英姿
飒爽的外表下拥有一颗温柔贤惠的心。

对于这次白俄罗斯农村之行，使馆女同志都特别感激达维
多维奇女士。正是她让我们亲身感受到白俄罗斯妇女们对工
作的执着、对生活的热爱，她们的聪明能干和吃苦耐劳令人
印象深刻。更有意义的是，这次活动让中白两国妇女的心贴
得更近了。

对外友协秘书娜塔莎

中国驻白俄罗斯使馆妇女小组与斯达罗宾区农业经济合作社妇女座谈。

　　我接触的白俄罗斯女性朋友无一例外对中国都很关注，但其中要算白俄罗斯对外友好协会秘书娜塔莎更甚。这位亭亭玉立的年轻姑娘对博大精深的中华文化非常好奇和感兴趣。娜塔莎一次也没有去过中国，但她对中国文化、历史古迹了然于胸。她甚至自学了汉语，每次和她谈工作时，她都努力地用汉语和我交流，还建议我和她互相学习对方的语言。

　　更难能可贵的是，娜塔莎每周都要在友谊宫讲授一次中国文化交流课，免费给白俄罗斯的中小学生介绍中国的风土人情。记得有一次，她邀请我去参加这种交流活动，并为学生们解答他们关于中国的种种问题。我欣然前往，发现由于条件有限，娜塔莎准备的材料都是她自己用各种方法制作的，包括将网上下载的介绍中国名胜古迹的影音资料刻盘，将中国古诗词制作成美轮美奂的幻灯片等。看到这些，我大为感动，觉得娜塔莎真是拥有一颗"中国心"。受她的感染，在和孩子们的互动中，我竭尽所能地回答了他们所有的问题，赢得娜塔莎和孩子们的掌声。最后，我拿出从使馆带来的介绍中国风俗习惯和发展成就的光碟赠送给了娜塔莎，这位淳朴的姑娘眼睛立马睁大了。她欣喜地连连对我说，谢谢，这是我收到的最珍贵也是最喜欢的礼物了。

白俄罗斯还有许多像娜塔莎这样可爱的姑娘，在充当着白中友谊交流使者的角色。从她们身上，我看到了未来中白关系的希望。

康复中心的"温柔妈妈"

来白俄罗斯特别是首都明斯克旅游的中国人，都会感觉到可参观的历史遗迹不多，会想当然地认为白俄罗斯是个历史底蕴很浅的国家。实际上，了解白俄罗斯历史的人都知道，明斯克是欧洲最古老的城市之一，第一次在史书上被提及是在1067年。明斯克之所以成为新城，与它在二战中饱受战火摧残有关。1941年，战争开始前，明斯克是一座蓬勃发展的大型都市，是白俄罗斯共和国工业和文化的中心，人口有27万。但到1944年7月3日解放时，全城只剩下5万人，所有的工厂、电站和80%的建筑被毁。

二战不仅让这个国家满目疮痍，而且令多少妻子失去了丈夫，多少母亲失去了儿子。在战后重建家园的一段时期，白俄罗斯妇女强忍悲痛，撑起了大半边天，坚强地投入到大"家"

的建设中去。多少女人眼泪虽流尽，但还是独自承担起养家的责任。好景不长，70年代末爆发的阿富汗战争，又使众多白俄罗斯母亲再一次经受了丧子之痛。明斯克市中心的"泪岛"记载着母亲们失去儿子的悲伤。"泪岛"是一座人工小岛，形状像一滴眼泪，因此而得名。在白俄罗斯人眼中，"泪岛"寓意母亲为在阿富汗战场牺牲的儿子所掉下来的眼泪。岛上的"在海外捐躯的祖国儿子"纪念碑、纪念教堂（基座下的土是母亲们从阵亡儿子的坟墓上运过来的）和雕塑"哭泣的天使"都是为纪念在阿富汗战争中失去生命的白俄罗斯战士而建。明斯克的新人结婚时，常来这里献花，新娘还要触摸一下小天使的身体，希望战争永远不会降临到她未来儿子的头上。

1986年4月26日，白俄罗斯再一次遭受苦难。位于乌克兰普里皮亚季市的切尔诺贝利核电站发生爆炸，大量放射性物质泄漏，70%的核尘埃飘到与之相邻的白俄罗斯。白受灾面积远远大于乌克兰，70%的土地、27座城市、近220万人口、110万公顷耕地遭受了核辐射。长期以来，白俄罗斯人民特别是重灾区戈梅利州的老百姓健康深受放射性物质"碘–131"影响。白俄罗斯政府采取了一系列措施保护污染地区居民特别是少年儿童的身心健康，努力消除切尔诺贝利核事故后果。

作为白俄罗斯的友好国家，中国每年都要为白俄罗斯减轻和消除核事故后果提供力所能及的帮助。2010年12月，我陪大使夫人敬明女士和使馆妇女小组部分成员来到明斯克湖畔的日丹诺维奇儿童康复中心，向在那里进行康复治疗的来自切尔诺贝利核事故污染地区的孩子们赠送了新年礼物。参观期间我们了解到，白俄罗斯女人在核事故后再一次发挥"重建"的作用，只不过这次是儿童的身心健康。

这家康复中心的医生护士几乎是清一色的女性。接待我们

С НОВЫМ 2010 ГОДОМ！

敬明女士和使馆妇女
小组部分成员在日丹
诺维奇儿童康复中心
向来自切尔诺贝利核
事故污染地区的孩子
们赠送新年礼物。

的中心副经理科斯特里察向我们介绍说，日丹诺维奇儿童康复
中心是明斯克唯一一家接受来自切尔诺贝利核事故污染地区
儿童的康复中心。13年来，每年有5000名少年儿童来到这里，
康复中心对他们患有的呼吸道、心脑血管以及甲状腺等疾病进
行有针对性的治疗。在参观的过程中，孩子们向我们赠送了他
们亲手制作的漂亮小礼物，而且奉献了一台欢快的新年晚会。
稚嫩的歌声、优美的舞蹈、天真活泼的笑脸，从孩子们身上，
我看到了女医生护士们对他们的精心照顾。事实也的确如此，
活动期间，我发现这里的医生和护士一谈到孩子们，两眼就闪
烁着温柔的光芒，对每个孩子的喜好、身体问题她们都侃侃而
谈。和孩子们谈话的时候，她们像对待自己的孩子一样，细声
细气，极其有耐心，个个都是"温柔的妈妈"。更为关键的是，

她们对核事故带来的灾难没有怨声载道，只是淡定地解决灾难所带来的后果。也许，这个国家经历过的苦难太多，她们已经学会怎样坚强地面对。温柔中透出刚毅，坚韧中又隐现柔顺，这就是我记忆中的白俄罗斯女性！

　　白俄罗斯是个森林覆盖率达 30% 的国家，号称"欧洲之肺"。绿遍山原白满川，是对这个国家山川美景的最好描述。俗话说，一方水土养一方人。这样美丽的国度孕育出的女儿当然娇美动人。更难能可贵的是，她们楚楚动人的外表下有一颗强大的内心，令人难以忘怀。在我回国后这几年中，我脑海里经常会浮现西尔多斯卡娅女士、达维多维奇女士、娜塔莎女士的音容笑貌以及和她们的种种过往。她们是白俄罗斯女性的典型代表，也是中白友好交往大军中的一员，没有她们的贡献，也就没有中白深厚友谊的进一步发展。

我的白俄罗斯情缘

张 颖

（重庆市文化委员会国际合作处调研员，曾任中国驻白俄罗斯
使馆文化处官员）

2005 年 10 月至 2009 年 4 月，我是在白俄罗斯度过的。三年零六个月的驻外经历加速了我的成长，锻炼了我的意志，培养了我的才干，同时让白俄罗斯这个美丽的国度成为我心中难以割舍的第二家园。

Лида "回" 到白俄罗斯

我是坐火车到明斯克的，就是那种丁零当啷的绿皮火车。在莫斯科有个火车站叫"白俄罗斯火车站"，就像从"基辅火车站"出发的火车是开往基辅，从"列宁格勒火车站"出发的火车是开往圣彼得堡一样，从"白俄罗斯火车站"出发的火车就是开往白俄罗斯及更西边的欧洲了。这几个火车站相应分布于莫斯科的东南西北，并且这些火车站的建筑风格也都与目的地的民间建筑风格一致，可谓一目了然，就算不识字也能分得清。第一次来到莫斯科，第一次得知如此贴心、如此科学的火车站建设、分布情况的我，不禁在心里为苏联的建筑师们点赞，估计就算是再迷糊的人也不会找不到自己该去的火车站并因此上错车吧。对于喝酒如喝水的俄罗斯人民来说，这可真是一项实实在在的"民心工程"啊！ 2005 年 10 月 13 日，我在驻俄使馆文化处同志的陪同下，带着两件行李就在莫斯科的"白俄罗斯火车站"登上了开往明斯克的火车。这趟火车的时间安

排也非常科学，傍晚上车，睡一觉，第二天天亮的时候，明斯克就到了！

跟送行的同志依依话别以后，我开始打量跟我同厢的几个外国人（其实他们也在打量我这个外国人）。跟国内普通卧铺车厢一溜有上中下三个床位不同，这个车厢一溜只有上下两个床位，所以一个厢只有四个人：一位老先生，两个三四十岁的男子，还有我。我跟他们友好地微笑，算是打了一个中国式的招呼。老先生很友好地打破沉默，问我从哪儿来、到哪儿去。我说，从中国来，到明斯克去。他说，嗯，很好，我也是去明斯克。另外两位也说自己是去明斯克，然后又问我去明斯克干嘛。我说是去中国大使馆工作。这下，他们仁都惊讶了，说，你年纪轻轻就当上了外交官，真是好样的！我有点不好意思，说自己也是第一次驻外，没有任何经验，对白俄罗斯也知道得很少，所以很想听听他们对白俄罗斯的介绍。这下，老先生有了劲头，非常自豪地跟我说，你要是想了解白俄罗斯，就得从她的文化历史开始。我说，太好了，我就是去文化处工作的。他一听，高兴极了，说，那你到了明斯克的第一件事就应该去买一张芭蕾舞票，去看白俄罗斯国家芭蕾舞团的演出，然后是交响乐团，然后是歌剧院，然后……他说了一长串的艺术院团，我那时俄语听力尚在初级水平，后面的就有些没明白了，但是我一个劲儿地点头，看演出可是我的长项啊！说完这些，老先生还自豪地补充了一句："我女儿就是国家芭蕾舞团的演员。""哇欧！"我由衷地赞叹，"您女儿一定非常漂亮！"他得意地笑起来，说像她的母亲，还掏出钱包给我看里面的照片——果然是一对漂亮的母女！老先生对我这个外国人毫不设防，说完这些，又开始给我介绍白俄罗斯的文化名胜。这下，我可是完全听不懂了，于是掏出随身携带的小本子，请老先生把这些文化名胜写下来。他在我的小本子上写下了"Засла вль""Несвиж""Мир""Новогрудок""Лида"。当看到 Лида 时，我忍不住叫起来：Лида？这是个地名吗？他说，是啊，那里有一个古城堡。我惊讶地说，我的俄语名字就叫 Лида！他说，是吗？那你必须回"家"去看看咯，哈哈哈！另外两位男士也插话说，这真是很神奇，看来你跟白俄罗斯有缘。

　　我很想告诉他们我这个俄语名字的由来，但这时车厢里的灯光暗了，该睡觉了。三位男士问我是否需要他们离开，我表示不明白。他们友善地相互看了一下，然后示意我离开一下，我就莫名其妙地走到外面去了。过了一会儿，厢门又打开了，他们三位已经换好睡衣，在床上躺下了。原来如此！我有点尴尬，虽然大学四年我都是坐火车往返重庆与北京之间，但是还从来没有见过在火车上睡觉换睡衣的！白俄罗斯人真是非常讲究，对生活品质的要求一点不含糊啊！

　　我和衣躺在床上，开始回忆我与俄语的缘分。我中学就读于重庆外语学校，我们这一班 20 多个同学就是当年重庆市唯一一批从初一就开始学习俄语的孩子。为了提高我们的学习兴趣，创造语言环境，在我们的第一堂俄语课上，郭霞老师就说，今后上俄语课，我们只用俄语名字，现在我给大家念一些，你们自己选喜欢的。然后，她就给我们念了很多俄语名字，这些名字分男女。在她念第二遍的时候，我们就举手，像抢答一样，谁最先举手，这个名字就归谁。所以，"Лида"这个名字其实是我自己"抢"来的，她整整伴随了我六年，直到后来上大学，我选择学习法律，这个名字才淡出了我的生活。而今得知，在白俄罗斯居然有个地方叫"Лида"，我禁不住想，白俄罗斯会不会是我前世的故乡呢？那儿到底是什么样子的？我迷迷糊糊地进入了梦乡……

"Лида，Лида"，耳边一阵呼唤，我从梦中醒来，眼前晃悠着两个人影。我坐起身来，原来是那两位三四十岁的男子，老先生已经不见了。我问，怎么了？他们见我醒了，笑着说，明斯克到了！然后指指车窗，问道，你朋友？这时我看见，一个高个子的中国人正在窗口向我挥手。哦，这一定是来接我的使馆文化处的周浩同志了。他们看我已经跟接站的人打上招呼，就赶紧拎着自己的公文包跟我道别走了。周浩同志上到车里，帮我搬行李，说，你就这点东西？看我好像还没有完全清醒，他又接着说：你看看，全车厢都没人了，我在站台上等半天了，还是那二位叫我过来的。你这睡眠质量也够好的，完全没有时差啊！这时我才意识到，那二位是一直等着看有人来接站了，才把我叫醒的呀！白俄罗斯人真是友好善良，还没有下火车，踏上白俄罗斯的土地，我已经对这个国度充满了亲切的好感。

零下 30 度的温暖

白俄罗斯的秋天

2017 年 5 月，我到圣彼得堡出差，给我们开车的司机伊戈尔很喜欢听收音机，听到熟悉的歌我就跟着唱。过了一会儿，他很惊讶地问我，您怎么俄语歌唱得这么好？！我说，因为我在白俄罗斯工作的时候，每天也都听收音机，好多歌我都听熟了。他说，您在白俄罗斯工作过吗？我是白俄罗斯人啊！是吗？我很欣喜，我已经把白俄罗斯当作第二故乡，见到白俄罗斯人就像见到老乡一样亲切。我问他，您是白俄罗斯什么地方人啊？白俄罗斯的几个州我都去过咧！他说，我是维捷布斯克人，你去过吗？啊？！我更惊喜了，维捷布斯克！那可是除了明斯克之外我最熟悉、最喜欢的城市啊！他说，为什么？我说，维捷布斯克是白俄罗斯的"精神文化之都"，那里每年都要举行"斯拉夫巴扎"国际艺术节，"千年之城"波洛茨克就在维捷布斯克州，那里还是夏加尔的故乡……看我滔滔不绝，他不禁竖起大拇指，说您真是很了解我的故乡啊！我说，是啊，那里还有我最好的白俄罗斯朋友呢！我很想给伊戈尔讲讲我跟维捷布斯克的故事，却不知道从何说起……

我第一次到维捷布斯克，是在 2006 年 1 月初，应维捷布斯克"普罗米修斯（Прометей）"武术学校的邀请，我到维捷布斯克去考察他们筹备"中白青年联欢节"项目。在明斯克火车站，站口大屏幕显示气温为零下 6 度（白俄罗斯虽然不直接濒海，但南北方向距海都不太远，北与波罗的海隔着立陶宛，南与黑海隔着乌克兰，所以气候有点海洋性，冬天并不是太冷，平均气温零下 4 度左右）。火车慢慢悠悠地开了 5 个小时才抵达维捷布斯克，当地留学生代表张振华同学把我从火车上接下来，见到站台上来迎接我的拉宾夫妇。塔季扬娜

（Татьяна Лапина）手里还拿着一束鲜花，但是花朵已经蔫了，她抱歉地说，只在这里站了 5 分钟，但是太冷了，花被冻坏了。这时，我觉得鼻孔有点痒，就用手揉了揉，然后觉得有点冷。塔季扬娜把我裹进她的毛皮大衣，说，你穿得太少了，会冻坏的。我说，怎么了？小张说，寒流到了，你知道现在几度吗？我说，我出发时明斯克是零下 6 度。他说，是吗，现在可是零下 26 度！你是不是觉得鼻孔不舒服？那是因为呼出的气凝结在鼻毛上了。我在白俄已经快四年了，还没有这么冷过呢！维克多（Виктор Лапин）说，我在白俄生活 40 年了，也没有这么冷过！在他们的簇拥下，我们几乎是跑着钻进了汽车——拉宾夫妇那辆小小的银色拉达车。来到宾馆，塔季扬娜对我说，明天你得多穿点，明天零下 30 度！这是 60 年一遇的严寒——60 多年前，正是这样的严寒赶走了德国法西斯。

那天晚上，躺在宾馆温暖的床上，我觉得自己运气真是"好"极了。因为只出差一天，所以我根本没多带衣服，就穿着一件羊毛衫、一条羊毛裙、一件长款羽绒服和一双没毛的高筒皮靴。好吧，零下 30 度，考验我脂肪厚度的机会来了。60年一遇的严寒，我来还不到仨月就赶上了！

第二天一大早，拉宾夫妇就来接我了，不是说他们都爱冬眠吗，怎么我觉得他们很勤劳呢？塔季扬娜说，你怎么还是穿这么少？今天非常冷，你看看。我看见外面阳光异常耀眼，这晴天要是换作在重庆，估计得上 20 度！但这是在白俄，雪后越晴越冷。我说，我没有带多的衣服，没事儿，我年轻。她摇摇头，说，我得给他们打电话，让他们多准备些吃的。然后，又用她的毛皮大衣把我裹进了汽车。车里可真冷，她拿出一个小暖壶，给我倒了一杯热茶，说，喝下去吧，会暖和些。然后我们就上路了，第一站是去维捷布斯克第一中学。在那里，我受到了盐和面包的礼遇，观看了学生的文艺演出，旁听了他们的汉语课和武术课。孩子们对中国文化不仅不陌生，而且非常喜爱，这所学校是"中白青年联欢节"的积极参与单位。接下来，我们又依次考察了州立博物馆、美术学校、夏加尔故居和夏加尔艺术博物馆、"列宾庄园"博物馆、"斯拉夫巴扎"国际艺术节举办地——夏季剧场、"中白青年联欢节"举办地——州立剧院。每到一个地方，主人都已经事先准备好了热茶、咖啡和各种甜点，一进屋就让我先吃吃喝喝，暖和身子，然后再开始会谈。而在室外的时候，塔季扬娜就用她的大衣裹着我，所以我真的没觉得零下30度有多冷。只是拉宾夫妇的银色小拉达车开着开着爆了胎，维克多说，它也没经历过这么低的温度，不过也算是"车坚强"了，你看看路边停了好多车，都是因为气温太低发动机罢工了。他三下五除二自己动手换好了备胎，我们又继续出发。最后一站，我们来到了拉宾夫妇开办的"普罗米修斯"武术学校。原来，维克多很热爱武术运动，他年轻时还到中国进修过，通过武术，他开始对中国文化感兴趣，特别是通过研习太极拳，他了解了道家文化，觉得中国的传统文化对自己的人生观和价值观很有启迪，所以就开办了这所武术学校。塔季扬娜则是夫唱妇随，她会好几国语言，是个民间国际文化交流使者，他们这所学校取名"普罗米修斯"，就是要致力于在白俄罗斯传播中国文化的火种。我听了他们的介绍，心里升起一股难以阻挡的暖流。我跟他们紧紧相拥，难舍难分。

一天之内拜访9家单位，十多年过去了，这样的纪录至今没有被打破，而且是冒着零下30度的严寒！如果不是拉宾夫妇和他们的朋友们对中国有着深厚的情谊，对中国文化有着真挚的热爱，我想这是不大可能实现的。从此，维捷布斯克成了我在明斯克之外最重要的文化活动举办地，拉宾夫妇成了我在白俄最好的朋友。"零下30度的温暖"一直激励着我为中白友谊努力工作。

"为了子孙后代,请爱护我们的森林"

从卫星地图上看白俄罗斯,你会发现这个国家"绿油油"的,几乎所有的城市都处在森林的怀抱之中,森林和田野占到70%以上的国土面积,河流蜿蜒曲折,湖泊沼泽星罗棋布。其中别洛韦日原始森林(Беловежская пуща)有"欧洲之肺"之称,是欧洲最大的食草类动物——欧洲野牛唯一的栖息地,1979年被列入世界自然遗产。开往布列斯特要塞的道路,有一段就建在森林里,长达百十公里,笔直笔直的,根本望不到头,让人感觉仿佛开进了森林的心脏。

周末和节假日,白俄罗斯人都喜欢离开城市,到树林、湖泊、原野、溪流边呼吸新鲜的空气,欣赏无尽的美景。树林里有各种野生动物,冷不丁就会窜出来吓你一跳,所以开车时一定要特别小心,即使无车无人也要注意观察路边的提示牌。如果看到路旁的大石头上画着熊,就说明此处"熊出没";如果画着驯鹿,就说明驯鹿常常要从这里过马路;还有画着狼、兔子、狐狸甚至青蛙的。总之,驾驶员得避免车速太快伤到过路的动物。有些高速公路还会在动物经常穿行的路段修建涵洞,那是专供动物使用的"地下通道"。

森林里除了野生动物,还有美味的浆果,其中最受欢迎的当属欧洲越橘和野草莓。停车下来,随便往林子里走几步,就能发现一片一片的欧洲越橘,这种植物很矮小,通常不及膝盖高,必须弯腰才能采到。这是一种营养价值极高的浆果,它的提取物贵比黄金,可以制成各种保健品,据说有护肝明目、抗辐射的功效，很适合天天跟电脑、手机做伴的白领一族。新鲜的欧洲越橘口感细腻、酸甜适中，天然色素非常丰富，只需几颗就能吃出一口"黑牙"，要是深紫色的汁液不小心滴到浅色衣服上，那就很难洗掉了。野草莓在森林里不是很常见，但是只要有就很容易发现，因为它很香，虽然有的甚至不及手指头大，但香气却足以扩散到方圆十米，而且鲜红的果实也是耀眼夺目，极其诱人。我从来都是摘下来直接下肚，等不到带回家用水清洗，但从来也没吃坏过肚子。

雨后的森林是蘑菇的王国。周末的早晨驾车出游，你会发现森林边上每隔一段就会停几辆私家车，起初我还以为是到森林里上厕所的，后来才发现人家是去采蘑菇的，人手一个小桶，装满就回家，也不贪多。有一年秋天，我在罗莎庄园（Лошицкая Усадьба）的一棵大树下闲坐，两个四五岁的小姑娘拿着塑料袋在树下的落叶里翻找，不一会儿就捡了小半袋蘑菇。后来又来了个小伙子也在树叶里捡起了蘑菇，我很好奇：他们怎么眼力这么好，我在那儿坐了一下午啥也没看见。小伙子说，这种

捡蘑菇的小姑娘

蘑菇做馅饼最好吃，不过得夹点肉。因为这种蘑菇只在这种树下生长，秋天的落叶是它们最好的养料，所以只需要在这种树下翻找就一定能找到。看着这小小的、细细的菌类，在国内教育体制中各科成绩优异的我，竟是一脸茫然——对于蘑菇我是"文盲"。而在白俄罗斯，辨识各种植物、各种蘑菇是一门重要课程，用蘑菇烹制各种美食也是家庭主妇必备的技能。认识自然、利用自然、保护自然，是白俄罗斯国民教育的重要内容之一。

有一件事令我终生难忘：2007 年的夏天，我们去著名的那拉奇湖区（Озеро Нарочь）度假。淡蓝色的湖水清澈见底，洁白的沙滩又细又平，向湖心延伸出一二百米，美丽的天鹅在湖中游弋。这里是白俄罗斯国家自然保护区，是白俄罗斯水质最好的湖，湖水来自湖边的几个天然泉眼，没有河水注入，所以没有任何污染。我看到靠岸边的水里有好多贝壳，它们相互连在一起，水浪涌来时就张开，退下时又闭上，一开一合，像花朵一样，美丽而有趣，就忍不住捡了几个装进随身的矿泉水瓶，想带回家放到鱼缸里养起来。正在这时，一个童稚却严厉的声音在耳边响起："За чем ты делаешь？（你干嘛要这样做？）"只见一个十来岁的男孩指着我手中的瓶子喝问。我又惊讶又羞怯，因为湖边的警示牌上分明写着"除了照片，你什么都不能带回去"。我涨红了脸，在湖水一样清澈闪亮的孩子眼光注视下，想不出任何理由辩解，杵在水中说不出一句话。

这件事已经过去十年了，但是"За чем ты делаешь？"这个声音却经常在我耳边响起。环境属于地球上的每一个人，每一个人都有义务和权利保护环境。我也经常想起那些伫立在浓密的森林边上的巨型广告牌："为了子孙后代，请爱护我们的森林！"

千年历史与斯拉夫文明

白俄罗斯与立陶宛相邻的北部小城波洛茨克（Полоцк）始建于公元 862 年，是白俄罗斯最古老的城市，也是斯拉夫文明的重要发源地之一。欧洲西南向东北和西北向东南的交叉线的交点就在波洛茨克城中心，那里有一个欧洲地理中心纪念碑。这里人口仅 8.5 万（2016 年数据），城市面积不足十平方公里，却密密麻麻分布着各种遗迹和文化设施。12 世纪，索菲亚大教堂里就有了波洛茨克的第一所图书馆，藏有 5 万册圣经类书籍和文献。1912 年这里建立了第一所公共图书馆，1978 年建立了中心图书馆体系，当时有 3 个儿童图书馆和 6 个普通图书馆，而现在全区有 2 个市级图书馆、34 个分馆。城里有 11 个博物馆，我有幸参观且印象较深的有：儿童博物馆、书籍与印刷博物馆、纺织博物馆和索菲亚大教堂历史建筑博物馆。

1030—1060 年间建成的波洛茨克索菲亚大教堂是基辅罗斯最古老的教堂之一，其渊源可以追溯到拜占庭帝国，也是世界上五个以"索菲亚"命名的教堂之一（另外四个索菲亚大教堂分别位于乌克兰基辅、土耳其伊斯坦布尔、保加利亚首都索菲亚和中国哈尔滨）。除了宗教上的地位之外，波洛茨克索菲亚大教堂还因其是白俄罗斯最早的石质建筑而名垂青史。不过，让波洛茨克骄傲的还不止这些。这里还是伟大的弗朗齐斯科·斯科林纳（Франциск Скорина）的故乡。1490 年出生于波洛茨克的斯科林纳在波兰克拉科夫大学获得哲学学士学位和医学硕士学位，在意大利帕迪亚大学获得医学博士学位，是白俄罗斯和东斯拉夫民族最著名的翻译家、作家、人文科学家、社会活动家、医学教育家和出版家。他首次将圣经翻译为白俄语并配图印刷发行，这对圣经的传播、白俄语的普及和印刷术的推广起到了不可估量的作用。时至今日，"斯科林纳圣经"语体仍然是白俄罗斯、波兰及捷克等东欧国家神学用语的基本语言，同时，斯科林纳印刷的圣经和其他众多的神学书籍也奠定了白俄语书籍在欧洲出版界的地位，传播了白俄罗斯语言文化。斯科林纳是白俄罗斯文化中享有最高地位的历史名人，在白俄各地都能找到他的雕像或以他名字命名的大学及学校，白俄罗斯国家图书馆广场上伫立的就是他手拿圣经的形象。此外，在俄罗斯的加里宁格勒和捷克的布拉格也有他的塑像。

与波洛茨克相邻的维捷布斯克州府所在地维捷布斯克市也是一座拥有千年历史的古城。相传公元 974 年，基辅罗斯女大公奥列加（Ольга）在击败亚特维亚格人（Ятвяги）和佩彻涅格人（Печенеги），渡过德维那（Двина）河宿营时，被河岸山峦的秀美风光所吸引，于是下令在此地兴建城堡，并用德维那河的支流维奇巴河（Витьба）给城堡取名为"维捷布斯克（Витебск）"，在城堡高处建米哈伊尔大教堂，低处建感恩大教堂。奥列加女大公在维捷布斯克居住了两年才返回基辅。历史上，德维那河曾是沟通北欧和希腊的水上商道，因此维捷布斯克的战略地位非常重要，历来为兵家所争之地，也是立陶宛大公国和俄罗斯帝国的军政要地。维捷布斯克军团曾跟随俄罗斯王公亚历山大·涅夫斯基击败西方入侵的条顿骑士团，也曾在伊凡雷帝和彼得大帝麾下作战，并取得反击拿破仑及德国法西斯的胜利。维捷布斯克悠久的历史给这座城市留下了丰富的历史遗存：千年广场上建于 12 世纪的感恩大教堂和纪念伊凡雷帝的教堂至今受到信众膜拜；自由广场上建于 14 世纪的艺术博物馆里珍藏着列宾、列维坦等名家的画作；维捷布斯克的标志性建筑市政厅钟楼建于 1597 年，是维捷布斯克接受马格德堡法成为封建城邦的象征，如今市政厅已经变成州立方志博物馆，每天向游人们讲述着维捷布斯克的自然史和人文史；市政厅周围是维捷布斯克的老街区，维捷布斯克在沙俄统治时期经济、文化得到了迅猛发展，被称为"东方小巴黎"，普希金三次到访这里，马雅可夫斯基在这里留下了浪漫的爱情故事……

维捷布斯克自然环境优美，名人辈出，而其中最有名的当属两位世界级画家：夏加尔（Марк Шагал）和列宾（Илья Ефимович Репин）。夏加尔 1887 年出生在维捷布斯克巴克洛夫斯卡雅街 11 号一个普通的犹太家庭，并在此度过了生命中的最初 16 年光阴。对故乡的记忆伴随着夏加尔的一生，无论后来旅居美国还是法国，维捷布斯克永远是他内心深处的心灵家园，也是他的画作永恒的背景，他与爱人永远飞翔在维捷布斯克上空。为了纪念这位著名艺术家，维捷布斯克艺术中心以他的名字命名，中心收藏着他的手稿和世界各地关于夏加尔的研究论文。他出生的故居现在是每天游人如织的旅游胜地，他的生日 7 月 7 日被定为白俄罗斯每年最重要的国际文化艺术节"斯拉夫巴扎"（Славянский базар в Витебске）的开幕日。每年夏天，来自各个斯拉夫国家的知名艺术家云集于此，举办斯拉夫传统文艺演出、斯拉夫电影展映、斯拉夫民族手工艺展示、斯拉夫戏剧节、斯拉夫青年及儿童歌手大赛、世界巨星演唱会、彩妆游行、夏加尔纪念及艺术研讨会等形式多样的传承与发扬斯拉夫文化的活动，人们从四面八方赶来，狂欢一个星期。每年的"斯拉夫巴扎"开幕式演出都会在各个斯拉夫国家的电视台直播，不仅白俄罗斯总统卢卡申科铁定到场，还会有来自俄罗斯、乌克兰以及保加利亚等十来个斯拉夫国家的领导人或代表出席，规格之高绝无仅有，是当今斯拉夫民族最重要的文化盛会。因此，维捷布斯克人一直都骄傲地认为自己的城市是白俄罗斯的精神文化首都，是斯拉夫文化的保护和传承人。

俄罗斯最伟大的画家之一列宾的庄园（Мезей-усадьба "Здравнево"）位于维捷布斯克近郊德维那河畔，一处长满苹果树和白桦林的幽静河滩。据说，列宾当年因为喜爱上了这里的秀美风光，就用沙皇买油画《扎波罗人给土耳其苏丹写信》的那笔钱买下了这块地（那幅画卖了 4 万卢布，而买这块地只用了 12000 卢布）。庄园里有一个特别挖建的圆形小水池，那是冬天水池结冰以后列宾带着女儿玩旋转雪橇的游乐场。列宾在这里生活了 8 年，维捷布斯克的田野和德维那河的美景为画家提供了取之不尽的创作灵感，他在这里创作了很多以家人和当地农民为主人公的画作。每到秋天，画家还会邀请周围的农民来庄园过丰收节，提供饮食，让大家尽情狂欢。

正如维捷布斯克州政府宣传资料上所写的那样，"千年的维捷布斯克在时间的漩涡中已经进到生命的第二个千年，她的年龄与命运、性格与节律和不可复制的容貌……都是白俄罗斯永恒的骄傲"。

文化是民族的血脉，交流是友谊的桥梁

在白俄罗斯从事文化交流工作是一件令人愉快的事情，因为白俄罗斯从政府到民众都把保护、传承文化艺术视为自己的使命和责任，白俄罗斯人把最好的建筑、最华美的装饰、最现代化的设备都奉献给文化设施。白俄罗斯国家图书馆新馆 2006 年建成的时候，是首都明斯克楼层最高、外形最抢眼，

甚至是唯一的"现代建筑",里面装配着当时世界上最先进的自动取书、运书设施,总统卢卡申科亲自把一把巨大的"金钥匙"交到馆长手中说,我把白俄罗斯最重要的宝库交给你了。2009年,白俄罗斯国家大剧院修复完工,重新投入使用。2015年,我陪同重庆市文化代表团赴白俄罗斯访问交流,白俄罗斯文化部专门安排我团考察并欣赏白俄罗斯国家歌剧院的演出。见识过世界上几乎所有知名大剧院的重庆市文化委员会主任汪俊感慨万千地说,从这所剧院的设计风格,建筑、装饰用料的质量及效果可以看出,白俄罗斯政府和人民绝对是把文化艺术视为最神圣的精神家园,把文化设施视为最高贵的精神殿堂,这一点值得我们深刻思索和认真借鉴。

我在白俄罗斯工作期间,先后举办了"中国青铜器复制品展"、"中国京剧造型艺术展"、"中国汉字展"、"中国当代平面设计展"、"中国丝绸文化展"、"中国茶文化展"、"中国大学生油画展"、"中国北纬30°图片展"、"2008北京奥运图片展"、"品味中国"系列文化活动和"中国文化

2006年"中国文化日"开幕式演出举办地——白俄罗斯国家音乐厅

日"、"中白青年联欢节"以及在白俄罗斯国家图书馆开设"中国之窗"等几十项文化交流活动与合作项目。这些文化活动不仅在首都明斯克举办，还到各州巡回举办，毫不夸张地说，我在白俄罗斯工作的每一天，都有中国文化活动在白俄罗斯境内进行着。可使馆文化处就我一个工作人员，我没有三头六臂，更不是千手观音，一个人就算是不吃不睡也不可能办得了这么多活动啊！其实，除了使馆的领导和同事们的大力支持，以及当地中国留学生和部分中资企业的积极协助之外，是我的白俄罗斯"同行"替我承担了大部分的工作。通常我只需要亲自张罗在明斯克举办的文化活动，包括开幕式、首映式等，而项目一旦离开明斯克，就几乎完全是由白俄罗斯文化界的同行们替我工作，运输、布展、撤展、安保、讲解、组织参观，一概不用我操心。白俄罗斯一共6个州，平均一个展览在每个州停

吴虹滨大使与白俄罗斯文化部部长弗拉季米尔·马特维伊奇克在2006年"中国文化日"开幕式上。

留 1 个月，相关博物馆会自己排好档期，一家接一家地传下去。每个举办地会提前给我发来申请书，写明自己的权利义务和举办期，而我只需要进行书面审查而无须亲自到现场督办，除非当地要举办盛大的开幕式或新闻发布会，特别邀请使馆派员出席。待巡回活动全部结束之后，最后一家举办地会将展品原封原样地送回明斯克中国大使馆，交到我手中。我从来没有在清点展品时发现过任何一件破损，也没有担心过展览没有观众。白俄罗斯的每一家博物馆都有专门的部门联系中小学校，一旦有了新的展览就会通知这些学校，依次组织孩子们来参观，所以无论你何时到博物馆去，都能看到正在这里"上课"的孩子们。而每一次大型文化活动举办时，白俄罗斯的新闻媒体都会想方设法地对我进行采访，以便深入报道和介绍本次文化活动，吸引民众前来参与。我有时竟会在住家附近被素不相识的白俄罗斯老百姓拉住说，昨晚我又在电视上看到您了，我会去看展览的，中国文化我喜欢！

张颖在 2006 年"中国文化日"活动之中国冰雪画展开幕式上与白俄罗斯文化部第一副部长合影

如今，我离开白俄罗斯已经 8 年多了，但我与白俄罗斯的"情缘"却没有中断：2010 年 10 月，"白俄罗斯文化日"在重庆举办；2015 年 11 月，重庆文化代表团访问白俄罗斯；2016 年 4 月，白俄罗斯国家美术馆和文化联盟与重庆美术馆分别签订战略合作协议和文化合作协议；2016 年 7 月，白俄罗斯 10 名知名画家到重庆访问，在长江三峡、合川钓鱼城采风作画，在重庆美术馆举办采风作品展和中白油画学术研讨会；2016 年 11 月，白俄罗斯驻华大使鲁德先生率团到重庆访问，期间专程到重庆市文化委员会拜访，商谈开展电影合作事宜；2016 年 12 月，重庆图书馆在明斯克州立普希金图书馆开设了"重庆之窗"。

　　我在白俄罗斯工作时，明斯克才刚刚开设 1 所孔子学院，

2007 年 3 月 31 日，杂技芭蕾《天鹅湖》访白演出圆满成功，吴虹滨大使（右 5）夫妇上台与演职人员合影。左 2 为张颖。

2006 年中白青年联欢节，白俄罗斯武术爱好者表演节目。

　　而现在，明斯克已经拥有了 3 所孔子学院和 1 所孔子课堂。由中白两国文化部开设的"中国文化中心"和"白俄罗斯文化中心"也分别在明斯克和北京"开门迎客"，北京第二外国语学院还开设了白俄罗斯语专业，中白两国的文化交流已经全面提升到了新的战略高度。

　　2017 年，重庆市与明斯克州正式建立友好州市关系；从重庆出发的欧洲班列（原"渝新欧"铁路）每年开行 400 趟，白俄罗斯是其必经之地；中白"巨石"工业园将凝聚更多的中资企业入驻，成为"一带一路"上的一颗明珠。我深信，在中白两国友好关系不断巩固和发展的基础上，在两国经贸交往的大力助推下，我与白俄罗斯的"情缘"还将继续。

同窗姐妹情

余 源

（西安外国语大学俄语学院副教授，曾在白俄罗斯国立师范
大学进修）

2008 年深秋，我告别两岁半的女儿，孤身一人踏上前往白俄罗斯留学的征程。风景如画的明斯克美丽而宁静，在这里，我不仅收获了知识，而且收获了珍贵的跨国友谊。

同桌娜塔莎

开学了。根据副博士培养计划，我在第一学年需要修读哲学、计算机信息学、心理学、教育学、科研方法等公共必修课程。由于我所就读的白俄罗斯国立师范大学学风严谨，当时主动报考这所学校的外国学生并不多，所以我被编入一个由十几位来自不同专业的白俄罗斯本国学生组成的班级。第一天走进教室，我的目光便被一位面目清瘦、皮肤白皙、衣着朴素而得体的女孩子吸引了。她端坐在正对着讲台的第一排，礼貌地向每一位进来的同学打着招呼。她善意的眼神和嘴角的微笑瞬间化解了我身处陌生环境的紧张情绪。开始上课了，在老师点名的过程中，我记住了她的名字—— 娜塔莎（Наталья Пузыревич）。

到了这个学习阶段，每一门课程已不是一本教材可以支撑的，老师更不会照本宣科。大家各自准备了笔记本，准备记录老师上课的要点内容，我也不例外。说实话，工作之后重返校园，我更加清楚自己的学习目的和意义，更何况为此我还抛下

了两岁多的小女儿。同时我也知道，以我的俄语水平，要听懂老师用俄语讲解的哲学、心理学等课程的所有教学内容，肯定是有困难的。但我想，只要我认真听讲，听懂主要内容应该不在话下吧。事实证明，我高估了自己。教授上课时似乎完全忽视了我的存在，我跟不上老师的语速，听不懂老师讲解的内容，笔记也记得支离破碎。我只能眼睁睁地看着周围的同学都在奋笔疾书，而我却大段大段地漏掉了老师讲解的内容……

　　终于挨到下课了，我顾不上收拾书包，一个箭步冲到坐在第一排的娜塔莎身边，用紧张到磕磕绊绊的俄语向她提出借笔记的请求。后来我经常想，为什么当时我会舍近求远去找娜塔莎借笔记呢？可能就是因为在进教室的那一刻她对我释放出的善意吧。果然，娜塔莎毫不犹豫地将笔记本递给我，而且还主动跟我说，她当晚会住在宿舍的××房间，我有什么问题可以随时去找她。我如获至宝般地拿着她的笔记本，连声向她致谢。

我想，这下问题解决了，以后只要多借几次她的笔记，我慢慢就能跟上老师的讲解了。回宿舍后，我先动手解决了温饱问题，然后心情愉悦地翻开了娜塔莎的笔记本，然而就在那一刻，我彻底傻眼了——她写的什么我根本不认识！可能是老师讲课语速太快，她也需要快速书写才能记下尽可能多的内容，所以她的笔记里出现了大量的连写和缩写，而看惯了印刷体的我根本猜不出这些字符串到底是什么单词。沮丧、失望、焦虑！已经是晚上 9 点了，笔记有很多页，明天还有课，我没有时间顾及自己的情绪，用最快的速度从箱子里翻出一条丝巾，毫不犹豫地抱着笔记本飞奔向她的房间。

房门开了，娜塔莎的妈妈当天也在她的宿舍，母女俩很热情地招待我坐下。我结结巴巴地说出了自己的问题，并第一时间拿出丝巾请娜塔莎一定收下，因为我打扰她太多，因为我依然需要她的帮助，而且看这情形，我必须得牢牢抓住她这根救命稻草，否则以后上课我都得听天书了。看见我拿出丝巾，温和的娜塔莎忽然变得"厉害"起来，她坚决不肯收下丝巾，并反复强调她会尽可能帮助我，但不需要任何礼物！她的妈妈也在一旁温柔地重复说："我们会帮你的，会帮你的。"这个推让的过程让我感到非常窘迫，我语无伦次地表达着自己的感激，诉说着自己的无助，不争气的眼泪不知何时夺眶而出，将我离家以来这段时间累积的负面情绪彻底引爆。这一哭吓坏了娜塔莎和她的妈妈，她们为我拿来纸巾，不断地安抚我说，无论我在白俄罗斯遇到什么困难，她们都会尽全力帮我，她们很愿意随时为我提供帮助。

在她们的安抚下，我逐渐恢复了平静，也为自己的失态而感到有些尴尬，善解人意的娜塔莎马上提出为我口授笔记的内容。她为我一字一句地解释她笔记中的内容，还有那些她上课听到但没有记录的更为详细的内容。就这样，她一边讲解，一边让我听抄，时不时地还为我写下我不会拼写的单词，而她的妈妈则一直安静地坐在一旁读报纸，偶尔转头笑眯眯地看看我们。这个画面至今清晰地印在我的脑海里。那一晚我补完了笔记，熟悉了娜塔莎的字体，理解了很多缩写的含义。更为重要的是，我因为娜塔莎母女而不再感到无助。

第二天，娜塔莎一大早便来找我一起上学，而且主动和我坐在一起，成了我的同桌。这一天，我得知娜塔莎是我们学校心理系的副博士研究生，她才二十几岁，比我小很多，家住在离明斯克不太远的小城市，课不多的时候她会坐火车回家，因为家里还有年迈的姥姥和亲爱的姨妈、小表妹。上课前，娜塔莎给我一个鼓励的微笑，特意安慰我说："你不要担心，如果有什么听不懂，下课我会帮你，而且今天的笔记我也会尽量记得工整一些。"听到这些话，我心里像吃了一颗定心丸，紧张焦虑的情绪平复了很多，似乎当天老师所讲的内容也没那么难懂了。

我注意到，娜塔莎上课听讲非常认真，连老师旁征博引的例子她都会选择自认为比较重要的记录下来，而且，她的笔记非常有条理，几乎就是课堂教学内容的完美呈现。当天下课后，她告诉我，因为第二天没课，所以她要回家去住，不过她想利用午饭后的时间帮我补充笔记，不知我是否方便。我激动地满口答应，提出午饭我来买单，她礼貌但又坚决地拒绝了我。后来，我们俩在学校食堂 AA 制解决了午饭，在学校阅览室补完了笔记，然后她又领着我在学校图书馆借到了老师规定的参考书。等我们走出校门时，她的妈妈已在校门口等候多时了。

此后，这样的学习模式便固定了下来，每次上完课，不论她自己有什么事要办，都会尽量安排在给我补完课之后才去。在她的帮助下，我渐渐地不需要每天都借她的笔记了，但我们一起学习的习惯一直都保留着。有时候，老师布置的阅读书目比较多，我来不及每本都读完，娜塔莎便会向我推荐必读的书目或章节，或者抽时间给我讲解她读到的内容和她认为的要点。印象特别深刻的是，在一次哲学课上，教授的讲解内容涉及白俄罗斯的历史，由于之前我在国内只简单接触过俄罗斯的历史，对白俄罗斯的几个历史阶段几乎一无所知，特别是当教授提到 Речь Посполитая（波兰—立陶宛联合王国）这个朝代时，我甚至都不知道这个词组是在说历史。娜塔莎注意到我发懵的状态，悄悄对我说："这是我们的历史，课后我给你讲。"教授听到了她对我的提示，才发现我这个"老外"其实一直是在努力听讲的，从此以后，教授常常会讲着讲着便问我："你听懂了吗？"

娜塔莎对我的帮助还体现在对我学习态度的无形影响。开学一段时间后，大家对学习都或多或少地表现出一些倦怠，有人开始翘课，有人上课只带耳朵不做笔记，渐渐地我也开始有些懒散了。有一天，老师们因为出差调整了几节课的安排，结果那天我们的课程从早晨开始，一直上到晚上 8 点才结束。到 6 点的那堂课时，很多同学都坚持不住了，有人直接走掉了，留下来的人有的哈欠连天趴在桌子上，有的忍不住抱怨说："我不行了啊。"我也有些撑不住了，我不敢翘课，因为我是唯一的外国面孔，翘课太容易被老师发现，但我想溜到后排去坐，那样就可以走神了。我正犹豫着要不要这么做的时候，一旁的娜塔莎似乎看出了我的心思，笑眯眯地跟我说："这节课上完我们就可以休息了。"我好奇地问她："难道你不累吗？你今早坐火车从家里来的，应该起得很早吧？"她笑着说："是啊，我今早4点多就起床了。今天是个特殊情况，明天没课，我们可以好好休息。"话音刚落，老师进来了，她立刻进入了学习状态。我无意中发现，娜塔莎因为一个哈欠憋得眼泪都出来了，但她的嘴巴却始终是紧闭的。是的，我们都累了，她怎么可能不累呢，但是她知道，课堂就是课堂。

娜塔莎的教养还体现在很多细节中。例如，她从来都是穿着正装来上课，在楼道里见到任何一位老师都会主动问好，不论哪位同学向她提出问题，她都会耐心而细致地解答。她的勤奋优秀，她的礼貌教养，配上她清瘦的面庞和略显娇小的身材，我总会不由自主地将她和自己脑海中的居里夫人形象联系起来。

临近期末，除了三门需要参加国家考试的课程之外，其他几门课程的老师布置了作业和课程论文。有一位老教授在布置完作业后，特意问我是否听清了作业的要求，当我回答听清了的时候，他居然说了一句"Слава Богу（感谢上帝）！"我心里有些不舒服，原来在老师眼里我是个连这样简单的句子都听不懂的学生。我告诉娜塔莎，我要好好完成作业，不能让老师对中国学生留下偏见。娜塔莎一边鼓励我，一边告诫我说，我们需要在老师要求的第一时间提交作业，而且要保证质量。结果，我们俩成了最早提交作业的人，当时有个别同学都还没有开始写呢。得益于娜塔莎的帮助和督促，我所有的课程都以9分的成绩通过考试，而"学霸"娜塔莎的好几门课程都以全班唯一的满分10分完美收官。我成了老师和同学眼中的"神话"，哲学老师称赞我是"золотая звезда（金色的星星）"。第一学年的学习顺利结束，可以说，我的学业赢得了开门红，而我清楚地知道，如果没有好同桌娜塔莎的帮助和陪伴，我不可能这样顺利地度过留学生活的第一阶段。

余源（右3）与娜塔莎（左2）一起通过哲学考试后留影

　　最后一门考试结束后，我们这十来个人再见面的机会就不多了，大家都要分散回各自的专业院系去修读专业课程，进入论文撰写阶段。我打心眼里感激娜塔莎在这一年里对我的帮助，所以提前让家人从国内寄来了一个MP4，因为她经常坐火车往返于明斯克和家乡之间，这个小礼物可以陪她打发火车上的时间。考完试回宿舍的路上，我把MP4送给她，并诚挚地向她表达了感谢，也希望这个小礼物能成为我们之间友谊的纪念。娜塔莎这次没有拒绝，欣然收下了礼物，这让我原本轻松愉悦的心情更加明朗起来。

　　回到宿舍后，娜塔莎回房间收拾东西准备回家，而我则一头扎进厨房，准备用美食奖赏自己。就在我穿梭于厨房和房间之间的时候，娜塔莎忽然出现在我的面前，她捧着一本装帧精美的厚厚的大书，给我说了一连串的祝福语，然后把这本书送给了我。我这才知道，娜塔莎也早早地为我精心挑选了礼物。这是一本精装版的白俄罗斯国家志，里面附有很多精美的彩图，可以直观而全面地了解她的祖国——白俄罗斯。我意识到，这是一件价格不菲的礼物，而挑选这样的礼物送给我更体现了娜塔莎的用心。娜塔莎告诉我，她的国家是一个伟大而美丽的国家，这个国家的人民勤劳、善良，她很高兴能和我成为朋友，也希望我能了解她的国家，爱上她的国家，希望我能在这里好好完成学业，度过美好的留学时光，以后我们虽然不能常见面，但我随时都可以打电话给她。最后，她用一个大大的拥抱跟我告别。忽然，我觉得我有些舍不得和她分开了，她就像我在这里的一个亲人。那天，我们俩都流泪了。

后来，我们见面的次数的确不多，但我却时常能接到娜塔莎问候的电话。我彻底把她当亲姐妹了，在电话里跟她分享自己的喜悦，也时常倾诉自己的苦闷。每当节日来临，我总能在第一时间收到她通过电子邮件发给我的节日祝福。过年的时候，她会专门到明斯克来看我，提前买好礼物在我们约定的地方见面。在这期间，娜塔莎一直在督促我学业的进展，为我提供她所掌握的与我的专业有关的学术会议信息，手把手地教我在学术会议论文集上发表论文。当我做论文遇到瓶颈的时候，她会与我分享自己做论文遭遇的困境和后来解决的途径；当我向她抱怨一些家事的时候，她会静静地倾听，让我的情绪得以宣泄。当然，她也会主动与我分享自己的快乐，跟我探讨对学习的感悟，只是从来不曾听到她的抱怨。在此期间，她的姥姥因病去世，那是一位非常慈祥的老人，还曾帮我填写过一份调查问卷。我知道她心里难受，却不知该如何安慰，只是加大了主动给她打电话的频率。她曾经陪我走过我最艰难的时光，我也应该陪伴她度过失去亲人的痛苦时期。毕业前夕，我们再次相约在学校附近的首都商厦见面，那天我们聊了很久，因为我们都知道，此后再见面的机会非常少了。

邻居安吉拉

认识安吉拉已是留学的第二年。那一年，学校将我的宿舍从外国学生聚居的三楼调整到了博士生居住的六楼，因为那一层的居住环境要更安静一些。刚搬进新宿舍那天，我按照中国人的礼仪，主动拿了一个小礼物去敲同一个套间的另一间房门，去向自己的新舍友打招呼。开门的是一位皮肤黝黑的大眼睛姑娘。等我说明来意之后，她一把抓住我的双手，将我请进她的房间，一边表示感谢，一边告诉我说，按照白俄罗斯的传统，礼物是不能隔着门槛交接的。经过简单的交谈，我知道了她的名字叫安吉拉，是一位白俄罗斯族和茨冈族混血的姑娘，正就读于白俄罗斯国立师范大学的历史系。

与娜塔莎的温文尔雅不同，安吉拉是一位性格开朗、热情似火的姑娘。晚上，她会主动来找我聊天，天南地北，无话不

安吉拉送给余源的复活节彩蛋

谈。我送她一盒巧克力，不等我走出她的宿舍，她就已经吃得差不多了。过节的时候，她会把从家里带来的节日美食慷慨地分给我一大半。每隔一周，她就会戴着大口罩，拿着刷子，把我们套间的浴缸和洗脸池里里外外清洗一遍，而我则会默契地主动承担刷马桶的任务。由于宿舍楼修建年代已久，蟑螂是这里的长期住户，但我和安吉拉所住的套间却很少有蟑螂造访，因为安吉拉会定期在我们俩的房门上用专治蟑螂的粉笔细心地画上隔离线。遇到这样一位与自己合拍的舍友，我不禁为自己的幸运而感到暗自欣喜。

尽管安吉拉和娜塔莎是两位性格迥异的姑娘，但她们的善良却如出一辙。2009 年冬天，我接到一项比较重要的翻译任务，等我自己翻译完相关材料时，已是晚上 10 点多了。译文中有一篇领导的开幕致词，第二天要当着众多媒体的面进行口译，为了确保翻译质量，我惴惴不安地敲开了安吉拉的房门，想请她从一个本国人的角度帮我校对译文。她二话不说，放下自己手头的工作就开始帮我校对起来。我们一字一句地推敲着用词和句式，用了一个多小时才将一篇几千字的发言稿校对到满意。我长舒了一口气，对她表达着感谢便打算离开，因为时间已经不早了。谁知，她并不打算让我离开，她要求我坐下来，把这篇致词朗读给她听，因为这是口译不是笔译，语音语调的失误会让译文的质量大打折扣。我愣了几秒，马上配合地坐到椅子上，像个学生似地给她读了起来。她不断地打断我，为我标注断句和升降调，要求我一遍一遍地重读，直到她满意为止。第二天早晨，习惯晚睡晚起的安吉拉出其不意地起了个大早，帮我搭配了当天的着装，甚至帮我熨烫了衬衫的领口，还一遍一遍地叮嘱我翻译时不要慌张。出门前，她开玩笑地鼓励我说："源，你知道吗，你想把俄语说好的时候就可以说得很好，所以今天一定要好好说啊，否则你回来我饶不了你。"我笑着回答说："Yes，Madam！"后来，安吉拉在翻译校稿上帮助过我很多次，我的语言水平，特别是语音语调和朗读能力在她的帮助下得到了很大的提升。

有空的时候，我会到她的房间，与她分享我亲手制作的中国美食，给她听《梁祝》，讲述梁山伯与祝英台的凄美爱情故事。她也会给我讲述白俄罗斯民族的民间故事，还告诉我很多我以前不知道的白俄罗斯民俗禁忌。有一天，当我在自己的房间上网浏览白俄罗斯民俗的资料时，无意中听到安吉拉的房间传出了小提琴曲《梁祝》那熟悉的旋律，那一刻，我仿佛忽然明白了中白民间文化交流的涵义。

朋友尤利娅

尤利娅是我朋友闫征的好朋友，她们都是白俄罗斯国立师范大学音乐系的副博士研究生。闫征喜欢照相，喜欢出去玩，她常常约上我和尤利娅一块逛街。渐渐地，我和尤利娅也成了好朋友。尤利娅当时是布列斯特国立大学的音乐老师，她的父亲是当地一所中学的校长。有着犹太血统的尤利娅聪慧而美丽，她懂俄语、白俄语、波兰语、德语和英语五门语言，会弹巴扬琴，还能指挥合唱。她的性格非常温和，有时我们疯起来，用蹩脚的俄语开中国式玩笑，虽然她根本听不懂我们到底在笑什么，但她也会笑着配合我们的情绪。我们常常称赞她是"一台具有超强纠错功能的收音机"。

2010年夏天，我的爱人带着孩子来明斯克看我，我早早地就为家人的白俄罗斯国内游做好了规划。位于布列斯特的别洛韦日国家森林公园、布列斯特要塞和火车博物馆自然是不可

余源和尤利娅

错过的必选之地。但是，我不会开车，到当地后的旅行线路我也不是非常熟悉，于是我想到了朋友尤利娅。我给她打了个电话，她很爽快地答应了。当天，她开着自己的私家车专程到布列斯特火车站来接我们，然后全程陪同我们游览，为我们讲解、拍照。傍晚到火车站送别的时候，她还特意让家人给我们买了当地一家非常好吃的犹太人的面包。

2011 年夏天，凤凰卫视节目组来白俄罗斯拍摄专题片，我有幸成为陪同节目组的翻译人员。有一天，节目组提出想采访当地一家普通居民，从现实角度客观反映白俄罗斯民众对国家政策和现有生活的态度，我立刻想到了尤利娅一家。她的父母和弟弟都是教师，属于这个国家有着稳定职业的中产阶级。我将尤利娅家的情况讲给节目组听，节目组也觉得非常合适。

于是，我给尤利娅打了电话，请她征求家人的意见。一天后，尤利娅给我回电话说，她想推荐另外一家作为拍摄对象，而且对方已经答应了。尤利娅推荐的这家的女主人是她的大学同学，现在是一名中学音乐老师，与同校的体育老师结婚，育有一子一女。之所以推荐这家人，是因为她们能够代表白俄罗斯当代年轻人的生活状态，他们有着稳定的职业，有着幸福的家庭，而且，他们刚在政府优惠政策的扶持下建成了自己的大房子。节目的采访进行得非常顺利，我知道，尤利娅这次为了帮我欠下了一个大人情。

遗憾的是，尤利娅的学业因为种种原因进行得并不顺利。回国前，我和闫征建议尤利娅学习汉语，以后有机会可以到中国来工作。而且，当时我们都能感觉到，中白关系发展势头很好，已经有一些大型的中国企业与白俄罗斯的相关企业展开合作，如果她能掌握一定程度的汉语，这对她今后在白俄罗斯国内的发展也是非常有利的。后来，我介绍尤利娅去明斯克的一家孔子课堂学习汉语，那里的中方负责人是我的朋友，从事对外汉语教学的志愿者中也有我的学生，她不用担心学习费用问题，学习上遇到困难也可以随时和我的学生联系。帮助了我很多次的尤利娅感激地对我和闫征说："认识你们，真好！"

时光飞逝，我已回国五年多了，在这期间，我依然会定期与娜塔莎、安吉拉和尤利娅通邮件，从字里行间感受她们对我的关心和挂念。出色的娜塔莎现在已经是白俄罗斯国立师范大学心理系一个教研室的主任了，还负责主编一本心理学的学术期刊。不论她的工作多么繁忙，只要我写信请她帮忙查找资料，她都会在最短的时间内把查到的资料发给我。我觉得，她们至今还是陪伴在我身旁的好同桌、好邻居和好朋友，我们之间的友谊跨越国界、跨越时空，我们的故事也一直在继续。

后 记

　　2016 年底，外交笔会把主编"我们和你们"丛书之《中国和白俄罗斯的故事》的任务交给我，嘱咐尽快完成。由于此前已经参与编辑新华出版社 2013 年 10 月出版的《中国人看白俄罗斯》和 2017 年 1 月出版的《中国外交官看白俄罗斯》两部文集，有一批可以信赖的作者朋友，我心里再次充满期待。

　　约稿函发出后，得到吴筱秋大使、于振起大使、吴虹滨大使、鲁桂成大使及其夫人敬明、殷卫国武官、李长华一秘等一批老外交官，以及贝文力、张颖、韩璐等中青年外交官的大力支持。北京第二外国语学院白俄罗斯研究中心主任张惠芹教授、中国社会科学院俄罗斯东欧中亚研究所研究员赵会荣、西安外国语大学俄语学院副教授余源、外交学院讲师张建以及中兴通讯副总裁薛斌也积极响应，在百忙中撰写了文章。

　　白俄罗斯前驻华大使托济克、现任驻上海总领事马采利、国家科学院哲学研究所所长拉扎列维奇、国家通讯社资深记者阿利娜、驻华使馆二秘吉姆金娜和前外交官维罗妮卡也不顾工作繁忙，为此书撰写文章，或者同意转载他们在 2012 年出版的《白俄罗斯人看中国》一书中发表过的文章。

　　对于上述中国和白俄罗斯作者们的热情支持和帮助，我表示由衷的感谢！如果没有他们的积极参与，就不可能有这本书的问世。

　　我也要感谢中国驻白俄罗斯大使崔启明和白俄罗斯驻华大使鲁德，他们在百忙中拨冗为此书写序，充分证明了他们对两国民间外交和文化交流工作的重视。

　　著名文学家和作家高莽先生曾经为发展中白两国文化艺术合作做了很多工作，本书特意选录他的《中国与白俄罗斯文艺界的交往》一文，以飨读者。

中国和白俄罗斯两国人民正在合作建设"一带一路"的一些重要项目，并在此过程中不断发展和加深友谊。"民心相通"是"一带一路"建设最重要的内容之一，而文化交流又是促进民心相通最重要的渠道。我深信，只要中白两国的社会和民意基础不断巩固，两国人民的友好感情不断加深，相互了解和相互理解的程度不断提高，"一带一路"建设中遇到的各种困难和问题就一定能够克服，包括中白工业园在内的各方面的合作就一定能够逐步和扎实推进，造福于两国人民，同时也有益于"一带一路"沿线的其他国家。

如果此书能够在促进中白两国人民相互了解和理解、加深两国人民之间的友谊方面起一点作用，全体作者包括我本人将感到莫大的荣幸和欣慰。

王宪举

2018 年 2 月 14 日于昆明